本书系国家社科基金项目"新时代共建共治共享乡村环境治理格局研究(19BKS202)"的阶段性成果

协同治理视域下
公民环境权益保障研究

潘加军◎著

A Study on the Protection of Citizens' Environmental Rights and Interests Based on the Perspective of Collaborative Governance

人民出版社

序　言

作为一种新型的权益诉求，公民环境权益一般指公民享有在安全健康舒适的生态环境中生活的权利及相关利益，其涵盖了公民环境享有权、环境知情权、环境参与权、环境监督权以及受到环境侵害后请求予以补偿权益等。20世纪70、80年代，联合国大会相继通过的《人类环境宣言》《我们共同的未来》《关于召开环境与发展大会决议》等文件中，都对人们享受良好的生态环境权利和承担保护环境责任进行了规定和倡导。发端于西方发达国家并扩展到全球的环境运动有力推动了环境政治改革，一些国家的政府尝试通过环境治理体制创新、环境民主正义建设、环境治理分权等方式寻求应对生态环境危机之道，满足公民环境权益诉求。虽然我国没有在官方文件中明确提出公民环境权益这个概念，但在中国特色社会主义生态文明建设规划和实践中，特别是在生态环境治理模式变迁、环境治理法律法规和政策制定改革、环境治理体系和治理能力现代化建设中，重视和努力满足人民的环境权益诉求成为了以人民为中心的发展思想的重要价值归宿和目标导向。

党的十八大以来，面对人民群众日益增长的优美生态环境需要与环境治理不平衡不充分的矛盾问题，以习近平同志为核心的党中央将生态文明建设纳入中国特色社会主义事业"五位一体"总体布局，深入推进生态文明体制改革，推动美丽中国建设，生态环境治理取得了显著成效，公民环境权益保障价值取向彰显。可以说，保障公民环境权益，推动环境公平正义是习近平生态文明思想的重要组成部分。习近平总书记指出："生态环境是关系党的使命宗旨的重大政治问题，也是关系民生的重大社会问题。""良好生态环境是最公平的公共产品，是最普惠的民生福祉。""人与自然是生命共同体，人类必须尊重自然、顺应自然、保护自然。""要坚持生态惠民、生态利民、生态为民，重点解决损害群众健康的突出环境问题，加快改善生态环境质量，提供更多优质生态产品，努力实现社会公平正义，不断满足人民日益增长的优美生态环境需要。"这一系列重要论述蕴含了丰富的党领导生态文明建设执政为民理念、环境正义价值理念、环境民生价值观和生态环境治理整体观，体现了公民环境权益保障的价值考量、理念遵循和现实诉求，彰显了把满足人民群众的环境权益诉求作为新时代生态文明建设的出发点和归宿点。以习近平生态文明思想为指导，党和国家相继出台《关于加快推进生态文明建设的意见》《生态文明体制改革总体方案》《关于推进环境保护公民参与的指导意见》《关于健全生态保护补偿机制的意见》《生态环境损害赔偿制度改革方案》等一系列生态文明建设文件，修订《环境保护法》《行政诉讼法》，建立健全环境治理责任制度、公民参与环境治理制度、环境利益冲突治理制度、环境治理考核评价制度等，构建"四梁八柱"生态文明制度体系，人民生态环境幸福感显著增强。然而，由于生态环境治理的长期性、复杂性和系统性，生态环境污染的历史欠账、复杂成因和强大惯性，维护公民环境权益迫切需要通过治理模式变革、治理体系和治理能力现代化建设来实现和保障。

协同治理是推动环境治理体系和治理能力现代化的必然要求，也是维护人民环境权益的关键举措。从 20 世纪 60 年代以来，针对日益严峻的生态环境形势，一些国家在生态环境治理实践探索中相继采取了经济激励市场治理模式、命令管制政府治理模式和自治协商社会治理模式。然而，单一主体的环境治理模式根本无法克服环境外部性问题和公民环境权益受损问题，基于生态环境公共性和环境治理的复杂性，改变单一治理主体，发挥各个治理主体优势，推动多元主体协同治理已成为应对生态环境复杂形势的必然选择和普遍性共识。协同治理针对传统公共行政管理模式中由于单一以政府为中心或权威而导致的部门化、区域化和碎片化缺陷，通过政府、企业、社会组织和公民等多个主体，构建彼此合作、良性互动、共建共治共享的治理格局，为实现公共利益开展持续的集体行动过程。治理体系和治理能力现代化实质是建构包含政府治理、市场治理和社会治理等体制机制及相关制度体系，坚持多方共治从整体上提升国家制度执行能力。因此，协同治理是实现治理体系和治理能力现代化的重要路径。我国生态环境协同治理是以人民环境权益为中心，以整体性、系统性和协同性思维，推进各个主体沟通协商、共享互补、认同协作，形成多元主体共同参与的环境治理结构体系，通过制度创新将治理体系优势转化为现代化治理能力。正如习近平总书记所指出的，"生态文明是人民群众共同参与共同建设共同享有的事业，要把建设美丽中国转化为全体人民自觉行动。每个人都是生态环境的保护者、建设者、受益者，没有哪个人是旁观者、局外人、批评家，谁也不能只说不做、置身事外。"

党的十八届三中全会要求建立系统完整的生态文明制度体系；党的十九大报告指出，构建以政府为主导，企业为主体，社会组织和公众共同参与的环境治理体系；2020年中央下发《关于构建现代环境治理体系的指导意见》进一步明确"构建党委领导、政府主导、企业主体、社会组织和公众共同参与的现代环境治理体系"。实践中全面推动大气、水、土壤污染防治攻坚战，实施生态修复工程，加强农村人居环境整治，推进生态文明示范区建设。这一系列的环境治理顶层设计和生态文明建设实践，显示出我国推动生态环境治理和保障公民环境权益的信心和决心。

欣闻潘加军博士撰写了《协同治理视域下公民环境权益保障研究》，并在第一时间阅读了书稿，感觉甚好，因而愉快地接受作者邀请为书作序。

该书以马克思恩格斯环境正义思想、中国特色社会主义生态文明思想、习近平生态文明思想、协商民主和协同治理等相关理论为依据，运用文献研究、社会调查和案例分析等研究方法，通过对我国公民环境权益保障协同治理的现状分析，构建了公民环境权益保障协同治理体系，提出多元主体协同保障公民环境权益的实现路径。主要内容如下：

首先，通过文献研究，提出了马克思恩格斯环境思想中将人与自然、人与人以及人与社会之间的环境正义作为环境权益得以实现的前提条件和价值旨归；中国特色社会主义生态文明思想将实现和保障人民的环境权益作为发展的重要目标、本质要求和实践指向。特别是习近平总书记深刻阐发了环境正义的理论意蕴与实践指向，彰显了解决环境正义问题的中国智慧、中国方案。协商民主理论、协同治理理论基于公共利益最大化导向提倡多元主体广泛参与决策、民主协商和协同合作，契合了公民环境权益保障协同治理的实践需要，为其提供了重要理论支撑和实践指导。

其次，通过对公民环境权益意识与参与行为、环境利益冲突事件进行问卷调查和深度访谈，分析公民环境权益的关注度、环境利益冲突形成、环境维权行为、主体间的博弈及相关影响因素的关系，总结我国公民环境权益保障协同治理在共建共治共享格局构建、制度体系建设等方面的措施，剖析当前公民环境权益保障存在着经济理性主导、环境治理体系碎片化、环境权益保障制度供给不平衡、公民环境参与有效性不足和社会资本弱化等困境，提出公民环境权益保障协同治理的目标导向。

再次，基于构建"党委领导、政府主导、企业主体、社会组织和公众共同参与"协同治理体系的目标要求，分析了公民环境权益保障协同治理的主体构成、角色定位和博弈关系。运用 SCIF 协同治理模型，揭示影响公民环境权益保障协同治理的主要因素，即环境权力与资源分配、既往的环境冲突与治理合作、环境利益相互依赖程度和政府领导力等。从目标导向、形成共识、践行承诺和评估效果多方面研究了协同治理的互动过程，指出构建网络互动、利益协调、政策协同和信息共享等运行机制，从而探索多元主体协同保障公民环境权益的内在逻辑。

最后，根据理论分析和实证研究，提出以培育生命共同体意识、新发展理念和共建共治共享共同体意识为基础，建立健全环境信息共享、责任共担、生态补偿等环境治理正式制度，以及生态道德、社会信任等非正式制度；畅通公民环境权益表达渠道，拓宽参与环境治理途径；厘清政府与企业环境利益关系，完善政府与企业环境协同共治激励约束机制；建构事前预防、事中协调和事后问责的环境利益冲突治理机制，为公民环境权益保障协同治理提供发展理路和有益建议。

　　预祝该书在公民环境权益保障领域发出了中国声音，讲好了中国故事！

南京大学教授、博士生导师

目　录

绪 论

一、选题依据

1.研究背景

进入新时代，以习近平生态文明思想为指导，党中央加强生态文明建设和顶层设计，将社会主义生态文明建设纳入"五位一体"的总体布局，要求树立尊重自然、顺应自然、保护自然的生态文明理念，把生态文明建设放在突出地位，融入经济建设、政治建设、文化建设、社会建设各方面和全过程，努力建设美丽中国，实现中华民族的永续发展，生态环境治理取得了积极的成效。然而，环境生态治理问题依然存在，因环境污染问题引发的环境权益冲突逐渐加剧，人民群众对环境权益需求日趋强烈。"老百姓过去'盼温饱'，现在'盼环保'；过去'求生存'，现在'求生态'"①，人民日益增长的环境权益需要和环境治理不平衡不充分的矛盾，成为我国亟待解决的社会问题。

2015年，中共中央、国务院下发《关于加快推进生态文明建设的意见》指出："鼓励公众积极参与，保障公众知情权，维护公众环境权益，构建全民参与的社会行动体系。"党的十九大报告指出，保障人民知情权、

---

① 中共中央宣传部:《习近平新时代中国特色社会主义思想三十讲》，学习出版社2018年版，第244页。

参与权、表达权、监督权，构建以政府为主导、企业为主体、社会组织和公众共同参与的环境治理体系。党的十九届四中全会进一步指出"建设人人有责、人人尽责、人人享有的社会治理共同体"。2020年，中办、国办印发《关于构建现代环境治理体系的指导意见》，强调坚持多方共治，形成全社会共同推进环境治理的良好格局。这一系列推动国家治理体系和治理能力现代化的重要制度安排，为进一步深化生态文明体制改革，探索生态环境治理新路径，解决当前环境治理体系碎片化且监管缺失的困境指明了方向，也为缓解环境权益冲突，推动生态环境治理体系现代化，推进公民环境权益协同治理提供了重要指引。"良好生态环境是最公平的公共产品，是最普惠的民生福祉"[①]。推进环境治理体系改革的目标和实质，就是从最广大人民根本利益出发，尊重、实现和维护公民的环境权益。因此，积极回应广大人民群众环境权益保障诉求，构建政府、企业和公民等环境利益主体协同治理的治理体系，提升环境治理体系和治理能力现代化水平，实现和保障公民环境权益，成了新时代党和国家推进社会主义生态文明建设的重要抉择。

2.问题的提出

（1）现代化进程中全球生态危机日益严峻

从农业文明向工业文明转型开始，人们在现代化进程中享受工业化大生产带来物质财富增长、民主进步和精神自由的同时，却不得不面对来自政治、经济和社会多方面的风险与挑战。其中，由于过度开发自然生态资源导致全球性生态危机使人类社会发展陷入了难以摆脱的困境。"温室效应"、臭氧层破坏、酸雨天气、土地退化、水资源短缺、森林资源和生态物种锐减等，都成为了影响人类可持续发展的重大环境难题。西方发达资本主义国家工业化和城市化进程启动较早，在资本主义生产

---

① 中共中央宣传部：《习近平总书记系列重要讲话读本》，学习出版社2016年版，第233页。

方式主导下，人类中心主义、消费主义、物质主义和唯技术论等发展理念盛行，现代化工业技术广泛运用，人对自然的支配和征服能力不断增强，自然被当做人类的奴仆、经济发展和财富增长的工具，生态环境资源被大肆掠夺开发，激发生产规模无限制扩大与有限自然资源之间的矛盾，生态环境危机加剧。为了获得更多利润并加速资本积累，资本主义生产向全球范围内扩张，将发展中国家的自然资源也纳入自己的管理范围，大肆攫取和剥夺发展中国家的环境利益，发达国家与发展中国家之间、资产阶级与无产阶级间环境利益冲突不断升级，生态危机由地区性自然问题演化成全球性政治社会治理挑战。尽管目前世界大多数国家都在为应对生态环境问题而付出努力，但是人与自然、人与人之间冲突矛盾并未缓解，生态环境治理整体效果与预想规划仍然相距甚远，传统工业文明使我们付出了沉重的生态环境代价，正如恩格斯所言"我们不要过分陶醉于我们人类对自然界的胜利。对于每一次这样的胜利，自然界都对我们进行报复"①。在资本主义制度下，资本主导的发展逻辑使危机规模和范围还在日益扩大，资本的逐利本性决定了其基本职能就是不断消耗自然资源，破坏全球生态平衡，资本主义和环境之间形成的潜在灾难性冲突无法从根本上解决。美国学者约翰·贝拉米·福斯特（John Bellamy Foster）在《生态危机与资本主义》一书中提出，"生态与资本主义是相互对立的两个领域"②，"过去 500 年的历史实际是一个不可持续发展的历史"③，并在《生态帝国主义：资本主义的历程》一文中认为，"如果一种体制倾向于不断的积累和没有限制的消费，那它无疑等于自杀"。

---

① 《马克思恩格斯选集》第 4 卷，人民出版社 1995 年版，第 383 页。

② 约翰·贝拉米·福斯特著，耿建新、宋兴无译：《生态危机与资本主义》，上海译文出版社 2006 年版，第 1 页。

③ 约翰·贝拉米·福斯特著，耿建新、宋兴无译：《生态危机与资本主义》，上海译文出版社 2006 年版，第 74 页。

我国改革开放 40 多年来，工业化、城市化发展速度迅猛，仅用几十年时间就完成了一些西方国家需要几个世纪才能实现的工业化进程，相应地粗放型经济发展模式带来的生态环境形势也是相当严峻。尽管党和国家实施了一系列前所未有的环境保护政策，局部生态环境有所改善，但是高投入、高消耗、高污染的传统发展方式没有根本改变，资源约束趋紧、环境污染严重、生态系统退化趋势未从根本上得到扭转。党的十七大报告指出我们前进过程中面临的突出问题之一就是"经济增长的资源环境代价过大"，党的十八大再次强调"资源环境约束加剧"。据《2018 年中国环境状况公报》显示：2018 年全国生态环境质量总体"一般"；全国 338 个地级及以上城市中，有 121 个城市环境空气质量达标，占全部城市数的 35.8%；217 个城市环境空气质量超标，占 64.2%。1935 个水质断面（点位）中，IV 类、V 类水质比例为 18.9%，劣 V 类水质比例 6.9%，黄河、松花江和淮河流域为轻度污染，海河和辽河流域为中度污染。生态环境质量一般的县域占国土面积的 23.8%，"较差"和"差"的县域占 31.6%。碳排放总量大造成雾霾天气加重、土地荒漠化加剧、资源消耗巨大、水资源供求矛盾突出、生态系统退化、农村环境污染迅速蔓延等，都是当前我国面临的主要环境难题。特别要提出的是在环境治理过程中，大批落后的产能项目、污染企业向农村或欠发达地区转移，使之成为工业污染废弃物的接收地。这些地方因相对贫困急求摆脱落后状态而未建起相应的环境保护设施，农民生活质量和生存环境破坏严重。造成我国目前生态环境严峻形势既有现实基本国情及发展阶段的因素，也与发展理念、体制机制建设息息相关。当然，资本对生态环境的破坏也是不可忽视的关键要素。虽然我国已经建立了社会主义制度，但社会主义初级阶段资本的长期存在，同时必须要利用它发展生产力仍是不争的事实。面对这个基本现实，"唯一正确的选择就是在限制与超越资本逻辑和发挥与实施资本逻辑之间保持合理的张力，即对资本要利用又应限制，使资本为了利润的最大化而不惜对自然环境的伤害降低到最低的程度"①。因此，作为资本运作的重要载体，生产企业对自然环境的开发利用仍然必须存在，但为了减少资本的使用对公民生态利益的伤害，必须强化企业的环境责任，寻找既能合理发展生产又能保护公民生存发展权利的现代化发展道路。

（2）传统的生态环境治理方式弊端逐渐显现

良好的生态环境是公民最重要的公共产品，具有较强的非竞争性和非排他性。市场经济发展背景下，人类中心主义、个人利己主义思维和资本利润最大化逻辑使私人或企业大肆攫取生态环境资源，"资本逻辑和市场逻辑都无法根本解决生态环境问题，相反，资本和市场更可能是造成生态环境问题的原因"②。因此，单一由市场机制进行环境资源配置不可避免产生市场失灵，"公地悲剧"屡屡上演。生态环境的公共性、复杂性、福利性和外部性等特点，决定了作为公共利益代表的政府必须对其进行合理干预以弥补其市场失灵。政府运用行政权力制定环境公共政策加强环境保护，在保障环境公共利益供给、管理环境污染导致的负外部性、提高资源利用效率和促进环境公正等方面有其独特的优势，但这并不意味着政府是环境治理的唯一代表，在日趋复杂的治理环境中仅靠政府有限治理能力不仅无法解决"市场失灵"，而且有可能导致环境治理失效。

长期以来，我国在生态环境治理上曾习惯采用政府一元主导的权威导向模式。这种管理结构是以中央权威为核心，以行政权力为绝对主导，对地方进行层级分权并逐级进行环境治理任务分包，自上而下地进行管理式管理，呈现出强制性、等级性、一元性和一体化等特点，从环境政策的制定到执行的各个环节，都体现出"政府主导"和"行政管理"的特色。政府权威导向环境管理模式通过管理权力施加行政压力强制性进行环境公共产品供给，确实能起到管理理念明晰、制度安排到

---

①　陈学明：《谁是罪魁祸首——追寻生态危机的根源》，人民出版社2012年版，第36页。

②　张清俐：《让谁吃下污染：绿色资本主义的回答》，中国社会科学网，www.cssn.cn，2015年5月13日。

位、经费投入稳定的效果，但日益严峻的生态环境现实已经暴露出其在治理结构、组织动员、激励机制和利益协调等众多方面的缺陷，市场在环境资源配置中的基础性作用受到限制，企业在管理体系中处于服从和被监督角色，公民参与政策制定的空间和渠道比较有限，生态治理低效率不可避免。具体表现在：一是有些地方政府生态治理积极性不足，环境政策执行不到位。尽管中央政府施加了相当强的环境治理压力要求贯彻落实环境法律法规，但作为相对独立的经济利益主体，有些地方政府在生态环境治理行为选择上，仍然会依据其自身的利益诉求在环境治理投入与产出之间比较权衡。由于环境治理成本投入大、收益具有滞后性、长期性和外部性等特点，一些地方政府更多地会考量眼前利益特别是经济发展带来的政治升迁机会，由此仍然注重 GDP 的增长而忽视生态环境的改善，导致有些环境政策的实施效果不尽如人意。二是跨区域、多主体合作环境协同治理机制难以建立。在现行环境行政管理体制下，有些地方政府主要按照国家行政区域规划承担所辖区内的环境治理责任，出于各主体的利益需求，在环境保护方面往往处于"不合作"或"各自为政"的状态，互相争取环境资源而减少或回避消耗或污染环境的责任。尽管中央政府对地方政府区域环境治理合作作出一些努力，但在不同利益最大化驱动下，中央政府协调有限，跨区域环境治理问题突出。企业、公民和环境社会组织是环境治理的重要利益相关者，也是环境信息的重要掌握者和提供者。他们有参与环境治理的动力和热情，但科层式线性治理结构限定了其他参与者的权利和空间，导致环境信息传递不畅和沟通协调机会减少，由此形成主体之间的不信任，降低治理绩效。三是环境治理中"寻租"现象加剧，公共环境利益受到损害。随着国家环保审批权的逐步下放和环境治理经费投入的增加，权力"寻租"机会也相应增多，具有理性"经济人"属性的少数环境管理部门及其官员，在宏观环境政策的制定和微观建设项目的审批及监管过程中，容易利用自己的行政权力谋取部门或个人利益，甚至与被监管对象结成特殊的利益集团，被环境规制所"俘虏"。近年来环保领域成了"腐败新高发地"，环保领域犯罪率成逐年上升的趋势，环保官员职务犯罪频发，环保部门腐败窝案时有发生。环保领域的腐败行为扭曲了环境资源配置，破坏了环境正义，损害了绝大多数人的环境权益。传统的环境管理模式失灵要求必须改革传统依赖于政府权威的治理模式，在治理主体、治理方法和手段上向多元化方向发展。

（3）公民环境权益冲突现象不容忽视

当前我国经济社会发展正处于转型关键时期，同时也正是"环境敏感时期"和各种矛盾叠加阶段，社会结构急剧变革和利益主体多元化进一步加剧了利益的复杂性，人与自然关系恶化激发了人与人之间矛盾冲突。人们对生存环境质量诉求越来越高，与国家治理供给不足、地方政府唯GDP发展价值取向、企业环境资源开发利润最大化追求相偏离。环境公共产品服务供给与需求的矛盾、环境权益与责任义务不统一，强势群体享受着巨额环境收益而忽视或逃避环境义务，弱势群体较少享受环境资源开发带来的发展成果却不公平地承担了较多的环境风险，环境利益不公平分配引发的冲突矛盾日渐加剧，公民与政府、企业环境利益冲突成为日趋普遍的社会现象。从20世纪90年代后期开始，我国环境冲突事件不断涌现，以环境维权为趋向的环境群体性事件频频进入公众视野，影响比较大的有2005年浙江东阳画水镇化工污染群体性事件，2007年以来相继发生厦门、大连、宁波、昆明、成都等地发生的反对化工项目建设的群体性事件，2009年以来广东、浙江多地发生反对垃圾焚烧发电项目的群体性事件，2012年江苏启东反对污水排海的群体性事件、四川什邡宏达钼铜事件等。据环保部原总工程师、中国环境科学学会副理事长杨朝飞介绍，1996—2012年我国因环境污染问题引发的群体性事件年增长率一直在29%左右，重特大环境事件高发频发，2005年以来，环保部直接报处置的事件共927起，重特大事件72起，其中2011年重大事件比上年同期增长120%，特别是重金属和危险化学品突发环境事件呈高发态势。① 纵观近年来发生的环境群体性事件,不难发现公民环境利益冲突依然存在,有的甚至从个体的环境侵害赔偿诉求转向社会群体的集体维权,从直接利益者的主导行为演化成为非直接利益者广泛参与的社会行为,从农村向城市、从发达地区向欠发达地区蔓延,从公民与企业的社会矛盾扩散到多元主体间的复杂博弈。环境冲突现象的发生,反映出公民环境权益意识和环境安全敏感性的增强,这种倒逼机制对于推动政府环境治理变革、引导公民环境参与和促使企业绿色发展转型具有重要意义。

3. 研究意义

(1) 理论意义

第一,厘清公民环境权益的基本内涵并拓展其研究视野,建构公民环境权益保障的理论框架。公民环境权益是随着生态环境危机发生、公民环境利益诉求高涨、国家治理不足而逐步进入理论研究视野的。同政治权益、经济权益、文化权益一样,"环境权益是始终伴随着人类社会和人类本身的重要权益"②。公民环境权益内涵是什么?它包括了哪些方面的权益内容?环境权益何以实现等,这一系列问题都是学术界颇具有争议性的话题。目前对这个主题研究主要从法学和伦理学角度分析环境权益的本质、环境权益的法治建构、环境权益保障的伦理机制等,其分析视野和探寻深度有待进一步扩展。自从我国改革发展相继提出实施可持续发展战略、以人为本的科学发展观、新发展理念等治理思想以来,国家生态环境治理逐步从"义务本位"向"权利本位"转型及深化,也亟待理论上的支持。本研究以公民环境权益基本内涵分析为基础,运用马克思主义环境正义理论、科学发展观理论、协同治理理论和可持续发展理论等,探讨公民

---

① 《近年来我国环境群体性事件高发年均递增29%》,中国网,www.china.com.cn,2012年10月27日。

② 方世南等:《马克思恩格斯弱者权益保护思想》,上海三联书店2012年版,第195页。

环境权益保障的价值取向、现实基础和基本路径，为中国特色社会主义公民环境权益保障提供理论依据，深化公民权益保障体系研究。同时，将马克思主义理论运用到公民环境权益保障实际问题分析，对马克思主义生态文明思想形成一个新的审视，丰富"人的自由而全面发展""以人民为中心"和"国家治理体系和治理能力现代化"等相关理论研究，提升对马克思主义理论的认识。

　　第二，尝试构建公民环境权益保障协同治理体系，揭示协同治理的作用机理。"环境问题的实质是人与人的利益冲突，这种冲突来自自然环境承载力的有限性与人类个体追求自身利益极大化的天然本性之间的矛盾"①，因此，"生态环境问题也是一个政治问题"②。生态环境治理直接影响到公民环境权益的实现，从某种意义上讲，公民环境权益保障问题本质上就是一种生态政治问题，直接涉及国家社会稳定、生态民主建设进程、社会正义维护、政府环境管理改革和社会政治协调发展等。它的实现不仅仅是依靠环境法制建设将公民环境权利及其利益纳入法治保障轨道，而更多的是将其上升到政治高度，通过环境公共利益为导向政治民主化改革、生态治理模式创新和协同治理体系构建来实现。本研究基于环境权益的公共性和每个主体的利益相关性，从协同治理视角研究公民环境权益保障，将政府、企业、社会组织和公民等多个利益相关者引入生态环境治理网络体系中，不仅从理论上分析环境权益保障协同治理的必要性和可行性，揭示协同治理在于通过共识培育、信息沟通、决策参与、利益共享等激发多元主体参与环境治理的积极性主动性，发挥各自优势与互补功能，实现共建共治共享，而且从实际考察我国政府单中心环境治理经验教训、协同治理的现实基础与运转机制构建，为我国公民环境权益保障协同治理进行实践指导。作为一种新型治理形态，协同治理主体间形成的网络如何展现？

---

　　①　夏光：《论环境保护的国家意志》，《中国经济时报》2007年5月25日。
　　②　中国社会科学院环境与发展研究中心：《中国环境与发展评论》第3卷，社会科学文献出版社2007年版，第74页。

政府与其他主体之间履行什么样的角色和责任？如何促进主体良性互动？如何实现机制构建？等等。这一系列问题的回答对于深化协同治理的理论认识、扩宽协同治理的应用空间、推动环境治理体系和治理能力现代化具有重要的理论意义。

第三，扩展中国特色社会主义环境正义理论研究，重点对新时代的环境正义价值观进行了研究。党的十八大报告提出："加紧建设对保障社会公平正义具有重大作用的制度，逐步建立以权利公平、机会公平、规则公平为主要内容的社会公平保障体系，努力营造公平的社会环境，保证人民平等参与、平等发展权利。"公民环境权益保障是社会公平保障体系的重要组成部分，内含了丰富的环境正义价值理念与实践导向。本研究将权利公平的研究从传统政治、经济、社会和文化视域扩展到生态环境领域，丰富了权利公平与环境正义研究视野。相对而言，环境权益不公平问题出现较晚，频频爆发的环境群体性事件却凸显出保障公民平等享受环境权益与合理承担环境义务的现实性与紧迫性。环境权益公平彰显环境正义。改革开放以来，党和国家致力于经济建设为社会主义公平正义奠定物质基础的同时，逐步将生态文明建设纳入国家治理顶层设计，中国特色社会主义环境正义取向正逐步从应然价值向实践目标转化。改革开放以来，从将环境保护政策确定为我国的基本国策，到坚持实施可持续发展战略，再到深入贯彻落实全面协调可持续的科学发展观，发展到现在将生态文明列为建设中国特色社会主义的"五位一体"的总体布局，致力于实现代内环境正义、代际环境正义和国际环境正义，以及人与自然、人与人、人与社会和谐共生的中国特色社会主义环境正义目标全面确立，彰显了解决环境正义问题的中国智慧、中国方案。保障公民环境权益有利于治理"环境非正义"，促进社会公正的实现。将环境正义理论运用到公民环境权益保障研究中，分析环境非正义在我国的具体表现，研究公民环境权益受损背后的社会公平问题，探索中国特色社会主义环境正义实现机制，能为深化中国特色社会主义公平正义思想研究提供理论参考。

（2）现实意义

第一，为贯彻落实习近平生态文明思想，推动环境治理体系和治理能力现代化提供相关决策参考。习近平总书记指出："建设生态文明，关系人民福祉，关乎民族未来"①；"良好生态环境是最公平的公共产品，是最普惠的民生福祉"②，这一系列论述表明社会主义生态文明建设的本质和核心就是加强生态环境治理，实现和维护最广大人民的环境权益。因此，以习近平新时代中国特色社会主义思想为指导，把生态文明建设研究与公民环境权益价值取向以及实施方式紧密结合起来进行分析，是不可或缺的重要维度，也是具有较强实践性的重大课题。现有关于社会主义生态文明建设策略的研究，大多偏重于绿色思想观念转变、国家经济发展战略改革、生态资源的节约利用和环境污染治理等方面，而对于如何通过治理体系变革优化环境治理模式，推动环境公平并保障公民环境权益却较少提及。党的十九届四中全会提出"完善生态环境公益诉讼制度，落实生态补偿和生态环境损害赔偿制度"，保障公民环境权益是以人民为中心价值理念的具体体现，是推进社会主义生态文明建设、促进人类社会可持续发展和生态共同体构建、建设美丽中国的重要载体和有效路径。由于生态环境治理是一项系统工程，公民环境权益尚未得到专项法律确认，因此各项任务的落实须依靠政府、企业、公民和社会组织等多元主体共同合作，推动治理体系和治理能力现代化实现。本研究立足于社会主义生态文明建设坚持以人民为中心的出发点和归属点的基本理念，分析公民参与生态文明建设中的环境权益认知、利益诉求和治理困境，提出在协同治理框架下，建立健全环境决策参与机制、环境合作信任机制、环境侵权救济机制、环境问责制度和生态补偿制度等系列政策建议，能为深入贯彻落实习近平生态文明思想、缓解环境发展不平衡不充分的矛盾、推进国家治理体系和治理能力现

---

① 《习近平谈治国理政》，外文出版社 2014 年版，第 208 页。

② 中共中央文献研究室编：《习近平关于社会主义生态文明建设论述摘编》，中央文献出版社 2017 年版，第 4 页。

代化提供有价值参考。

第二，为构建我国"以人民为中心"的公民环境权益保障协同治理体系提供路径支撑思考。一直以来，面对生态资源紧张和环境污染严重的压力，我们曾过分强调政府在环境治理和环境权益保护上的主导作用及其主要责任，而相对弱化企业、环境社会组织和公民等参与主体治理功能发挥。这种政府单一主导下的环境管理模式忽略了一个最基本的事实，即企业对生态资源掠夺式开发、城乡居民自身生产生活污染是公民环境权益受到侵害的重要源头。虽然我国环境社会组织治理能力还较为薄弱，但却是实现公民环境权益不可或缺的重要载体。众多的污染主体与治理体系的碎片化从整体上降低了公民环境权益保障的绩效。因此，改革治理理念、治理方式和治理手段，推动生态环境协同治理，是实现公民环境权益保障的必然选择。面对环境权益协同治理权力与职责界定不清晰、协同治理机制缺乏、主体互动制度化和法治化不足、社会基础比较薄弱以及环境利益矛盾较为尖锐等一系列问题，本研究一方面从治理主体多元化、网络化、信息化发展背景出发，分析研究治理主体环境利益诉求及行为选择，研究环境权益协同治理的合作理念、内在结构、运行机制、实现条件和制度保障；另一方面通过广泛而深入的问卷调查、面对面访谈等实证研究，总结国内生态环境协同治理与公民环境权益协同保障的具有普遍意义和推广价值的实践经验，在此基础上提出价值共识培育、互动机制建设、环境冲突过程管理和有效制度供给等一系列具有可操作性有价值的建议，对于提升公民环境权益保障协同治理绩效具有较强的实践意义。

第三，为促进地方环境群体性事件事前预防式治理、推动生态治理从维稳向维权转变提供决策参考。当前我国既处于发展的重要战略机遇期又处于社会矛盾凸显期，偶有发生的环境群体性事件是地方政府社会治理创新面临的难题。本研究着眼于我国治理环境变化、公民环境维权意识增长以及付诸维权行动可能性增加的现实实际，提出环境事件治理价值取向必须从维稳向维权转变，围绕公民环境受益权、知情权、参与权和监督权等构建权益救济机制，以此为基础完善国家环境决策机制，拓宽政府、市场和公民社会之间的环境利益协商对话渠道，构筑制度化的权益保障机制等建议。这对于促进地方环境群体性事件治理从事后补救转向事前预防、化解环境利益冲突风险、弥补地方政府环境治理失灵以及建立真正稳定和谐的社会秩序具有重要的实践意义。

二、国内外相关研究现状述评

从 1960 年西德的一位医生首先向欧洲人权委员会提出"环境权主张"开始，国内外有关公民环境权益的国际倡导、立法实践和理论研究已有几十年历史。作为一种新型权益，公民环境权益备受关注主要源于全球生态环境形势日趋严峻、公民权利意识逐步觉醒和绿色环境保护实践深入。特别是自 20 世纪 70 年代起发端于西方发达国家并延伸至全球范围内的环境运动，更是促进了其理论探索和实践改革进程。我国现代化进程起步较晚，对公民环境权益关注相对滞后。从 90 年代开始，随着城镇化和工业化的快速推进，公民生活环境持续恶化，因生命健康权利受损或生活环境质量下降导致环境利益冲突事件频发，公民环境权益诉求高涨，如何推进生态环境合作治理，预防和治理环境利益冲突，实现和保障公民环境权益，成为学界最为关注的生态环境主题之一。关于公民环境权益主题研究，国内外学术界以历史考察为主线，聚焦"生态政治变革""资本主义制度批判""环境公平正义构建"和"环境权利法治保障"等主题，多视角进行各自话语表达与理论建构，不断拓展环境权益保障研究的深度与广度。

1. 国外相关研究述评

（1）生态社会主义视域下公民环境权益保障研究

生态社会主义运用马克思主义理论与方法解释当代生态危机，指出克服生态危机的出路是改革或消除资本主义制度，走向生态社会主义。同样，生态社会主义学者剖析了资本主义制度对生态的破坏和公民权利的剥夺，提出了包含生态原则、人权、公民参与、广泛基层民主、非暴力、可持续发展、社会与环境公平等思想构成的基本理论，主张改变人与人之间不平等关系，创建人与人、人与自然、人与社会和谐发展的生态社会主义社会，蕴含了丰富的公民环境权益价值取向和政治原则。例如，"红绿联盟的生态社会主义"代表美国学者戴维·佩珀（David Pepper）系统地阐发了历史唯物主义的生态内涵，强调生态社会主义是"人类中心论和人本主义的"，"自然的权利（生物平等主义）如果没有人类的权利（社会主义）是没有意义的"[1]。在他看来，资本主义生产方式是生态危机的最终根源，资本主义的增长是依靠生产过程中对自然的剥削及对人类的剥夺来实现价值增加，而"这种增长对于环境或社会公正的结果来说是不可妥协的"[2]。生态社会主义有多种原则或特征，其中之一便是要"从广义上界定'环境'和环境议题，以包括大多数人的关切"。"基本的社会主义原则——平等、消灭资本主义和贫穷、根据需要分配资源和对我们生活与共同体的民主管理——也是基本的环境原则"[3]。"激进的生态社会主义"代表印度学者萨拉·萨卡（Saral Sarkar）对人类中心主义的批评进行重新审视和辩驳，认为从事生态运动"拯救的只是生物圈中的人和人类及其当前的物种成分"；"我们的意思是保护当前的环境，使人类在其中能或多或少地感受到如家一般的舒适"[4]。在他看来，古典社会主义、现代西方资本主义和生态资本主义等都无法克服发

---

① ［美］戴维·佩珀著，刘颖译：《生态社会主义：从深生态学到社会正义》，山东大学出版社 2012 年版，第 4 页。

② ［美］戴维·佩珀著，刘颖译：《生态社会主义：从深生态学到社会正义》，山东大学出版社 2012 年版，第 126 页。

③ ［美］戴维·佩珀著，刘颖译：《生态社会主义：从深生态学到社会正义》，山东大学出版社 2012 年版，第 284 页。

④ ［印］萨拉·萨卡著，张淑兰译：《生态社会主义还是生态资本主义》，山东大学出版社 2012 年版，第 10 页。

展中"增长极限"的矛盾，无法解决不平等、社会非正义、剥削和环境难题，只有生态社会主义才有克服生态危机的希望。

（2）生态政治学视域下公民环境权益保障研究

生态政治是将生态环境问题引入政治领域，着力于政治权力体制变革将生态环境治理上升到国家发展决策，通过政治行动推动环境质量改善，进而实现个人权利的逻辑思路与实践路径。生态政治学为应对生态环境危机而生，它是基于政治决策对生态治理作用的重新认识，强调必须从政治和社会体制上寻找环境问题产生的根源，进而从多体制创新着手系统探寻危机解决之道，促进生态环境与社会政治协调发展。环境运动制度化、绿党政治产生、环境问题纳入国际议题以及市民社会形成等，都为生态政治学发展注入了新的动力。生态政治学对于生态治理中民主、公平、分权、人权和责任的新诠释，为公民环境权益保障研究开辟了新视角。

相关研究主要以"批评反思—组织变革—制度建构"为分析框架，在环境运动引发全球性政治变革背景下，学者们审视环境危机的体制性和历史性根源，提出以可持续发展目标为主线，推动政治意识重塑、生态民主建设、公民参与治理、环境管理改革、政策制度创新和多元主体协作等，寻找公民环境权益实现的政治路径。环境运动是公民生态利益诉求的政治表达策略，它在价值上以环境主义或生态主义为主导逻辑，组织上既有体制外的维权组织也有体制内的压力集团，行动上既有大众参与的分散化对抗也注重制度化的组织合作，环境运动团体日益参与环境与社会决策，将不同群体利益诉求上升为国家政策或法律法规，推动公民参与环境治理权利实现。美国学者丹尼尔·A.科曼（Daniel A. Coleman）强调政府的生态责任、参与型民主建设、生态正义价值观形成和环境保护社群合作，以此来应对环境危机[①]。英国学者安德鲁·多布森（Andrew Dobson）对环境主

[①] ［美］丹尼尔·A.科曼著，梅俊杰译：《生态政治——建设一个绿色社会》，上海译文出版社2005年版，第75页。

义技术治理模式提出了质疑，他将生态主义作为一种独立的意识形态，强调发展的"可持续性"原则，认为必须通过彻底的体制变革才能从根本上解决环境难题，即"要创建一个可持续的和使人满足的生存方式，必须以我们与非人自然世界的关系和我们的社会与政治生活模式的深刻改变为前提"①。澳大利亚学者罗宾·艾克斯利（Robyn Eckersley）阐释了构建绿色国家替代自由民主国家应对生态难题的必要性和可行性，并且将生态民主建设作为扩大和保障公民权利的重要手段②。虽然这些著作中都没有"环境权益"字眼，但他们立足于公民权利、基层民主和社群合作行动的研究思路，内含对公民环境权益的倡导与尊重。另外，还有一些学者从生态政治学视角批判资本主义，指出资本主义制度与生态环境之间的内在逻辑矛盾，提出建立社会主义制度实现绿色发展。

（3）环境人权视域下公民环境权益保障研究

美国学者萨克斯（Joseph Sax）较早提出了"环境公共信托理论"和环境权概念，认为空气、水等环境要素都是属于社会公众的公共财产，为了方便管理公民将其委托给政府，由此公民与政府之间形成了信托关系③。根据公共信托原则，政府有责任通过立法和司法保障公民环境权的实现，这为学者们探讨环境权法制化提供了法理依据。英国学者阿兰·波伊尔（Alan Boyle）和迈克尔·安德森（Michael Anderson）主编的《环境保护的人权路径》深刻分析了人权法制保障对于应对环境难题的促进作用，"它着重分析了环境人权的概念性与实践性难题，其中包括对人与环境之间关系的理解以及国际和国内人权法中关涉环境保护的形式、内

---

① ［英］安德鲁·多布森著，郇庆治译：《绿色政治思想》，山东大学出版社 2012 年版，第 2 页。

② ［澳］罗宾·艾克斯利著，郇庆治译：《绿色国家：重思民主与主权》，山东大学出版社 2012 年版，第 117—121 页。

③ See Joseph L Sax. "The Public Trust Doctrine in Natural Resource Law : Effective Judicial Intervention", *Mich L Rew* 471（1970）.

容和局限性等方面的议题"①。英国学者简·汉考克（Jan Hancock）论证环境人权包括享有自然资源的人权、拥有免遭有毒污染环境的人权和参与环境运动的人权等，并把环境人权法制化的主要路径定为宪法承认、国际法承认和专门法的修改②。欧洲国家公民环境权法治实践中，"通过限制个人财产权利来达到加强环境共享权的目标"已成为基本趋势③。对于环境权益如何通过履行环境责任与义务来实现，英国学者安德鲁·多布森（Andrew Dobson）认为生态公民权主要体现为人类社会现实中不同公民个体能够带来的生态踪迹的不对称性，及其由此产生的公民个体的环境责任与义务——确保自己的生态踪迹不会减少或阻碍其他个体包括后代个体从事有意义生活的机会④。学者马克·史密斯（Mark J. Smith）、皮亚·庞萨帕（Piya Pangsapa）从权利与义务、环境正义与社会正义相统一的角度阐释生态公民权概念，强调不同主体对环境义务和责任与权利和授权并重，"环境与社会非正义意识往往能够通过公民参与而更有效地产生环境与社会的责任形式，以及类似生态公民权的公民权形式"⑤。

（4）生态伦理学视域下公民环境权益保障研究

生态正义或环境正义是生态伦理学视域研究公民环境权益的重要切入点。环境正义是社会正义理念在环境领域的具体显现，直接涉及社会成员自然资源利用、环境权益与义务分配、环境权益关系调整以及环境污染风

① Boyle A E, Anderson M R. *Human rights approaches to environmental protection*. Oxford: Clarendon Press, 1998；转引自郇庆治:《环境人权在中国的法治化及其障碍》，《南京工业大学学报（社会科学版）》2014年第3期，第14页。

② ［英］简·汉考克著，李隼译:《环境人权：权力、伦理与法律》，重庆出版社2007年版，第1、81页。

③ 周训芳:《欧洲发达国家公民环境权的发展趋势（一）》，《林业经济问题》2012年第12期，第316页。

④ Andrew Dobson. *Citizenship and Environment*. New York Oxford University Press INC, 2003：48.

⑤ ［英］马克·史密斯、皮亚·庞萨帕著，侯艳芳、杨晓燕译:《环境与公民权：整合正义、责任与公民参与》，山东大学出版社2012年版，第4页。

险承担，它是实现公民环境权益的价值基础。面对现代化发展进程中环境资源利用与风险分配不公平、环境领域权利与义务不对等以及环境权益与责任不公正等非正义问题，学者们将环境问题与社会正义、公民权利相结合，从多维角度对环境正义的内涵、向度、原则和实现进行话语体系建构，希冀通过重建社会正义秩序来保障公民环境权益。国内外学者对环境正义研究涉及环境权益的主要有相互关联的四个方面：环境正义内涵中的权利导向、环境正义的利益向度、不同主体之间的环境利益分配与正义、环境正义实现的理论建构与实践机制。环境正义的本质就是在环境资源的享用和风险分配上，所有公民拥有平等权利，负有同等义务。1991 年美国"第一次全国有色人种环境领导高峰会"在华盛顿召开，正式提出环境正义的 17 条原则，其内容就包括公民参与环境决策的权利、享有良好生态环境权利和免受生态破坏的权利等。美国国家环保局（EPA）定义"环境正义"内涵时，强调全体人民在环境法律、法规、政策制定与执行上都应该得到公平对待并卓有成效地参与，意味着每个公民都享有环境受益权和环境参与权。美国学者 Capek 提出了个人、社区或少数民族在面对可能的环境不正义时应有的四个基本权利：充分信息的权利、公开听证的权利、民主参与及社区团结、赔偿的权利[①]。

　　总体而言，现有环境权益的不公平或非正义主要涉及不同主体在环境利益和责任分配上的不对等问题。例如，国内地区之间、城乡之间、种族之间和贫富人群之间环境权益差距；全球范围特别是发达国家与发展中国家之间环境利益冲突；当代人与未来人环境责任与义务的不对称；人和自然之间环境伦理道德问题；等等。学者罗伯特·布勒德（Robert Bullard）、班扬·布赖恩特（Bunyan Bryant）、佩罗（David Pellow）等对环境风险分配种族歧视、有害废弃物选址不公平、弱势群体遭受环境困境、环境权力资源分配不合理、环境成本承担不均和生态补偿缺失等一系列问题

---

　　① 　张斌、陈学谦：《环境正义研究述评》，《伦理学研究》2008 年第 7 期，第 60 页。

进行了强烈批判，认为"环境问题若不与社会公正联系起来便不会得到有效解决"①。他们尝试在社会正义理论基础上建构环境公平可操作性框架和规则，以保障公民环境权益特别是保护弱势群体环境利益。彼得·S.温茨（Peter S .Wenz）将社会正义理论运用生态环境保护上，提出了"同心圆理论"，重构环境正义理论应对社会资源配置中环境难题②。除了国内公民环境权益公平问题，国家与国家之间对自然资源上的利用权利与环保义务上的公平性，即全球环境正义也是学术界争论的焦点。学者古哈（Ramachandra Guha）、阿提菲尔德（R. Attfield）、哈珀（C.Harpar）等批评发达国家将环境伦理原则推广到发展中国家的做法，认为发展中国家在生存发展和环境保护方面有其特殊国情，他们首要解决的是基本生存以及自然资源使用权问题，一味地推行其环境正义标准甚至干预发展中国家的环境与发展政策本身就是不道德的，侵害了发展中国家公民的环境权益。

（5）协作治理视角下公民环境权益保障研究

面对现代社会发展的复杂性与不确定性急剧变化对公共事务带来的风险和挑战，分权、互助和合作成了生态环境治理的重要研究方向。早期学者奥尔森（Olson）、哈丁（Hardin）研究公共事务治理中集体行动困境问题以及相应治理模式或解决方法。20世纪80年代以来，为应对治理环境的变迁和治理复杂性问题，学者们相继提出"多中心治理理论"（Elinor Ostrom）、"网络化治理理论"（Stephen Golden Smith）、"整体性治理理论"（Perry Hicks）、"元治理理论"（Bob Jessop；Torfing）、"协同治理理论"（Jean-Pierre Gaudin；Dohahue）等，为公民环境权益合作治理研究提供了重要理论参考。

环境冲突治理是公民环境权益保障应解决的基本问题。早期社会学学

---

① Robert D.Bullard. "Solid Waste Sites and the Houston Black Community".*Sociological Inquiry*，1995（2）:245.

② ［美］彼得·S.温茨著，朱丹琼、宋玉波译：《环境正义论》，上海人民出版社2007年版，第72—115页。

者科塞、达伦多夫从资源的管理权和支配权层面揭示社会冲突的来源。美国学者 Carpenter、Kennedy 较早提出环境冲突管理理论；Daniel A.Coleman 强调政府的生态责任、参与型民主建设、生态正义价值观形成和环境保护社群合作应对环境冲突危机[①]；Patrick Sweeney、Rasmus Kloker Larsenan 分别从"环境分配正义""利益相关者治理模式"维度探讨治理思路；Gerald Marten 和 LensNewig 从环境政策的制定和执行分析了政府与公民、私营部门合作的必要性；Ann Forsyth 和 Michael Lockwood 等分别从环境责任共担、多元价值整合、政策接受度和权利共享等角度研究了环境问题合作共治的优越性。Mol Arthur、Carter Neil 认为中国正在迅速地完善国家、市场和公民社会之间环境治理体系。公民参与是解决环境冲突风险的主流策略。相关的理论基础有环境公共信托理论（Sax Joseph）和生态政治理论（Daniel A. Coleman）、公民环境权利论（Andrew Dobson）。学者 Glyn Davis 提出公民参与和强有力的环境政策是改善环境冲突的新途径[②]；Guha 运用环境正义理论研究了农民环境参与权利和解决环境问题有效性[③]；Christopher Rootes 认为不断增强的公民参与使西方国家环境管理模式发生根本性转变[④]；Bunyan Bryant、King、Feltey、Thomas 等分别研究公民参与的方法与机制；Robert Bullard、Mark J. Smith、Piya Pangsapa 从权利与义务并重角度提出通过公民参与推动合作治理实现；Patrick Devine Wright 提出要建立政府与公民之间的交流机制，保证信息对称性等[⑤]。

---

① Coleman, D. A. *Ecopolitics: Building a green society*. Camden, NJ: Rutgers University Press.1994.

② Bishop P, Davis G. Mapping public participation in policy choices . *Australian journal of public administration*, 2002，61（1）:14-29.

③ Guha R, Alier J M. *Varieties of environmentalism: essays North and South*. Routledge, 2013.

④ Rootes C. *Environmental movements: local, national and global*. Routledge, 2014.

⑤ Devine-Wright P, Howes Y. "Disruption to place attachment and the protection of restorative environments: A wind energy case study ". *Journal of environmental psychology*, 2010,30(3):271-280.

2. 国内相关研究述评

（1）环境权益的概念厘定与内涵研究

国内环境法学者蔡守秋先生较早提出"狭义的环境权一般指公民的环境权，即公民享有良好适宜的自然环境权利"，"环境权包含环境权利与义务两个方面"[1]。以此为基础，吕忠梅、周训芳、陈泉生等代表性学者从环境法学角度认为公民环境权指公民享有良好适应的生态环境和利用自然资源的权利，主要包括环境使用权、知情权、参与权和请求权等多个方面。一些学者依据人与自然的关系从生态哲学角度定义公民环境权利的内涵，如李惠斌认为"从人类生态学或社会生态学的意义上讲，人的生态权利来自于或衍生于人的生存权利，公民不仅拥有生存的权利，而且其生存环境也同时应该不断地得到保护和优化"[2]。钱箭星则直截了当地指出，"环境权就是可持续发展权"[3]。邹雄认为环境权包括对良好生态功能的保有权、享受权等实体性权能和环境参与权、环境知情权、环境请求权等程序性权能，其中，环境参与权是核心权能[4]。学者江必新、夏光分别从《宪法》《环境保护法》解读公民环境权益保障的价值取向和法律依据，其中，夏光认为公民环境权益主要包括"知情权、监督权、索赔权和议事权"[5]。此外，学者李挚萍、张祝平、胡美灵等较为关注农民环境权益的弱势地位问题。简言之，学者们从不同的视角分别将公民环境权益认定为法定权利、自然权利、社会权利和人权等。

关于公民环境权利与义务的关系，学界存在一些争论，大多数学者依据"环境权利与义务具有不可分割性"原则，认为提出环境权包括享有环

---

[1]　蔡守秋：《环境权初探》，《中国社会科学》1982年第3期，第35—36页。

[2]　李惠斌：《生态权利与生态正义》，《新视野》2008年第5期，第68页。

[3]　钱箭星：《环境权就是可持续发展权》，《中共中央党校学报》2009年第3期，第65页。

[4]　邹雄：《论环境权的概念》，《现代法学》2008年第9期，第38页。

[5]　夏光：《论社会制衡型环境治理模式》，《环境保护》2014年第7期，第12页。

境权利及保护环境义务两个方面内容，尊重环境权利与履行环境义务两者是相对应的，应该改革我国有关法律存在"重公民环境义务，不要公民环境权利"的立法思路。但学者宁清同认为"生态义务只是实现生态权的保障，也是对生态权的必要限制，但并非生态权的基本内容；两者是具有不同本质属性而且是同一位阶的两个概念，彼此没有逻辑上的包含或者说隶属关系"[①]。徐祥民也指出"环境权作为一种自得权，这种权利不是通过与权利主体相对的义务主体履行义务来实现，而是通过权利主体本身的努力来实现"；"它的实现以人类自负义务为条件"[②]。关于权利与义务的争论说明了公民环境权益内容和属性的复杂性，其自然属性、社会属性以及实现方式等使学界从不同的视角研究提出各自观点。

（2）马克思主义视域下公民环境权益保障研究

马克思恩格斯运用历史唯物主义世界观与方法论，辩证分析人与自然的关系，批判资本主义生产方式，揭示生态危机产生和公民生态利益缺失的制度根源，提出建立社会主义制度以解决生态矛盾，实现无产阶级和广大劳动人民环境权益，促进人的自由而全面发展。这种将公民生态利益实现与社会制度完善相联系起来考察的生态思想，为全球公民环境权益保障研究提供了丰富的理论指导。

学者立足于马克思恩格斯对资本主义制度批判思想，探寻马克思主义环境权益思想渊源，指出公民环境权益保障总体方向。如学者方世南通过文本解读发现环境权益保护是马克思恩格斯生态文明思想的一个重大亮点，资本主义制度是导致生态环境问题的主要根源，也是激化人与自然关系、弱者环境权益缺失的总根源，保护弱者环境权益的根本途径是对资本主义制度实行完全的变更。资本主义工业化发展模式加剧了环境利益冲突，造成了人与人之间环境权益不公平，为此，马克思批判资本主义制度

---

① 宁清同：《生态权初探》，《法治研究》2012年第9期，第44—51页。
② 徐祥民：《环境权论——人权发展历史分期视角》，《中国社会科学》2004年第4期，第138页。

从根本上导致了人与人之间的生态非正义，指出共产主义实现了人与人之间生态正义的复归①。学者郎廷建从马克思主义对资本的批判中把握其生态正义思想，在他看来，资本主义制度从根本上导致了人与人之间的生态非正义，共产主义是对资本主义积极扬弃，它实现了人与人之间生态正义的复归②。李惠斌提出要合理解决资本与人们生存环境之间的公平关系，进而阐明了"环境权益的实现就是生态正义"辩证逻辑，最终得出公民环境权益保护是一种制度性行为的结论③。孙乐艳指出资本主义工业发展引发和加剧了城乡之间的生态矛盾和生态差距，导致了城乡居民环境权益实现程度的不平衡，必须在城乡发展的有机融合中实现环境权益④。任铃以自然、实践、主体、社会和历史为线索从逻辑和总体上对马克思主义的生态正义思想进行文本解读，指出生态文明建设须实现制度公平和生态公平的统一⑤。何佩佩、邹雄运用马克思历史唯物主义方法提出环境利益是环境法律制度建构的本位，等等⑥。

　　另有一批学者立足于本国国情和生态文明建设实践，考察生态政治国际发展经验，探讨马克思主义生态政治思想，分析中国特色社会主义生态政治特征，提出我国政府主导下生态政治建构的基本思路。如学者芮国强从马克思恩格斯对人与自然关系、人的异化和生态危机根源中探寻生态政

---

①　方世南：《生态权益：马克思恩格斯生态文明思想的一个重大亮点》，《鄱阳湖学刊》2011年第5期，第5—17页。

②　郎廷建：《论马克思主义生态正义思想》，《马克思主义哲学研究》2012年第10期，第38—45页。

③　李惠斌：《生态权利与生态正义——一个马克思主义研究视角》，《新视野》2008年第5期，第67—69页。

④　孙乐艳：《马克思恩格斯生态权益思想研究》，苏州大学博士学位论文，2014年，第86—87页。

⑤　任铃：《马克思主义生态正义思想的多重向度及其现实关怀》，《南京社会科学》2014年第5期，第48—52页。

⑥　何佩佩、邹雄：《环境法的本位与环境保障利益研究》，《福建论坛·人文社会科学版》2015年第3期，第172—176页。

治学的思想渊源[①];张卫国运用社会有机体论、生态民主论和人的全面发展论解读马克思主义蕴含的生态政治思想[②];黄爱宝从比较的视角揭示了中国特色社会主义生态政治具有生态民主真实性、生态公正真正性、公共权力相关性和文化传承性等多个特征[③];郇庆治从国家民生政治目标实现角度将生态文明建设阐释为一种中国特色社会主义新型环境政治,即在中国共产党的领导下主动构建政府、企业、社会、公民与媒体等角色之间的良性政治互动关系,从而形成一种更加有利于生态环境保护的政治合力或"正能量"[④];郝永平、吴江华认为,习近平总书记从政治的视角看待生态文明建设,丰富了政治文明的内涵和外延[⑤]。此外,针对我国生态环境治理存在政府单一主导、社会参与不足和决策机制不健全等问题,不少学者认为构建中国特色社会主义生态政治已成为建设社会主义生态文明、推进可持续发展和建设社会主义和谐社会的重要路径。他们强调生态发展的民生、民权、以人为本和社会公正价值追求,提出推进生态政治化进程的建设策略。例如学者刘东国提出,"只有强调人权和社会公正,才能确保广大社会下层不致因缩小经济规模和降低经济增长速度而成为直接受害者。从这个意义上来说,保护社会弱者的基本人权和生存权,是实现生态优先发展战略的必然要求"[⑥]。王春荣强调生态利益冲突是生态政治的关键,协调生态利益矛盾要以人为本,走可持续发展道路[⑦]。王鸿铭等提出"中国环境治理能力的提升有必要在政策执行层面推动从单一权威管控转向多元

---

① 芮国强:《马克思恩格斯生态政治思想初探》,《江海学刊》2005年第3期,第210—214页。
② 张卫国:《我国生态政治构建研究》,大连海事大学博士学位论文,2012年,第20—26页。
③ 黄爱宝:《论中国特色社会主义生态政治的主要特征》,《理论探讨》2012年第5期,第23—27页。
④ 郇庆治:《环境政治视角下的生态文明体制改革》,《探索》2015年第3期,第41—47页。
⑤ 郝永平、吴江华:《习近平生态文明思想的鲜明特色》,《中共中央党校学报》2018年第6期,第6页。
⑥ 刘东国:《绿党政治》,上海社会科学院出版社2002年版,第178页。
⑦ 王春荣:《生态政治的利益研究》,吉林大学博士学位论文,2006年,第102页。

的有效治理转变"①。李咏梅论证"生态政治本质上就是民生政治，解决当下的民生问题必须走构建生态型政府、促进生态民生化和追求民生生态化的生态政治之路"②。在具体措施实施上，学者们从政府主导下生态责任强化、生态政治价值观、生态制度建设、公民有序参与和生态治理合作等方面提出了具体建议。

（3）环境法学视域下公民环境权益保障研究

法律意义上的环境权益简称为环境权。从理论上看，环境权是个复杂性综合概念，它与生命权、生存权、健康权、参与权和发展权等紧密相关，学术界对环境权益主体、客体、内容和性质等内涵进行定义尚存在较大争议，进行具体环境权立法面临不少困难，但从实践需求来看，立法保障则显得迫在眉睫。《东京宣言》《人类环境宣言》《里约环境与发展宣言》《奥斯胡公约》等国际性文件都强调公民必须享有生存和发展的环境权利，并建议将此作为一项基本人权进行法律确认。国内学界从环境法学研究公民环境权益保障主要集中在以下几个方面：一是对《宪法》《环境保护法》等法律法规进行解读和分析，如学者江必新指出中国宪法中人格尊严条款是宪法保障环境权益的价值基础、宪法的法律条款已经包含了环境权益的意涵，同时总结了近年来国家成立专门审判机构、推进环境公益诉讼和创新审判机制等环境权益保障等司法措施③。秦天宝认为，2015年9月1日实施《环境保护公众参与法》的更大意义在于体现的程序正义是公众环境权益保障新理念④。但是，作为一项新型人权或权利体系安排，环境权在大部分国家包括我国的法律体系中并未作出明确的规定，仍然是一种"应

---

① 王鸿铭等：《中国环境政治考察：从权威管控到有效治理》，《江汉论坛》2017年第3期，第118页。

② 李咏梅：《生态危机解困之路：从生态政治化到政治生态化》，《青海社会科学》2011年第2期，第29—32页。

③ 江必新：《环境权益的司法保护》，《人民司法（运用）》2017年第25期，第4—5页。

④ 秦天宝：《程序正义：公众环境权益保障新理念》，《环境保护》2015年第10期，第12—13页。

然权利"或"抽象权利",真正要将此制度化为"实体权利"和"法制权利"还存在不少困难。一直以来在环境立法上存在"人类中心主义"与"生态中心主义"的持续争论,由此引发对公民环境权内涵厘定上存在着较大的争议性、复杂性、广泛性甚至不确定性,基础概念不清就无法进行具体制度设计。学者郇庆治总结了环境人权在中国法制化的进展情况,认为"明确确立公民环境权利的宪政基础还面临不同方面的障碍,尤其是政治性的障碍"[1]。张震提出,受到"对环境权独立性价值的认识程度"和"有关环境权宪法解释和宪法修改关系处理"等多种因素的影响,"是否要在宪法文本中明确规定环境权"和"宪法文本中的环境权要规定要何种程度"都是环境权宪法化的难题[2]。二是从权利与义务的视角寻求公民环境权益的实现机制。学者钱箭星认为"当代人作为环境受益人享有环境权,同时作为受托人为后代人行使保护环境的义务,就是'既满足当代人的需要,而又不对后代人满足其需要的能力构成危害'"[3]。不少学者界定公民环境权包含公民享有健康良好的生活环境和合理利用自然资源权利以及承担保护与改善环境义务两个方面。这意味着良好公民环境权的实现除了国家必然履行环境治理职责外,公民个人参与环境保护义务履行也是必不可少的条件。学者欧阳宏生、李朗指出要科学界定、合理化分配公民环境权利与义务,实现"公民环境权"由"应有权利""自然权利"向"法定权利""实有权利"的飞跃[4]。关于公民环境权利本位抑或义务优先的问题,学术界仍存在些许争论。学者李嵩誉提出"环境义务优位论",认为"我国立法应当以环境义务为核心来设计良好环境权,进而形成以义务为本位

① 郇庆治:《环境人权在中国的法治化及其障碍》,《南京工业大学学报(社会科学版)》2014年第3期,第20页。
② 张震:《作为基本权利的环境权研究》,法律出版社2010年版,第169—170页。
③ 钱箭星:《环境权就是可持续发展权》,《中共中央党校学报》2009年第3期,第66页。
④ 欧阳宏生、李朗:《传媒、公民环境权、生态公民与环境NGO》,《西南民族大学学报(人文社会科学版)》2013年第9期,第144—145页。

的环境法律规范"①。而蔡守秋则强调"环境权利义务统一性",即尊重环境权利与履行环境义务两者是相对应的,应该改革我国有关法律存在"重公民环境义务,不要公民环境权利"的立法思路,实现两者之间的平衡、协调②。另外,余德厚认为"寄希望于透过'公民权利—国家义务—环保责任'的权利式解释进路,无法为国家环境保护义务的理论立证提供坚实基础,国家应当居于一种统筹协调性的主导地位,合理引导各种社会力量的理性参与"③。

(4)协同治理视角下公民环境权益保障研究

生态环境治理是公民环境权益保障的基础。近年来由于环境污染或环境风险带来的利益冲突成为学界研究公民环境利益保障的重要切入点。其基本思路大体为立足于当前环境利益冲突的复杂性和治理变革的情境,研究治理碎片化现状及传统以政府为中心治理模式的困境,提出相关利益主体合作治理模式,强调分权、公民参与、制度变革和民主协商等。例如,学者潘岳、张玉林认为,环境冲突的根源是环境权益受到侵害和环境利益分配不合理;孙旭友认为,环境利益冲突形成了"环境权利维护与公民责任外推的道德困境、重利益诉求轻环保理念的转型难题以及生活环境与社会发展的优先性问题"④。对于目前政府一元主导下环境利益治理模式的困境,熊小青、赵闯等分别提出了过分依赖权威管理、政府公信力弱化等问题。对此,研究环境利益冲突治理碎片化现状,探索多元主体良性互动合作治理格局的构建。如学者周生贤提出要推进环境治理体系和治理能力现代化;俞可平主张建设官民共治和社会共治的现代生态治理体制⑤;罗

---

① 李嵩誉:《良好环境权的法律本质与实现路径》,《中州学刊》2014 年第 11 期,第 78 页。

② 蔡守秋:《确认环境权,夯实环境法治基础》,《环境保护》2013 年第 16 期,第 24—26 页。

③ 余德厚:《环境治理视域下国家环境保护义务的证立与展开》,《法学杂志》2018 年第 7 期,第 84—91 页。

④ 孙旭友:《邻避冲突治理:权利困境及其超越——基于环境公民权视角》,《吉首大学学报(社会科学版)》2016 年第 2 期,第 82—83 页。

⑤ 俞可平:《生态治理现代化越显重要和紧迫》,《北京日报》2015 年 11 月 2 日。

文东、张曼建议，"推进环境污染第三方治理，引入社会力量投入生态环境保护，形成政府、企业、公众共治的环境治理体系"[1]。夏光从公众参与的视角提出"社会制衡型环境治理模式"，认为其主要途径在于"扩展社会环境权益和适当简化政府管理"两个方面[2]；黄中显主张发展一种社会合作的风险治理机制[3]；任景明提出构建和完善政府主导的多元环境治理模式[4]。在具体政策建议方面，张新文提出权力与责任对等原则的环境利益相关主体间的协同建构；周珂、腾延娟主张环境协商民主机制建设[5]；张玉林建议接纳农民组织化参与[6]；魏娜、刘祖云指出应注重建立决策参与、法律框架、信息沟通、生态补偿、知识分享等制度体系；任丙强认为通过环保组织参与环境影响评价、提起环境公益诉讼、召集环境纠纷协调会议、介入和引导群体行动等化解环境冲突等[7]。

（5）公共事务协同治理理论与实践研究

目前我国对协同治理理论的研究尚处于发展阶段。学者们的研究成果基本承继了西方社会提出的治理思想和逻辑框架，大多包含治理主体多元化、治理主体协调合作、网络化组织结构、治理权威的多样性和主体间的相互依赖及自愿平等协商等多个论点，存在争议点主要是如何对"治理"与"协同治理"两个概念的内在意蕴进行合理区分，从而更加明确界定后者的理论内涵、基本特征和价值关系。从现有的文献综合分析看，一种观

---

[1]　罗文东、张曼：《绿色发展：开创社会主义生态文明新时代》，《当代世界与社会主义》2016年第2期，第30页。

[2]　夏光：《论社会制衡型环境治理模式》，《环境保护》2014年第7期，第10—12页。

[3]　黄中显：《环境风显治理碎片化与社会合作治理机制的生成》，《学术论坛》2016年第5期，第78—81页。

[4]　任景明：《抓住优化环境治理体系的重点》，《人民日报》2016年3月22日。

[5]　周珂、腾延娟：《论协商民主机制在中国环境法治中的应用》，《浙江大学学报（人文社会科学版）》2014年第6期，第24页。

[6]　张玉林：《农村环境：系统性伤害与碎片化治理》，《武汉大学学报（人文科学版）》2016年第2期，第12页。

[7]　任丙强：《以环保组织化解环境群体冲突：优势、途径与建议》，《中国行政管理》2013年第6期，第66页。

点未将协同治理与治理进行严格区分，将协同治理近似等同于治理或合作治理，相关论述仍然遵循治理理论中的多元化、合作、平等和网络化等特点。例如，学者俞可平认为，"国家与社会协同治理的实质，就是政府与公民对社会政治事务的合作管理，简单地说，就是官民共治"①。陆世宏认为，协同治理理论的内涵包括社会治理主体的多元性、治理权威的多样性以及强调各种机构的自愿平等与协作②。还有学者直接借用了联合国全球治理委员会对治理的定义来界定协同治理的内涵③。另外一种观点是将协同学原理与治理理论两者结合起来阐释协同治理理论框架。其基本研究思路是将德国物理学家赫尔曼·哈肯在 20 世纪 70 年代创立的协同学核心思想引介到治理领域中，分析协同学的支配原理和自组织原理及治理思想的内在契合性，提出协同治理实质上是多元主体通过协作将复杂系统进行组合调整使其从无序转向有序稳定状态，目的就是实现"整体功能大于部分之和"的效果。例如，学者郑巧和肖文涛认为，治理的内涵包括治理主体的多元性、系统的动态性、自组织的协调性、社会秩序的稳定性④。吴春梅和庄永琪提出，"治理群簇具有复杂的理论谱系，协同治理的恰当定位依归其性状良好的协同性特征，依托协同理论与治理理论的深度耦合"⑤。张立荣和冷向明依据协同学原理与我国公共危机管理的强烈契合性，将公共危机治理特征概括为重视子系统的协同性、系统演化的动态性、系统中各微观元素间相互作用的非线性以及秩序形成的自组织性⑥。在协同治理

---

① 俞可平：《重构社会秩序走向官民共治》，《国家行政学院学报》2012 年第 4 期，第 4 页。

② 陆世宏：《协同治理与和谐社会构建》，《广西民族大学学报（哲学社会科学版）》2006 年第 11 期，第 110 页。

③ 刘伟忠：《我国协同治理理论研究的现状与趋向》，《城市问题》2012 年第 5 期，第 1 页。

④ 郑巧、肖文涛：《协同治理：服务型政府的治道逻辑》，《中国行政管理》2008 年第 7 期，第 48—53 页。

⑤ 吴春梅、庄永琪：《协同治理：关键变量、影响因素及实现路径》，《理论探索》2013 年第 3 期，第 73 页。

⑥ 张立荣、冷向明：《协同治理与我国公共危机管理模式创新》，《华中师范大学学报（人文社会科学版）》2008 年第 3 期，第 15 页。

理论的具体运用上，针对我国政府在公共服务供给、危机管理、生态环境管理、社会（社区）治理等公共管理多个领域存在的治理低效或失灵等突出问题，学界以"政府—市场—社会"共同治理为研究范式，分别从治理理念变革、治理模式转型、协同合作体制机制建构以及相关制度创新等提出了实现协同治理的路径。

综合看来，国内学界对协同治理的内涵研究大多关注到治理组织结构变革、重视公民参与、多元主体良性互动和培育社会资本等实践逻辑，特别是将协同学的核心思想引介到治理领域，为协同治理理论研究开辟了新的视角，可以说是一种认识推进与思考能力提升。但是，现有对协同治理内在规定性研究并没有突破治理理论框架，大多研究关注的重点都放在"治理"上，而相对忽视了"什么是协同"以及"如何协同"这两个层面的研究。协同治理是一种理念，也是一种实践策略。相对于多中心治理、协作性治理而言，协同治理应该处于更高层次，它不仅强调多元主义价值取向，更应该重视如何实现高层次的合作，这离不开治理工具技术手段的研究。另外，植根于西方政治经济文化发展背景和公共行政改革实践基础的治理理论，是否符合中国的具体实际？中国是否具备实施治理的条件等，学界仍存在一些争议，仍是值得进一步思考的问题。因此，在借鉴西方治理理论内核的基础上，立足于我国基本国情特别是考虑到当前正处于转型关键发展阶段，探索具有中国特色的协同治理理论则显得非常重要。

3. 国内外公民环境权益保障研究评价

总体而言，国内外学者以问题为导向，对公民环境权益的逻辑内涵、正当性、伦理取向和制度需求进行了较深的学理分析和价值论证，取得了不少成果，为本研究提供了重要参考。但是，大多研究成果偏重于辨析公民环境权益的学理基础和涵盖范围，对公民环境权益保障的理论支撑、实践机制和实施路径系统研究仍有待于进一步扩展。

一是国内研究趋向于运用国外的治理思想和模式研究我国环境利益冲

突的治理对策，偏重于静态结构的理论分析，相对忽视公民环境权益保障的实证分析与经验总结，缺少将国际治理经验与我国"本土特质"相结合，并立足于我国生态环境治理主体变迁和基本经验，提出中国特色的公民环境权益保障理论和实践路径。

二是受学术背景、研究视野等方面的限制，国内学者对于公民环境权益保障问题研究大多聚焦在法学学科视域，遵循"权利正当性—权利受损—制度建设"研究逻辑，较少系统地基于我国社会主要矛盾转化的客观现实和生态文明体制改革的基本背景，对公民环境权益保障进行顶层设计，难以适应生态环境治理模式转型、环境利益冲突治理、制度变革长期性和系统性需要。党的十九大提出"构建政府主导、企业主体、社会组织和公众共同参与的环境治理体系"，有助于研究将权利维权的现实"对峙取向"转换成未来治理需求的"合作导向"，拓宽公民环境保障研究的实施路径。

三是国内关于环境利益冲突事件有效治理的研究，多从环境影响评价信息公开、环境利益冲突协商机制构建、政府与企业利益联系切断、预警与处理机制建设、公民利益表达与合法参与等角度提出建议，偏重于个案分析，相对忽视从多元主体合作共治的参与基础和共赢目标取向，尚需要深入研究影响公民环境权益协同治理的权力资源、参与动机、制度设计和领导力等主要因素，并通过系统的制度设计寻找预防和治理环境利益冲突问题整体性治理对策。

三、研究题域阐释

1. 关键词阐释

(1)"公民环境权益"概念释义

环境权的产生源自于全球生态环境恶化对人生存和发展的影响。大概在 20 世纪中后期，随着环境危机时代到来，国际社会和世界各国开始意识到保护环境对于维护人权的重要性，从法律支持与行为倡导上要求尊重和保护人类享有自由、平等和充分的生活环境权利，将环境权定位于新型的第三代人权。1960 年一位联邦德国医生向欧洲人权委员会控告向北海倾倒废弃物是侵犯人权的行为，提出"公民具有在良好适宜环境中生活的权利"[①]。此后一系列国际会议形成的建议或宣言都倡导公民生态环境权利，如 1966 年 12 月 9 日签署的《经济、社会、文化权利国际盟约》、1970 年国际社会科学评议会在东京发表的《东京宣言》、1972 年联合国通过的《人类环境宣言》、1973 年在维也纳欧洲环境部长会议上制定的《欧洲自然资源人权草案》、1986 年作为地区性人权文件的《人类与人民权利非洲宪章》、1987 年 2 月国际环境法专家组拟订的《环境保护和可持续发展的法律原则建议》、1989 年《哥斯达黎加促进和平与可持续发展的人类责任宣言》、1991 年《关于国际环境法的海牙建议》、1992 年《里约环境与发展宣言》、1994 年联合国的《人权与环境纲领宣言》、1995 年国际自然保护同盟起草的《环境与发展国际公约草案》、1998 年《在环境事务中获得信息、公众参与决策和诉诸法律的公约》(简称《奥斯胡公约》)等，上述文件都认同人类必须享有生存和发展的生态环境权利，并建议国家将此作为一项基本人权，通过法律体系确认。我国 2003 年通过的《中华人民共和国环境影响评价法》第十一条规定"专项规划的编制机关对可能造成不良环境影响并直接涉及公众环境权益的规划，应当在该规划草案报送审批前，举行论证会、听证会，或者采取其他形式，征求有关单位、专家和公众对环境影响报告书草案的意见"，这是我国法律条文中第一次出现"公民环境权益"这一名词，但并没有具体明确哪些属于公民的环境权益。2012 年国家下发的《国家人权行动计划（2012—2015)》文件将"环境权利"作为经济、社会和文化权利的重要组成部分，指出了保障公

---

① 肖巍:《作为人权的环境权与可持续发展》,《哲学研究》2005 年第 11 期，第 8 页。

民环境权利的相关措施。

国内学界对环境权的理论研究形成了多个学术主张，有"环境权否定说""广义环境权说""狭义环境权说"等。学者周训芳认为，有关环境权的理论研究与法律实践面临着许多困境，包括权利主体范围的不确定性、权利内容的模糊性和冲突性、权利客体的不确定性以及环境概念的不确定，导致环境权的子权利体系无法建立等①。汪劲教授认为，公民环境权益既是公民基本权利中与享受优美环境相关的、非独占性的权利和利益的集合，也是公民对其正常生活和工作环境享有的不受他人干扰和侵害的权利与利益②。国外学者注重从政治哲学角度分析公民环境权的内在规定性，如英国学者安德鲁·多布森（Andrew Dobson）指出环境公民权指的是一种基于自由主义理论视角的或公民个体环境权利诉求的公民权，其主要特征包括：公民权发生在公共空间领域，自由主义的善行比如追求合理性和愿意接受更有说服力的论点，公民权适用范围与民族国家密切相关，等等③。德里克·贝尔（Derck R.Bell）将环境公民权置于自由主义政治理论尤其是世界性政治自由主义的视野下分析，认为自由主义环境公民权分为实质性权利和程序性权利两个方面，实质性权利是享受环境福利权和环境知情权，程序性权利包括环境政策制定参与权等，同时也具有服从公正环境法律的义务和促进公正的环境制度安排形成的义务。综合而言，学界对于环境权益的性质、涵盖范围和实现方式都存在较大的争议。虽然一些英美法系国家已经将环境权法定化，但对于其他大多数国家而言，如何将其法定化以及如何实践这个权利仍然面临诸多的困境。

作为一种新型的"普遍性权利诉求"，公民环境权不是某一项单一权利，而是由多个子权利组合的权利束，是公权与私权的复合体。从其产生的背景来看，主要源自于公民自身生存发展受到环境污染威胁和国家生态

---

① 周训芳：《环境权论》，法律出版社 2003 年版，第 9—10 页。

② 汪劲：《环境法学》（第三版），北京大学出版社 2014 年版，第 64 页。

③ *Andrew Dobson Citizenship and the Environment*. Oxford: Oxford University Press,2003:125.

环境治理不力的现实，其权利主张为理论界和社会实践所重视主要源自于公民的环境运动，反映了公民追求良好生活生存环境的诉求，它要求规制企业等主体不合理的资源开发和污染行为，规范环境部门的行政管理权。因此，从狭义的角度定义公民环境权较符合实际，也可为权利实践提供了可行性路径。《中华人民共和国环境保护法》明确指出："公民、法人和其他组织享有获取环境信息、参与和监督环境保护的权利。"这是从环境法治上对公民环境权益的确认并提供强有力的法律依据。

本书认为，可以将公民环境权益界定为人与自然相统一的生态系统中，公民享有良好健康适宜的环境福利、合理利用环境资源、获得环境信息、参与环境治理、监督影响环境的行为和受到环境侵害后请求给予补偿的基本权利及相关利益。它是实体性权利和程序性权利统一，是环境质量提升过程中公民应得到的福利或效用。与一般政治或社会权利不同，公民环境权益是多种权益的集合体。由于环境产品的公共属性、环境侵权和环境治理的复杂性，环境权益由环境受益权、环境知情权、环境参与权、环境监督权和环境赔偿请求权等多项权利及其产生的相关利益构成。依据我国《环境保护法》以及相关环境政策、法律法规，未来国家环境治理价值取向，公民环境权益的具体内容主要包含以下几个方面：

第一，环境受益权。指公民享有良好适宜健康环境品质和环境资源开发利用的权利。公民健康免受环境污染侵害是环境权益体系中的最基础实体性权利，也是把环境权作为基本人权的集中体现。20世纪70年代开始国际环境会议宣言和主张首要关注的就是公民环境生命健康权，当前我国工业污染对公民身体健康的侵害引发不少地区公民环境维权行动，大多要求政府首先保障其基本健康权。《环境保护法》修改后确认了公民享有清洁安全的生活环境权利，体现了环境领域中的民生价值导向。环境资源是人类生存和发展的基本条件，人们对环境资源如土地、矿藏、水等合理开发利用不仅涉及个体财产性利益，也与环境的整体性和权利主体的环境利益共享性有着密切的联系。

第二，环境知情权。指公民依法享有知晓和获悉生态环境信息的权利。它是知情权在环境领域的具体体现，是环境治理民主推进的结果，是实现环境参与权和环境监督权的基础，"从某种意义上说，环境知情权'是其他权利得以正确行使的先决性权利，只有知情权得到充分行使，当事人追求的其他权利才有可能充分实现'"①。国际公约如1992年的《里约宣言》和1998年签署的《奥胡斯公约》都规定公民有获得环境信息的权利；一些国家如俄罗斯、法国、加拿大、日本等都确认了公民环境知情权。我国《环境保护法》专设"信息公开与公众参与"部分，第五十三条对公民依法获取环境信息作出了相关规定。具体而言，为了改变环境权利主体在获取环境信息上的弱势地位，政府环境部门有义务向全社会公布环境状况信息、环境立法和环境政策信息，生产企业特别是存在污染行为的要披露相关的排污信息。尊重和保护公民的生态知情权，对于公民了解环境风险、减少环境不信任、维护环境利益和促进环境科学决策等都具有重要意义。

第三，环境参与权。指公民依法通过一定的途径或形式拥有参与环境政策的制定、执行和环境公共事务管理的权利。环境参与权不仅是对公民权利的制度化设计，也是环境义务履行的规约。一般而言，公民环境参与可以划分为三个层次，即公民和社会组织参与环境保护法律法规和环境保护知识的宣传；公民将自身环境保护意识转化为实际行动，形成环境友善行为；对环境污染行为和环境执法行为进行民主监督。《环境影响评价公众参与暂行办法》第十二条规定，建设单位或者其委托的环境影响评价机构应当在发布信息公告、公开环境影响报告书的简本后，采取调查公众意见、咨询专家意见、座谈会、论证会、听证会等形式，公开征求公民意见。这是国家环境行政决策中对公民参与形式所作的制度化规定，也是环境参与权保障的具体体现。环境的公共性决定了公民参与的必要性，环境

---

① 朱谦：《环境知情权的缺失与补救》，《法学》2005年第6期，第62页。

公共政策是公民环境利益集中表达形式，参与到环境决策意味着公民获得利益表达的机会和渠道，有利于化解环境利益冲突、充分调动公民环境保护的积极性和主动性、推动环境治理多元主体合作以及加强对环境行政管理权的监督制约等。环境政治改革趋势就是通过系列制度安排不断扩展公民环境参与范围和途径，提升环境参与实效。

第四，环境监督权。指公民和社会组织对污染破坏环境的单位及个人进行检举、控告，并有权对国家政府的对环境有影响的决策和行为进行监督的权利。我国《环境保护法》《水污染防治法》《大气污染防治法》都明确了公民的此项权利。公民环境监督权既是对污染主体的违法行为约束，也是对政府部门自由裁量权的限制，它对于有效地监督地方政府部门在环境立法、执法和司法行为发挥着不可或缺的重要作用。由于公民环境知情权和参与权保障不足，我国公民环境民主监督包括环境污染行为监督和环境执法监督存在不少"缺位"问题，不断扩大民主政治改革、网络新媒体技术发展和环境公益诉讼制度改革等都在为实现公民环境监督权提供机会。

第五，环境赔偿请求权。指当环境权受到侵害或遭到破坏后公民有权向国家有关部门提出诉讼，请求得到保护并要求得到相应赔偿的权利。这种权利救济是一种事后的权益保障，"它既包括对国家环境行政机关的主张权利，又包括向司法机关要求保护权利，具体为对行政行为的司法审查、行政复议和国家赔偿的请求权，对他人侵犯公民环境权的损害赔偿请求权和停止不法侵害的请求权等"①。当然，权利的另一面是责任和义务，依据权利享有和义务履行相统一、相对称原则，公民环境权的实现必须履行环境保护义务为前提和保障。因此，本书所研究的环境权益主题内含了环境权利及相应的利益获得和义务履行两个方面。

（2）治理与协同治理

治理（Governance）一词含义非常广泛，早期在英文中是"统治""控

---

① 吕忠梅：《再论公民环境权》，《法学研究》2000年第6期，第139页。

制"和"指导"的意思。治理的提出源自于公共管理改革的实践推动与理论反思。20 世纪 80 年代以来，公共管理事务复杂化和全球经济一体化发展趋势日渐明显，人们对公共服务的需求不断增长，这对政府的治理能力提出了严峻的挑战。然而，面对复杂而快速的时代变革要求，传统政府官僚制体制及其单中心管理模式因其高度集权、管理成本高、等级性、封闭性及缺乏互动性等问题而显得力不从心。对此，西方一些国家相继经历了一场以改革官僚体制提高效率为主要内容的新公共管理改革运动，他们强调分权、竞争机制、顾客导向、引进企业管理技术等系列改革措施，在一定程度上缓解了财政危机和信任危机，取得了较大的管理成效。但是，"新公共管理运动要求政府和公共机构将公民当作客户，积极回应公民。这隐含着把公民视作公共服务和公共产品被动接受者的危险，忽视了与公民之间开展协作"①。针对新公共管理理论的内在缺陷和政府主导性管理模式危机，新公共服务理论基于公民权的范式判断提出改革应将公民置于首要位置，在政策制定和执行中重视公民参与。在改革探索实践中，政府开始重视公民的民主权利，在解决复杂性公共问题时开展多层面的政治互动，关注政府和公共机构与公民、企业组织、社会组织等多元主体之间的协作和伙伴关系。"治理"一词逐渐进入人们的视野，"在政治生活方面，经济全球化引起的最深刻变化之一，就是治理（governance）和善治（good governance）的作用日益凸显，'少一些统治，多一些治理'（less government and more governance）在一些国家甚至成为政治家和学者的流行口号"②。

治理的内涵较为宽泛，不少学者和国际组织对其进行了不同的阐释，法国学者让-皮埃尔·戈丹（Jean-Pierre Gaudin）认为"治理并非是由某一个人提出的理念，也不是某个专门学科的理念，而是一种集体产物，或

---

① 埃瑞·维戈达著，孙晓莉摘译：《从回应到协作：治理、公民与未来的公共行政》，《国家行政学院学报》2003 年第 5 期，第 91 页。

② 俞可平：《论国家治理现代化》，社会科学文献出版社 2014 年版，第 14 页。

多或少带有协商和混杂的特征"①。詹姆斯·罗西瑙（James N. Rosenau）分析了治理与政府统治的区别，指出与政府统治相比，治理的内涵更加丰富。它既包括政府机制，同时也包括非正式的、非政府机制②。罗茨（R.Rhodes）则指出"治理意味着'统治的含义有了新变化，意味着新的统治过程，意味着有序统治的条件已经不同于以前，或是以新的方法来统治社会'"③。1992 年世界银行以《治理与发展》为年度报告主题，推动了治理概念的发展。全球治理委员会在 1995 年发表的《我们的全球伙伴关系》研究报告指出：治理是各种公共的或私人的个人和机构管理其共同事务的诸多方式的总和。它是使相互冲突的或不同的利益得以调和并且采取联合行动的持续的过程。它既包括有权迫使人们服从的正式制度和规则，也包括各种人们同意或以为符合其利益的非正式制度安排。它有四个特征，即治理不是一整套规则，也不是一种活动，而是一个过程；治理过程的基础不是管理，而是协调；治理既涉及公共部门，也包括私人部门；治理不是一种正式的制度，而是持续的互动④。概而言之，治理更多强调为了实现公共利益目标而倡导多元主体之间持续互动合作，它从政府作为国家唯一的权力中心走向多中心的认同，在正式制度和非正式制度框架内，采取集体行动提供公共产品或公共服务。从宏观层面上可以将治理分为全球治理、区域治理、国家治理和社会治理。

近年来，协同治理成为公共行政领域的热门词汇并广泛应用到公共事务领域中。"协同"一词有"协调一致；和合共同""团结统一""协助、会同""互相配合"等多重含义。它意味着两个或两个以上主体相互作用形成统一有序整体，通过互动合作发挥各自优势完成共同目标的过程，协

---

① ［法］让-皮埃尔·戈丹著，钟震宇译：《何谓治理》，社会科学文献出版社 2010 年版，第 19 页。

② 俞可平：《全球治理引论》，《马克思主义与现实》2002 年第 1 期，第 21 页。

③ 俞可平：《治理与善治》，社会科学文献出版社 2000 年版，第 2 页。

④　The Commission on Global Governance, *Our Global Neighborhood*: *The Report of the Commission on Global Governance*.Oxford University Press.1995:2-3.

同的作用就是发挥整体团队优势，产生"整体大于部分之和"增大效应。学者们对协同治理的内涵进行了不同的解析，国内学者郑巧和肖文涛基于协同学理论和治理理论，认为协同治理是指"在公共生活过程中，政府、非政府组织、企业、公民个人等子系统构成开放的整体系统，……使整个系统在维持高级序参量的基础上共同治理社会公共事务，最终达到最大限度地维护和增进公共利益之目的"[1]。学者田培杰通过对国内外协同治理概念的梳理和分析，认为"协同治理是指这样一个过程：政府与企业、社会组织以及公民等利益相关者，为解决共同的社会问题，以比较正式的适当方式进行互动和决策，并分别对结果承担相应的责任"[2]。国外学者对协同治理概念的认识在界定范围、关注侧重点和研究视角等方面存在差异，具有代表性的是 Ansell 和 Gash 从狭义的角度认为协同治理是一种治理安排——单一或多个公共机构与非国家部门利益关系人（Non-sate Stakeholders）在正式的、以达成共识为目的的、协商的集体决策过程中直接对话，以期制定或执行公共政策或者管理公共项目或财产[3]。Bingham从广义的角度定义协同治理，指出协同主体包括联邦政府、公众、州和地方政府机构、部落、非政府组织、商业组织和其他非政府相关人等，协同客体包括了联邦机构在政策过程中所有的工作，外延上包括了所有以协商与共识为基础的方式、方法和过程，沟通方式上有面对面的沟通和网络沟通[4]。综合上述学者对协同治理概念的分析，本书将协同治理定义为包括政府、企业、社会组织和公民在内的多元主体，为了解决复杂性公共问题，在公共政策制定与执行过程中形成的正式性或非正式性的互动合作模

---

① 郑巧、肖文涛《协同治理：服务型政府的治道逻辑》，《中国行政管理》2008 年第 7 期，第 49 页。

② 田培杰：《协同治理考辨》，《上海大学学报（社会科学版）》2014 年第 1 期，第 135 页。

③ Chris Ansell, Alison Gash."Collaborative Governance in Theory and Practice". *Journal of Public Administration Research and Theory*，2007（18）：543-571.

④ Lisa Blomgren Bingham."The Next Generation of Administrative Law：BuildingtheLegal Infrastructure for Collaborative Governance".*Wisconsin Law Review*，2010（10）:298-350.

式。协同治理具有治理的一般特征，它是治理的一种形态或具体表现，是治理理论的进一步丰富与发展，其本质上是一种模式和治理策略、一种目标实现路径、一种集体行为过程。与治理的区别是，协同治理更加强调主体地位平等性、关系的正式性和稳定性，公共权力与治理资源、收益与责任的共享性，主体间合作的紧密性，集体行动的一致性、匹配性和目标导向性。

2. 本书研究的题域

党的十八大以来，以习近平同志为核心的党中央将推进"国家治理体系和治理能力现代化"作为全面深化改革的总目标，将生态文明建设纳入中国特色社会主义事业"五位一体"总体布局，提出"构建政府为主导、企业为主体、社会组织和公众共同参与的环境治理体系"，深化生态文明体制改革，建立健全生态环境保护制度体系，强化提升生态环境治理能力。党的十九届四中全会就"坚持和完善中国特色社会主义制度推进国家治理体系和治理能力现代化"作出了重要部署，特别是对于"坚持和完善共建共治共享的社会治理制度，完善党委领导、政府负责、民主协商、社会协同、公众参与、法治保障、科技支撑的社会治理体系"，"坚持和完善生态文明制度体系，完善生态环境公益诉讼制度，落实生态补偿和生态环境损害赔偿制度，实行生态环境损害责任终身追究制"作出了顶层设计和系统规划。这说明生态环境治理体系和治理能力现代化是国家治理体系和治理能力现代化的重要组成部分，为"以人民为中心"的公民环境权益保障提供了目标导向和改革动力。换言之，生态环境是否得到有效治理、公民环境权益如何保障，关系到环境治理体系和治理能力现代化目标的实现。

近年来，国家相继出台的《环境保护法》《环境影响评价法》和《环境影响评价公众参与办法》等环境方面的法律法规都明确指出，要保障公民环境保护知情权、参与权、表达权和监督权，这为确定本研究主题选择提供了科学依据。进入新时代，社会主义生态文明建设已经发生深刻变化，虽然生态环境治理取得了积极的成效，但是环境公共产品的有效供给与公民日益增长的美好生态环境需求、保障公民环境权益期待仍然有较大的差距，问题导向要求相关研究须作出回应并提出新思路。

　　本书研究主题为从协同治理视域研究公民环境权益保障，围绕多元化发展背景下环境利益冲突日渐加剧、国家深化生态文明体制改革和推动环境治理体系和治理能力现代化的基本形势与发展任务，聚焦当前公民环境权益制度保障不足、治理体系碎片化等问题导向，从多元主体协同参与生态环境治理、共同解决环境利益冲突问题而展开。当前政府、企业和公民等主体具有不同的环境利益倾向、单个生态环境治理缺陷、"环保靠政府"的惯性思维、国家对公民环境权益保障缺位、资本对利润最大化追求与社会责任缺失、公民环境权利与责任意识不平衡等都是生态环境治理中亟待解决的重点问题，需要构建多元主体良性互动、共建共治共享的环境治理体系来突破。本书以习近平生态文明思想为指导，依据我国由社会管理向社会治理转型的基本背景，立足中央"自上而下"的推进、基层"自下而上"的探索、各个地方与部门连接上下互动的基本实践，研究公民环境权益保障协同治理的理论框架，探索协同治理对于公民环境权益保障的作用机理，既符合社会主义生态文明建设实践中确立的环境治理体系和治理能力现代化的目标要求，也为应对当前环境利益冲突治理困境提供理论指导。同时，基于生态环境公共属性、利益相关性等特征，政府、企业、公民和环境社会组织等主体参与环境治理的功能互补优势，研究适应治理主体多元化、参与治理意愿和能力增长的客观趋势，构建协同治理运转机制和制度保障体系，加强以人民为中心的绿色生态价值理念培育、推动环境利益冲突事前预防、事中依法协调和事后问责与补偿，改变当前治理过多依赖政府分散化格局，解决经济理性主导、治理体系碎片化、公民参与不足和制度供给不平衡等问题。

四、研究内容与方法

1.研究内容

在社会主义生态文明建设和社会治理转型背景下，基于生态环境治理的现实状态与公民环境权益保障需求，以马克思主义理论为指导，运用辩证唯物主义与历史唯物主义方法，研究政府、市场和社会协同共治模式、整合治理工具和协同机制等，尝试建构政府、企业、公民和环境社会组织等主体集体行动的协同网络，推动公民环境权益实现。基于此，本书的研究内容从以下几个方面展开：

（1）公民环境权益保障协同治理提出的依据。全球复杂性治理背景下，协同治理成为治理变革运动的新动向和必然选择。党的十八大以来，党和国家社会治理改革中以推动国家治理体系和治理能力现代化为顶层设计目标，推动建立多元主体参与的社会治理机制，进而在生态环境治理领域要求构建政府、企业、社会组织和公民共同参与的环境治理体系，这是本书研究的政策依据。以现实问题为逻辑起点，基于社会主要矛盾转化、公民环境权益普遍诉求的现实情景，以及生态环境合作治理与公民环境权益实现的内在统一性，指出以资本逻辑为主导的发展思路造成人与自然、人与人以及人与社会关系不断激化，弱势群体的环境权益受到侵害等基本问题。剖析以政府单一权威环境治理模式的内在缺陷和实践不足，提出环境权益协同治理的必要性和紧迫性，为公民环境权益保障协同治理提供了实践基础、动力机制和发展走向。

（2）公民环境权益保障协同治理的理论基础。以马克思主义生态文明思想、协商民主理论和协同治理理论为指导构建理论分析框架，聚焦为什么要保障公民环境权益、如何实现和保障公民环境权益问题研究。具体而言，一是以马克思主义生态文明思想为指导，提出环境正义是公民环境权益保障的基本价值取向，是中国特色社会主义生态文明建设的重要内核，是解决环境冲突、促进生态治理、保障环境权益和推进可持续发展的前提条件。实施可持续发展理论、科学发展观和新发展理念，为公民环境权益保障的基本目标、内在要求和实践指向指明了方向。二是立足于我国现实国情，运用协商民主理论、协同治理理论从治理模式、技术方法上论证如何保障公民环境权益。主要是依据全球治理环境变迁，探讨政府单一主导治理模式的内在缺陷，政府、企业、社会组织和公民环境冲突从对立逐步走向合作必要性、可行性，研究公民环境权益保障的主体责任、多元主体基于平等、互动和协商实现协同治理的建构。

（3）我国公民环境权益保障现状分析。采用问卷调查、面对面访谈和典型案例分析方法，以公民环境权益意识、公民环境维权行为、地方政府应对环境群体性事件措施、环境社会组织对待环境利益冲突的态度和污染企业环境利益冲突应对策略等为调查内容，分析公民生态文明意识、环境权益认知、环境参与态度、环境维权行为等现实情况，研究政府环境权益治理模式变迁、内在缺陷以及合作治理的障碍，考察环境社会组织参与环境利益冲突缺位问题等，进而厘清环境利益冲突的生成原因、治理成效、相关利益者行为及其相关影响因素的关系，重点思考公民环境权益协同保障的困境。例如政经一体化开发机制下经济理性主导、环境治理体系碎片化导致环境权益保障整体性失效、环境权益保障制度供给不均衡引发利益冲突、末端治理思路下公民环境参与有效性不足、社会资本不足导致多元主体互动机制缺失、弱势群体环境权益保障不足造成环境非正义、传统官僚制生态管理体制下社会组织脆弱性等。

（4）公民环境权益保障协同治理共同体构建。基于"党委领导、政府主导、企业主体、社会组织和公众共同参与"协同治理体系的目标要求，提出公民环境权益保障协同治理体系的主体构成、角色定位和博弈关系，明确了协同治理中各个主体须承担的职责功能，如政府主导协调、企业履行环境社会责任、公民参与环境治理和环境社会组织监督服务等，指出不同主体在应对人民日益增长的环境利益诉求、经济利益考量、环境利益冲突日趋激烈等不同情景下的合作博弈或非合作博弈选择。研究影响公民环境权益保障的权力资源、既往冲突合作、制度设计和领导力等因素，探索主体间从问题导向、形成共识、践行承诺和评估效果的互动过程。根据协同治理运行的基本原理，探询公民环境权益协同治理的运行机制，如主体间合作共治的网络运行机制、和谐共生的利益协调实践机制、公平公正的环境政策协同机制、公开畅通的环境信息共享机制等。

（5）公民环境权益保障协同治理的实施路径。基于理论分析和实证分析，立足于公民环境权益保障协同治理目标，提出公民环境权益协同保障的实施路径。具体而言：以培育人与自然生态命运共同体意识、新发展理念和共建共治共享理念为基础，建立健全环境公共协商制度、环境信息公开制度、多元化生态补偿制度、环境公共协商制度等正式制度，及培育生态意识、生态道德和社会信任等非正式制度；畅通公民环境权益表达渠道，拓宽参与环境治理途径；厘清政府与企业环境利益关系，厘清权力与资本之间的边界，完善政府与企业环境协同共治激励约束机制；建构事前预防、事中协调和事后问责的环境利益冲突治理机制，从而推动环境利益冲突从"事后补救式"治理转向"事前预防式"治理，为公民环境权益保障提出发展理路和参考建议。

2. 研究方法

（1）学科交叉分析方法。对国内外生态文明思想、公共治理理论、环境治理改革实践等研究成果进行系统梳理，把握本课题研究方向或趋势。以马克思主义理论为主导，综合运用公共管理学、环境政治学和环境社会学等学科相关理论、技术方法，对公民环境权益保障协同治理进行基础性理论论证。具体而言，运用马克思恩格斯环境正义思想、中国特色社会主义生态文明思想研究生态环境治理与公民环境权益保障的价值考量、理念遵循和现实诉求。重点分析以习近平生态文明思想为指导，以人民为中心的核心价值理念在生态环境治理、环境利益协调和公民环境权益保障中的实践运用。同时，聚焦公民、政府、企业、环境社会组织和大众传媒等多个相关利益主体之间、多层次的复杂利益博弈问题，运用协商民主理论、协同治理理论，探索公民环境权益保障协同治理的必要性、可行性和具体路径。

（2）文献研究法。本研究国内文献主要来源于中国知识资源库（CNKI）中的学术期刊、权威报刊、硕士博士论文和国内出版的相关专著，国外文献主要来源于全球影响力较高的综合性学术信息资源库——汤森路透（Thomson Reuters）公司旗下的 Web of Science（WoS）资源库中的 SSCI、CPCI-SSH 两大核心引文数据库。以"生态环境治理""环境利益冲突""环境权利""环境权益"和"协同治理"等多个关键词或主题搜索相关文献，围绕研究主题对相关文献进行阅读、整理和分析，把握国内外关于公民环境权益保障主题研究的现状与趋势，探索本研究的思路与框架。同时，利用学校图书馆藏书资源、当当网和学术论文参考文献中的专著，以及党的相关政策文献借阅或购买，系统了解党和国家关于生态文明建设和社会治理的有关决策、习近平生态文明思想、生态环境合作治理理论等，为本研究的展开寻求理论支撑与成果借鉴。再者，利用百度（Baidu）、谷歌（Google）学术等搜索引擎对国内发生的环境利益冲突事件的基本过程、学术评价观点等进行搜集整理，把握公民环境权益协同治理的现实需求与面临困境，形成本研究的问题导向，为公民环境权益保障的案例分析和调查分析奠定基础。

（3）案例分析法。根据跨地区环境污染事件治理、环境群体性事件治理所凸显的公民环境权益保障问题，选取无锡市河长制和常州外国语学院毒地事件二个典型案例，对其进行多维度解读与分析，研究政府推动跨地区环境治理措施、效果以及经验教训；分析公民面对环境利益风险或侵害的维权方式与行为，政府部门在信息沟通、主体对话和决策参与等方面回应公民环境利益诉求的措施及成效，总结环境事件产生的多重原因、一般规律、基本特点和治理经验与教训。揭示转型期社会结构变化过程中引发环境权益冲突的体制机制因素，研究由于公民有效环境决策参与不足、协商制度不健全和相互信任缺失等管理体制原因而导致环境治理协同合作的困境，形成本课题研究的问题导向。

（4）社会调查法。以环境权益意识、环境维权行为、环境利益冲突治理手段及效果等内容设计调查问卷和访谈提纲，对苏南地区居民、环境冲突事件利益相关者开展实地调研和相关数据分析，研究个体特征、环境认知、环境满意度、环境信息来源、过去环境行为等因素对公民环境参与治理行为、维权行为和环境合作治理等方面的影响，探讨不同治理主体对于环境利益冲突协同治理态度、主体间良性互动面临的困境等问题，为公民环境权益保障现状分析作进一步支撑。

3.研究技术路线

以马克思主义生态文明思想为指导，基于新时代以人民为中心的发展导向和生态文明制度体系建设的要求，按照"问题导向→理论建构→实证分析→体系设计→路径探寻"的逻辑主线层层展开。首先，以我国生态环境治理失灵、环境利益冲突加剧本质特点和生成逻辑为研究逻辑起点，深

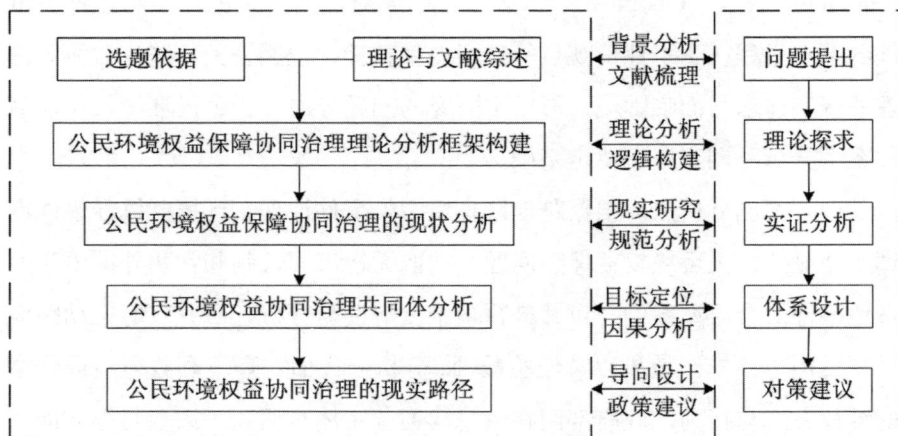

图 0.1 研究技术路线图

Fig.0.1 Research & technique roadmap

入考察政府生态环境治理模式的现状及治理困境。其次，构建协同治理理论分析框架，提出公民环境权益保障价值取向、治理思路与目标定位。再次，运用实证分析、案例分析等方法研究当前公民环境权益保障面临的困境及原因，揭示协同治理的内在诉求及适用性。最后，基于公民环境权益保障的目标定位，提出协同治理的体系设计与具体路径。如图 0.1 所示。

第 一 章

公民环境权益保障协同治理的理论分析

以马克思主义理论为指导，基于新时代中国特色社会主义生态文明建设的基本背景，把握人民群众美好生活与生态环境质量供给不平衡不充分、环境利益冲突加剧的基本事实，从国家生态环境治理顶层设计出发，围绕公民环境权益"保障什么、为何保障、如何保障"等关键问题，为公民环境权益保障协同治理构建理论分析框架，是本研究的基础性工作。环境正义理论、中国特色社会主义生态文明思想、中国特色社会主义协商民主理论和协同治理论蕴含着丰富的公民环境权益保障思想理念。其中，马克思恩格斯虽然没有明确地提出"公民环境权益保障"的概念，但其生态文明思想中强调资本主义制度导致人与自然、人与人、人与社会之间的环境非正义，以及对无产阶级环境权益的侵害，提出实现人与自然、人与人和谐共生是人自由全面发展的前提等相关经典论述为公民环境权益协同治理奠定了理论基石；中国特色社会主义生态文明思想特别是新时代的环境正义价值观要求建立权利公平、机会公平、规则公平、分配公平的社会保障体系，强调"人与自然是生命共同体""良好的生态产品是最普惠的民生福祉"，将实现和保障公民环境权益作为科学发展的重要目标、本质要求和实践指导，为公民环境权益保障协同治理提供了科学理论指导；中国特色社会主义协商民主理论、协同治理理论所蕴含的决策参与、民主协商、沟通协调、协同增效等治理理念与运转逻辑，为应对生态环境治理的复杂性、环境利益冲突治理困境为本书提供了重要的思想理论借鉴。本章将重点挖掘和梳理这些论述、思想和理论，聚焦上述关键问题为公民环境权益保障协同治理构建理论体系。

第一节　基于环境正义理论的公民环境权益分析

一、马克思恩格斯环境正义思想

消除人与人之间的不平等，促进社会正义，实现人的全面发展是马克思主义理论的基本目标导向。"马克思关于正义问题的讨论不是用公平、正义的政治法律概念解释分配关系，而是用生产关系来解释分配关系，用生产劳动解释生产关系，用经济基础解释上层建筑。这是马克思正义理论的基本逻辑"[①]。从环境思想的角度来看，马克思恩格斯环境正义意蕴主要表现为将环境正义理念贯穿到对资本主义制度批判和无产阶级环境利益辩护之中。虽然马克思没有明确地提出"环境正义"概念，但他的社会正义思想与生态思想中蕴藏着丰富的环境正义理念和现实关怀。马克思恩格斯运用辩证唯物主义和历史唯物主义方法，站在无产阶级立场，从实践出发揭示资本主义生产方式下人与自然之间的不平等进而造成了人与人之间的不平等，批判生产资料私有制基础上资本对剩余价值的疯狂追求而大肆开发全球自然生态资源，造成生态环境的极大破坏，导致人与自然、人与人之间的环境非正义，严重损害无产阶级和广大劳动人民环境权益。马克思恩格斯环境正义思想主要涵盖以下几个方面的内容：

首先，人与自然之间的环境正义是环境权益得以实现的前提条件。人与自然的关系是马克思主义研究环境正义的基本出发点。一方面，马克思恩格斯认为，自然界是人类产生、生存和发展的基础，人是自然界的一部分，人们获得环境权益是建立在对自然界依赖基础上的。例如，"人本

---

① 王新生：《马克思正义理论的四重辩护》，《中国社会科学》2014年第4期，第29页。

身是自然界的产物、是在自己所处的环境中并且和这个环境一起发展起来的"①。"我们连同我们的肉、血和头脑都属于自然界和存在于自然界之中的"②。"没有自然界,没有感性的外部世界,工人什么也不能创造。它是工人的劳动得以实现、工人的劳动在其中活动、工人的劳动从中生产出和借以生产出自己的产品的材料"③。另一方面,作为自然存在物,人具有区别于其他生命体的主观能动性,通过实践为中介建立了人与自然的物质交换关系,人向自然界获得环境利益,必须遵循人与自然的平等关系,承担人对自然的责任和义务,才能真正实现人的环境权益。"在实践上,人的普遍性正是表现为这样的普遍性,它把整个自然界——首先作为人的直接的生活资料,其次作为人的生命活动的对象(材料)和工具——变成人的无机的身体"④。人与自然两者是有机统一的,人作为"受动的、受制约的和受限制的存在物",对于自然资源的开发和享用并非是无限度的,人们在享受自然带来的生态福利的同时,必然尊重、爱护自然,履行生态环境保护义务,"我们每走一步都要记住:我们决不像征服者统治民族人那样支配自然界,决不像站在自然界之外的人似的去支配自然界"⑤。这表明人的环境权益与大自然的环境权利是内在统一的,实质上也体现了人与自然实践关系中的环境正义是人的环境权益实现的前提。

其次,资本主义制度是引发人与自然、人与人环境非正义的根源。马克思批判资本主义生产的非正义性,认为其"异化"生产导致了人与自然、人与人之间的环境不公平,这种不公平是建立在生产资料私有制基础上的,隐身于资本主义人与人不平等的生产关系之中,具体体现为人的环境权益与自然权利的不平等、资产阶级与无产阶级享受环境权益和承担义

---

① 《马克思恩格斯文集》第 9 卷,人民出版社 2009 年版,第 38 页。
② 《马克思恩格斯文集》第 9 卷,人民出版社 2009 年版,第 580 页。
③ 《马克思恩格斯全集》第 3 卷,人民出版社 2002 年版,第 269 页。
④ 《马克思恩格斯全集》第 3 卷,人民出版社 2002 年版,第 324 页。
⑤ 《马克思恩格斯文集》第 9 卷,人民出版社 2009 年版,第 560 页。

务不平等、当代人享有生态资源利用权益和责任与后代人所获得的生态资源和承担的环境成本不平等。"在原初的状态下，人与自然界是对立统一的，人是自然界中的人，自然界是人的自然界，人与人在自然界中处于生态正义的状态"①。但在资本主义制度下，资本主导逻辑使人与自然之间的辩证统一逻辑关系从"人—劳动—自然"转化为"人—资本—自然"对抗关系，资本为了不断追求超额剩余价值大肆掠夺自然生态资源，其逐利性和反生态性破坏了人与自然之间的物质交换关系，致使环境正义法则失衡和物质变换断裂，人和自然环境正义状态被打破。"只有在资本主义制度下，自然界才不过是人的对象，不过是有用物；它不再被视为自发的力量"②。异化劳动造成的人和自然关系的紧张及其造成的生态环境危机使处于弱势地位的无产阶级和广大劳动人民生存状况恶化，"肮脏，人的这种腐化堕落，文明的阴沟（就这个词的本身意思而言），成了工人的生活要素。完全违反自然的荒芜，日益腐败的自然界，成了他的生活要素"③。他们获得较少的环境利益却要承担过重的责任和义务，其环境权益遭到侵占和剥夺。资本主义工业化发展推动城市化趋势时，马克思恩格斯认为"资本主义生产使它汇集在各大中心的城市人口越来越占优势，这样一来，它一方面汇集着社会的历史动力，另一方面又破坏着人和土地之间的物资变换，也就是使人以衣食形式消费掉土地的组成部分不能回到土地，从而破坏土地持久肥力的永恒的自然条件。这样，它同时就破坏城市工人的身体健康和农村工人的精神生活"④。

最后，共产主义是实现人与自然、人与人、人与社会之间环境正义的基本指向。经济基础决定上层建筑，寻找解决环境非正义的根本出路必须立足于现实中的生产关系。马克思恩格斯将环境正义的实现与社会制度变

---

① 郎廷建：《论马克思的生态正义思想》，《马克思主义哲学研究》2012 年第 10 期，第 41 页。
② 《马克思恩格斯全集》第 46 卷，人民出版社 2009 年版，第 393 页。
③ 《1844 年经济学哲学手稿》，人民出版社 1985 年版，第 91 页。
④ 《马克思恩格斯全集》第 23 卷，人民出版社 2009 年版，第 552 页。

革紧密结合起来，指出要想解决资本主义生产条件下人与自然、人与人、人与社会的环境非正义问题，真正实现人的环境权益与义务相统一，必须从社会发展的基本矛盾出发，消灭以私有制为基础的资本主义经济社会制度，建立人人平等、人与自然和谐发展的共产主义制度。马克思恩格斯指出，资本主义生产过程中无法克服剩余价值最大化追逐与生态资源有限性之间的矛盾，劳动"异化"、人与自然物质交换"断裂"不可避免，必须变革社会制度和生产方式。环境权益的实现源于一定的社会经济基础，共产主义消灭了资本主义制度赖以生存的经济基础——生产资料私有制，建立了生产资料公有制的生产关系，为破除异化劳动、盲目生产、生态环境危机和贫富分化等资本主义制度无法克服的弊端奠定了经济基础。共产主义是建立在高度发达的生产力基础上的，"各自所能，按需分配"，人与人之间实现了真正意义上的权利平等，真正实现环境权益与义务的统一。"人们第一次成为自然界的自觉的和真正的主人，因为他们已经成为自己的社会结合的主人了"，"这是人类从必然王国进入自由王国的飞跃"①。人们摆脱了异己力量的管理，人类物质生产活动是尊重自然规律的基础上有管理地进行，人与自然、人与社会的物质交换均衡发展，"社会化的人，联合起来的生产者，将合理地调节他们和自然之间的物质变换，把它置于他们的共同管理之下，而不让它作为一种盲目的力量来统治自己；靠消耗最小的力量，在最无愧于和最适合于他们的人类本性的条件下来进行这种物质变换"②。在马克思恩格斯看来，人、自然和社会三者是一个紧密联系的系统，人与人之间的关系和人与自然之间的关系紧密联系，不可分割。从人与自然、社会有机统一角度来看，环境正义实质就是实现人与自然、人与人和谐共生，人与自然、人与人之间的矛盾从根本上得到解决即"人与自然的和解"和"人类本身的和解"，实现人的自由而全面发展。

① 《马克思恩格斯全集》第20卷，人民出版社2009年版，第307—308页。
② 《马克思恩格斯全集》第25卷，人民出版社2009年版，第927页。

二、中国特色社会主义环境治理的公平正义理念

公平正义是社会主义制度本质特征，是社会主义核心价值观的内在要求。新中国成立以来，我国逐步建立健全生产资料公有制，推动社会主义民主政治制度改革，为实现社会主义公平正义奠定了现实基础。在马克思主义公平正义思想的指导下，党和国家在建设中国特色社会主义的伟大实践中，坚持公平正义基本原则和内在要求，以经济建设为中心大力发展社会生产力，正确处理效率与公平关系，注重推动以改善民生为重点的基本公共服务均等化，建立健全维护社会公平的制度规则，逐步形成了既符合社会主义本质要求又立足于本国实际的中国特色社会主义公平正义思想。环境正义作为中国特色社会主义公平正义思想的重要组成部分，是社会主义的内在要求，是中国特色社会主义的本质属性，它随着社会主义生态文明建设实践以及人与自然之间关系认识的深化逐步丰富发展。改革开放以来，生态环境在经济发展和人们生活中的地位越来越受到重视，邓小平同志将环境保护政策确定为我国基本国策。江泽民同志坚持实施可持续发展战略，走新型工业化发展道路。胡锦涛同志强调贯彻落实科学发展观，建设社会主义和谐社会。党的十八大明确要大力推进社会主义生态文明建设，将生态文明列为建设中国特色社会主义的"五位一体"的总体布局之一，提出努力建设美丽中国是实现中华民族伟大复兴的中国梦的重要内容。这一系列指导思想和发展战略都要求我们在发展实践中尊重自然生态规律，正确处理好人口、资源和环境之间的关系，致力于人与自然、人与人和谐统一公平正义关系的构建，彰显中国特色社会主义环境正义思想。

改革开放初期，立足于社会主义初级阶段的基本国情，邓小平将社会公平正义的原则与社会主义建设探索紧密结合起来，指出社会公平和共同富裕是社会主义基本特征及本质要求，并以国家基本制度为基础构建社会正义秩序。面对经济快速发展与人口众多、资源匮乏之间相矛盾的严峻现实，邓小平一方面强调"发展是硬道理"，坚持以经济建设为中心，通过

大力发展生产力为实现社会主义公平奠定坚实的物质基础，减少因物质贫乏、生活贫困而引发的环境损害和环境利益争夺；另一方面坚持以马克思主义生态观为指导，总结历史经验教训，强调发展经济应以节约自然资源和加强生态环境建设为基本前提，既要满足人民群众的合理需求又要考虑自然的实际承载能力，将经济建设与环境保护有机统一起来。1983年召开的第二次全国环境保护大会宣布把环境保护确定为我国一项基本国策，确立了"经济建设、城乡建设、环境建设、同步规划、同步实施、同步发展，实施经济效益、社会效益、环境效益的统一"的"三统一、三同步"的环境保护工作基本方针。这是邓小平运用辩证唯物主义思维方法，从人与自然和谐关系中重新审视以往人们为了生存发展盲目开发自然、管理自然的价值理念与思维范式，对中国特色社会主义环境保护理念作出的前瞻性思考。诚然，在人与自然的对象性关系中，人们需要开发自然生态资源获得物质生产生活资料，但这种实践活动必须遵循生态理性、环境保护和自然价值基本原则，即以尊重自然生态规律，承担自然保护的责任与义务为前提。在邓小平看来，环境保护是一件关系到子孙后代的大事，他将植树造林、绿化祖国、管理人口增长、合理利用自然资源和生态环境保护等有机结合起来，设计出中华民族可持续发展的远大战略，彰显出对社会主义现代化建设探索对管理自然思想的转变，也蕴含了正确处理好现代人之间、现代人与未来人之间生态利益与责任关系问题的思考。制度是实现社会公平正义的基本保证。为了将公平正义的环境治理理念付诸实际，邓小平将生态问题治理纳入正常的制度和法律框架内，要求"人人有依法规定的平等权利和义务"①，强调公民的环境权利与义务、利益与责任的有机统一。1982年12月颁布实施的新宪法确定了国家保护和改善生态环境的基本责任，强调自然资源的合理利用，并且禁止任何组织、个人侵占或者破坏自然资源等一系列原则。除了宪法对环境保护的原则性规定，从1979

---

① 《邓小平文选》第二卷，人民出版社1994年版，第332页。

年开始，我国相继出台了《中华人民共和国环境保护法（试行)》《森林法》
《草原法》《水污染防治法》《矿产资源法》《土地管理法》《大气污染防治法》
《水法》等，不仅为社会主义生态文明建设奠定了良好的法治基础，也为
环境保护实现提供了基础性制度保障。

　　改革发展推进阶段，江泽民立足于建设社会主义市场经济实践，将生
产力发展和社会进步作为衡量社会公平的重要标准，强调正确处理好效率
与公平的辩证统一关系，把保障每个劳动者的正当利益和社会权利，不断
推进人的全面发展作为实现社会公平正义目标的新要求。江泽民统筹考虑
环境与经济社会协同发展，实施可持续发展战略，将不断增强可持续发展
能力，改善生态环境，促进人与自然和谐发展，推动社会走生态良好的文
明发展道路作为全面建设小康目标的重要内容，实现了以人为本发展模式
的"范式转换"。可持续发展是建立在人口、资源和环境综合协调发展基
础上的新的发展理念，是对传统发展观的理性反思与伦理审视，它纠正了
传统发展模式中只注重满足人们物质利益需求，而相对忽视人们生态福利
改善的"发展主义"思路。实施可持续发展战略意味着当代人对自然资源
的开发享用、环境责任承担必须坚持公平原则，不损害同代人和后代人的
环境权益。正如党的十五大报告中强调的"既要考虑当前发展的需要，又
要考虑未来的发展需要，不要以牺牲后代人的利益为代价来满足当代人的
利益"①。由此可见，环境公平是可持续发展重要特性，它涵盖代内环境公
平和代际环境公平两大内涵要素，要求发展中尊重资源分配和责任上公平
性原则，包括人类对资源的开发利用不能超越环境系统的更新能力；每个
人拥有平等生存权和发展权，同代地区之间须均衡协调发展。换言之，如
果环境资源代内分配不公平，就会导致社会强势群体占有较多的环境资源
而获得更好的发展，而弱势群体的正当环境权益则受到剥夺甚至要承担过

---

① 江泽民:《高举邓小平理论伟大旗帜，把建设有中国特色社会主义事业推向二十一世纪》，
人民出版社1997年版，第31页。

多的环境成本或环境风险，这不仅会降低环境效率和引发激烈的环境利益冲突，也将弱化可持续发展主体的积极性和主动性。另外，如果环境资源代际分配不公平，当代人对环境资源过多消耗超过了自然的承载力，必然影响未来可持续发展的基础，要想实现可持续发展基本没有可能。1999年国务院下发了《全国生态环境建设规划》，针对我国生态环境整体脆弱性和生态资源利用不平衡问题，提出充分发挥公民参与环境保护的作用，保障公民环境知情权、请求权、监督权和参与权等方式来促进环保事业健康发展，规划还指出按照"谁受益、谁补偿，谁破坏、谁恢复"的原则，建立生态效益补偿制度，凸显了环境保护正义的价值目标和实践原则。在国际环境责任承担方面，江泽民同志从历史和现实角度提出发达国家在工业化过程中最先破坏了自然生态平衡并享用了以环境代价换来的主要物质成果，对世界环境污染负有主要责任，应该为保护地球生态平衡承担更多的义务。作为最大的发展中国家我们愿意为全球环境治理作出积极努力，但是我们不能承担与发展水平不对称的义务，表明了全球环境治理必须遵循权利与义务对称原则。

改革发展关键阶段，以落实科学发展观践行环境保护。针对经济发展受资源环境约束影响日益突出、社会结构深刻变动带来的现实矛盾、利益格局深刻调整引发的利益冲突等新问题、新矛盾，胡锦涛将环境保护作为党执政为民的必然要求和正确处理利益关系的重要准则，提出深入贯彻落实全面、协调、可持续的科学发展观，建构社会主义和谐社会，建设资源节约型社会和环境友好型社会战略，把建设生态文明作为实现全面建设小康社会奋斗目标的新要求，这一系列科学发展思想中既蕴含了丰富的环境保护价值考量，也较为系统地规划了实现环境保护的基本路径。科学发展观的第一要义是发展。在生产力发展总体水平不高的背景下，我国解决所有问题包括环境问题的根本道路还得依靠科学发展。科学发展观要求改变传统片面追求经济增长的发展范式，在生产力发展的基础上实现人与自然、人与人以及人与社会的和谐统一，意味着环境保护亦是科学发展的内在价值诉求。在人们物质生活水平明显提升背景下，人们对生态环境质量、环境权益期盼愈加强烈。以科学发展观为指导推动环境问题解决，必然要以人民对环境质量的需要和幸福为中心，以环境保护为基本原则，尊重人民的主体地位并充分发挥人民在环境治理中的主体性作用，兼顾不同群体的环境利益诉求，保证主体享有平等的环境权益并承担相应的环境责任。科学发展观的根本方法是统筹兼顾。党的十七大报告指出，要"统筹城乡发展、区域发展、经济社会发展、人与自然和谐发展、国内发展和对外开放，统筹中央和地方关系，统筹个人利益和集体利益、局部利益和整体利益、当前利益和长远利益，充分调动各方面积极性"①。统筹发展不仅要缩小不同地区、不同群体发展水平、收入分配上差距，也要着力解决城乡之间、区域之间、人与自然之间环境资源配置不合理、环境污染转移等环境不公平问题。统筹兼顾各方面的利益意味着不能因为满足部分地区或群体的眼前利益，最终损害了所有人的整体利益和长远利益，环境资源配置既要考虑贡献差别分配，又要保证所有群体特别是弱势群体享有平等的环境话语权和基本环境利益保障，为解决环境问题提供基本思路与方法。公平正义是社会主义和谐社会的基本要求，也是实现人与自然、人与人、人与社会和谐的基础。这里的公平正义维度不仅仅指传统意义上的政治权利公平、经济权利公平和社会权利公平，而且包括新兴的、日益受人民关注的环境权益公平。因此，胡锦涛多次强调要重视社会公平制度建设对于保障公民政治、经济、文化、社会等方面的权利和利益的作用，提出"逐步建立以权利公平、机会公平、规则公平、分配公平为主要内容的社会公平保障体系"；"生态文明与社会主义在本质上具有内在的一致性"②。社会主义

---

① 胡锦涛：《高举中国特色社会主义伟大旗帜，夺取全面建设小康社会新胜利而奋斗》，见《十七大以来重要文献选编》（上），中央文献出版社 2009 年版，第 4 页。

② 黄爱宝：《论中国特色社会主义生态政治的主要特征》，《理论探讨》2012 年第 5 期，第 25 页。

生态文明建设的提出是对传统工业文明发展理念和发展模式的反思，是改进和优化人与自然、人与人以及人与社会之间关系的新思考。以资本逻辑为导向的传统工业文明破坏了发展的可持续性，也导致了不同国家、地区、民族之间以及人和自然之间的环境不公问题，这种问题扩展到政治、经济和社会领域，激发了尖锐的矛盾冲突。作为一种新型的人类社会文明范式，生态文明以环境公平为基本价值理念和建设目标，它要求在环境问题治理上，不同的国家、地区、民族、群体之间所获得的环境利益与承担的环境义务公平对等，坚持以公正为基本原则解决生态污染国际转移、地区转移，生态责任贫富不均，人与自然生态失衡等问题。

三、新时代的环境正义价值观

中国特色社会主义进入新时代，党中央立足于我国社会主要矛盾变化、人民日益增长的优美生态环境需要，将生态文明建设作为新时代治国理政的重要战略，纳入中国特色社会主义"五位一体"总体布局中，提出"创新、协调、绿色、开放、共享"新发展理念，强化生态治理的顶层设计，将建设美丽中国作为实现中华民族伟大复兴的中国梦的重要内容，开启了生态文明建设新时代。习近平生态文明思想聚焦对国内外环境非正义现象的现实关切，植根于中华优秀传统文化的生态智慧，继承发展了马克思主义环境正义思想，蕴含着深刻的历史逻辑、理论逻辑和实践逻辑。其从种际正义、代内正义和代际正义三个维度阐述了环境正义的理论意蕴与实践指向，体现出深邃的时空观和鲜明的中国特色。

1.种际正义："人与自然是生命共同体"

面对经济发展和环境保护之间的矛盾，我们应超越人类中心主义与生态中心主义的抽象争论，强调人与自然是相互联系、相互影响的有机整体。"经济发展不应是对资源和生态环境的竭泽而渔，生态环境保护也不应是舍弃经济发展的缘木求鱼"①，前者是唯 GDP 论的思想基础，后者则是懒政怠政的惯用借口。偏离生态学规律、通过破坏生态环境换取经济增长的发展方式是不可持续的，绿水青山的内在价值无法用货币来衡量，绿色产业、生态扶贫所带来的社会效益亦难以通过 GDP 来显现。社会主义生态文明建设既非放弃对自然再生产的干预以退回到人未从自然中分化出来的原初状态，又异于资本主义生产关系以利润尺度替代社会尺度，而是在顺应自然必然性的基础上，通过发挥人的能动性去调控人与自然间的交互关系，从自然环境的使用价值而非交换价值维度去诠释生态财富的永续创造，旨在"构筑尊崇自然、绿色发展的生态体系"②。

以习近平同志为核心的党中央多次强调"保护生态环境就是保护生产力，改善生态环境就是发展生产力"③，创造性地提出"绿水青山就是金山银山"的科学理念，引导人们走出了"人类中心论"及物质主义主导误区。新时代所坚持人与自然和谐共生的生态自然观，不同于绿色资本主义狭隘的自然经济化考量，亦不拘囿于生态中心主义的自然无价论，而是辩证阐释了保护生态环境与发展生产力之间的互通共荣性，"绿水青山既是自然财富，又是社会财富、经济财富"④。从马克思提出"自然是人的无机身体"，到习近平总书记主张"人与自然是生命共同体"；从恩格斯指出"我们不要过分陶醉于对自然界的胜利。对于我们的每一次胜利，自然界都报复了我们"⑤，到习近平总书记强调"人类发展活动必须尊重自然、顺

①　中共中央文献研究室编：《习近平关于社会主义生态文明建设论述摘编》，中央文献出版社 2017 年版，第 19 页。
②　中共中央文献研究室编：《习近平关于社会主义生态文明建设论述摘编》，中央文献出版社 2017 年版，第 131 页。
③　中共中央文献研究室编：《习近平关于社会主义生态文明建设论述摘编》，中央文献出版社 2017 年版，第 4 页。
④　中共中央文献研究室编：《习近平关于社会主义生态文明建设论述摘编》，中央文献出版社 2017 年版，第 23 页。
⑤　《马克思恩格斯选集》第 4 卷，人民出版社 1995 年版，第 383 页。

应自然、保护自然，否则就会受到大自然的报复"①。我们可以清晰地看到马克思主义环境正义思想在不断升华，体现了新时代我们党对人与自然关系认识的进一步深化。现如今，浙江省、福建省等诸多省份大力推进绿色发展，已将环境治理同优化政绩考核体系、推进资源产权制度、倒逼企业转型升级联动起来，旨在促进财富增值和生态改善的良性循环，实现经济生态化和生态经济化。故此，党的十九大报告中明确指出，我们所要实现的现代化是人与自然和谐共生的现代化，建设美丽中国重在"推动形成人与自然和谐发展现代化建设新格局"②。

2.代内正义："良好的生态产品是最普惠的民生福祉"

十九大报告指出："人类必须尊重自然、顺应自然、保护自然"，"还自然以宁静、和谐、美丽"③，从而"提供更多优质生态产品以满足人民日益增长的优美生态环境需要"④。纵观国内外环境质量恶化的历史与现实，不难发现环境污染问题往往与社会公平、资源分配和公民权利等问题紧密相连。因此，要从整体上缓解环境恶化的趋势，提升人民环境生活质量，必须实现代内环境正义，保护人们拥有平等的环境权利。它要求在经济社会发展中遵循资源分配和责任承担的公平性原则，包括人们对资源的开发利用不能超越环境系统的更新能力；每个人拥有平等的生存权和发展权，地区之间须均衡协调发展，一个地区对资源的开发不以损害其他地区发展为代价。

---

① 中共中央文献研究室编：《习近平关于社会主义生态文明建设论述摘编》，中央文献出版社 2017 年版，第 34 页。

② 习近平：《决胜全面建成小康社会，夺取新时代中国特色社会主义伟大胜利》，人民出版社 2017 年版，第 52 页。

③ 习近平：《决胜全面建成小康社会，夺取新时代中国特色社会主义伟大胜利》，人民出版社 2017 年版，第 50 页。

④ 习近平：《决胜全面建成小康社会，夺取新时代中国特色社会主义伟大胜利》，人民出版社 2017 年版，第 50 页。

　　代内正义可大致分为国内正义和国际正义两个层面。从国内层面而言，"良好生态环境是最公平的公共产品，是最普惠的民生福祉"①。资源环境并非同等地作用于所有人，那些抵御生态风险能力较弱的人——"生物学意义上的弱者"以及"经济学意义上的弱者"受害最深。环境问题中存在强者破坏、弱者遭罪的现象。近年来我们致力于解决国内民众尤其是弱势群体环境利益的分配性正义问题，旨在消除环境污染所引发的健康损害和风险在不同群体之间的不合理分配、城市环境风险向农村转移、发达地区环境污染向不发达地区或资源型城市转移等环境不公问题，加强农村、中西部地区环境治理，制止环境污染地区转移，推动农村地区、不发达地区环境弱势群体健康生存权利保障等问题合理解决。"环境保护和治理要以解决损害群众健康突出环境问题为重点"，"集中力量优先解决好细颗粒物（PM2.5）、饮用水、土壤、重金属、化学品等损害群众健康的突出环境问题"②。从国际层面而言，针对全球生态环境严峻态势和国际环境非正义问题，中国应从"人类命运共同体"高度审视全球生态文明建设的现实意义，主张以合作共赢为核心建立新型国际关系，倡导世界各国以责任担当的态度履行全球环境保护义务，加强生态文明领域的对话交流和务实合作，促进全球生态安全和实现国际环境正义，拓宽了代内环境正义的边界，并建构了具有中国特色、中国风格、中国气派的环境正义话语体系。例如，提出"建设清洁美丽的世界""携手打造绿色丝绸之路"，主张"坚持共同但有区别的责任原则、公全平原则、各自能力原则，积极建设性地参与应对气候变化国际谈判，推动建立公平合理的全球应对气候变化格局"③，明确表明中国要"成为全球生态文明建设的重要参与者、贡献

---

① 中共中央文献研究室编：《习近平关于社会主义生态文明建设论述摘编》，中央文献出版社2017年版，第4页。
② 中共中央文献研究室编：《习近平关于社会主义生态文明建设论述摘编》，中央文献出版社2017年版，第84页。
③ 《中共中央国务院关于加快推进生态文明建设的意见》，《人民日报》2015年5月6日。

者、引领者"①,从人类发展和全球整体利益考量正确处理好短期经济利益与长远发展责任的关系问题,为推进公平、合理、有效的环境正义秩序贡献中国智慧和中国方案。

3. 代际正义:"生态环境保护是功在当代,利在千秋的事业"

良好生态环境是人类社会可持续发展的根本基础。我们应运用辩证唯物主义与历史唯物主义逻辑思维,在坚持代内环境正义的同时,亦重视代际环境正义问题,"建设生态文明是中华民族永续发展的千年大计"。"建设美丽中国,为人民创造良好生产生活环境"②,这里的人民不仅指同时代的"我们—你们",亦涵盖不同时空的"我们—他们",环境正义理应关涉当代人与后代人之间的正义,让正义图式获得完整的时空向度。

代际正义是一种面向未来的责任意识,当代人的发展要承担起对后代人的责任,合理安排后代人的环境权益,不能破坏甚至毁灭后代人赖以生存的自然资源基础。当然,这绝不是意图规劝当代人为保障子孙后代的发展奉行禁欲主义或是让渡出自身生存权,而是要求我们像接力比赛的队员那样将人类世世代代积攒的宝贵生态财富一直传递下去,"前人栽树后人乘凉"。"生态环境保护是功在当代、利在千秋的事业。在这个问题上,我们没有别的选择"③。加强生态文明建设不仅关系民生福祉,更关乎民族未来,须重点建立体现生态价值、代际补偿的资源有偿使用制度和生态补偿制度。"生态文明建设事关中华民族永续发展和'两个一百年'奋斗目

---

① 习近平:《决胜全面建成小康社会,夺取新时代中国特色社会主义伟大胜利》,人民出版社 2017 年版,第 6 页。

② 习近平:《决胜全面建成小康社会,夺取新时代中国特色社会主义伟大胜利》,人民出版社 2017 年版,第 24 页。

③ 中共中央文献研究室编:《习近平关于社会主义生态文明建设论述摘编》,中央文献出版社 2017 年版,第 7 页。

标的实现"①。党中央从生态保护和文明兴衰的关系出发，提出良好的生态环境是人民群众的美好期待，也是对党执政能力的现实考验。唯有像保护眼睛一样保护生态环境，不能寅吃卯粮、急功近利，为子孙后代留下天蓝、地绿、水清的生产生活环境。

第二节　基于中国特色社会主义生态文明思想的公民环境权益分析

发展观是关于发展的本质、目的、内涵、要求和方式等多方面的综合概括，发展思想所要解决的核心问题就是发展为了谁、依靠谁的问题。人类历史在农业文明、工业文明和生态文明的依次进程中，相继产生了单一经济增长观、社会发展观、环境保护论和综合发展观等发展思想。马克思恩格斯运用辩证唯物主义与历史唯物主义科学方法，在实践的基础上分析人、自然和社会之间的辩证统一关系，提出了建构在人与自然、人与人以及人与社会之间和谐统一基础上的科学发展思想。马克思恩格斯认为，在整个人类社会发展进程中，人是主体，社会发展的最终目的是满足人的需要，促进人的全面发展。实现人充分全面而自由发展将是社会发展的最高阶段。而人的发展是建立在一定物质生产力发展基础上的，人与自然关系的协调统一是实现人类可持续发展的前提，人本身是自然界的一部分，自然界是人类产生、生存和发展的基础，自然的发展与人的发展相互影响，相互制约。人与社会之间的和谐相处实现人全面发展的关键，人的发展孕育于社会发展之中，"人的本质不是单个人所固有的抽象物，在其现实性上，它是一切社会关系的总和"②。人的主体权利和社会价值的实现需要通

---

① 中共中央文献研究室编：《习近平关于社会主义生态文明建设论述摘编》，中央文献出版社2017年版，第9页。

② 《马克思恩格斯选集》第1卷，人民出版社2012年版，第135页。

过与他人的交往来实现，它与现存的社会制度、社会组织形式和社会关系等息息相关。改革开放以来，在建设中国特色社会主义发展探索进程中，中国共产党相继提出了"发展就是硬道理""发展是执政兴国的第一要务""全面可持续发展""科学发展观""社会主义生态文明"和"新发展理念"等具有中国特色的社会主义发展战略思想。这一系列思想都强调以人为本的科学发展原则，重视人的发展现实需求，正确处理好经济增长与环境保护之间对立统一的关系，在协调经济、社会和环境的关系中实现人的各种权益特别是环境权益。随着我国社会主义市场经济快速发展，社会主义民主政治制度改革不断完善，基本公共服务均等化有序推进，人民的政治权利、经济权利和社会权利已经得到了较为充分的保障，民心所向已由"盼温饱""求生存"转向"盼环保""求生态"，环境权益诉求表现得比以往任何时候都更加强烈，并逐渐成为制约其他权益进一步实现的关键要素，关系到经济发展与社会和谐，甚至关系到人类的基本生存发展，成为我国谋求科学发展的基本价值取向。

一、保护当代和未来人的环境权益是可持续发展的重要目标

工业文明发展模式给人类带来了前所未有的物质财富的同时，其强大的自然资源消耗能力也使人类生存环境陷入了前所未有的危机之中。20世纪50年代末开始，随着环境公害事件频繁发生，人们反思工业化发展方式和发展道路造成生态破坏、生活环境质量下降、社会贫困恶性循环等问题，开始寻找一种新的发展理念和发展模式来缓解环境恶化对人类的影响。1972年《增长的极限》的发表引发广泛争论与联合国人类环境会议召开，唤醒了人们从思想意识上对环境污染问题的关注，要求人们正视物质财富增长对自然生态的压力，承担保持生态可持续性的责任。20世纪80年代以来，人们将环境与发展需要两者结合起来思考可持续问题。1980年联合国正式提出"可持续发展"概念，强调"人类对生态环境的利用既要考虑

当代人的利益，又要保持其满足后代需要的潜力"。1987 年联合国世界环境与发展委员会发表的《我们共同的未来》较为系统地提出了"可持续发展"的内涵，即"既满足当代人的需求，又不对后代人满足其自身需求的能力构成危害的发展"。这种建立在人口、资源和环境综合协调发展基础上的新的发展理念，是对传统发展观的理性反思与伦理审视，它纠正了传统发展模式中只注重人物质利益需求满足，而相对忽视人生态福利改善的"发展主义"思路。可持续发展内涵非常丰富，它涵盖了经济、社会、生态等多个方面，在实践中要求经济发展模式转变、生态环境系统更新能力持续改善和人们生活环境质量提高等，实现了经济可持续性、生态可持续性和社会可持续性的有机融合。作为一种新的价值观和发展观，可持续发展倡导公平、可持续和共同性原则，它意味着人与自然、人与人之间平等、可持续和共同发展。人们物质利益需求满足不以损害其赖以生存的自然生态环境更新能力为代价，保持环境可持性、人与自然的和谐是人们生活质量不断改善的前提。同时，以自然资源为中介的主体之间环境利益合理分配不仅是可持续发展的基本动力，也是社会可持续发展有力保障。

从可持续发展提出的历史背景和丰富内涵来看，实现和保障人类环境权是其核心思想之一。人类关注环境对人权利的影响，同样源自于工业化发展模式造成的严重环境污染和生态破坏问题。大概在 20 世纪 60 年代开始，人们就意识到环境恶化对其生存权和发展权实现的障碍。1972 年联合国人类环境会议通过了《人类环境宣言》，指出"人类有权在一种能够过着尊严和福利的生活环境中，享有自由、平等和充足的生活条件的基本权利，并且负有保护和改善这一代和将来的世世代代的环境的庄严责任"[1]。1973 年在维也纳欧洲环境部长会议上制定的《欧洲自然资源人权草案》中，环境权被认为是新的人权并将其作为《世界人权宣言》的补

---

[1] 《联合国环境与可持续发展系列大会重要文件选编》，中国环境出版社 2004 年版，第 127、129 页。

充。1992 年联合国通过的《里约环境与发展宣言》所指出"人类处在普受关注的可持续发展问题的中心，他们应享有与自然相和谐的方式过健康而富有生产成果的生活的权利"[①]。2012 年联合国可持续发展大会通过了《我们憧憬的未来》，重申"人是可持续发展的中心"，"必须尊重所有人权，包括发展权和适当生活水平权"。由此可见，可持续发展不仅仅是作为保护生态环境的手段，更重要的是实现和保障人类环境权的发展范式或关键路径。反过来，环境公民权提出的直接动因是如何在实现生态可持续目标上调节公民的个体行为与意识，从而有助于创建一种真正可持续发展的社会[②]。总之，可持续发展模式就是要通过发展范式的转换，使人与自然之间通过合理的物质交换实现人对生态资源的利用权和发展权，使人与人之间在平等合作的基础上实现公平公正的环境利益分配，进而优化人与自然、人与人之间的关系。因此，实现人类环境权是可持续发展的重要目标和价值取向，它包含着不可分割的两个方面，即实现当代人的环境权益和未来人的环境权益。换句话说，可持续发展既要满足当代人的良好环境权益诉求，又要不影响未来人享有环境权益的能力。

在马克思主义生态思想指导和全球可持续发展战略推动下，我国从 20 世纪 90 年代开始全面关注经济、社会与环境协调发展问题。立足于本国的基本国情，结合 1992 年联合国环境与发展大会通过的《21 世纪议程》，党和国家于 1994 年 3 月制定并实施《中国 21 世纪议程》，开始全面启动可持续发展战略与政策。作为现代化建设中的重要战略和国家的一项基本国策，可持续发展战略具有非常丰富的内涵，总体上要求在社会发展进程中处理好经济、社会、人口、资源和环境的辩证关系，实现以物为中心的唯经济增长向以人为本的科学发展观转换，正如江泽民同志所指出的"经济的发展，必须与人口、环境、资源统筹考虑，不仅要安排好当前

①　万以诚等:《新文明的路标——人类绿色运动史上的经典文献》，吉林人民出版社 2000 年版，第 38 页。

②　Andrew Dobson. *Citizenship and the Environment*. Oxford:Oxford University Press，2003：4.

的发展，还要为子孙后代着想，为未来的发展创造更好的条件，决不能走浪费资源和先污染后治理的路子，更不能吃祖宗饭、断子孙路"①。江泽民全面协调可持续发展战略思想进一步强调科学发展中以人为目的价值取向，生态的可持续发展是实现人全面发展的前提，也是实现人的环境权益的关键条件；经济可持续发展是实现人全面发展的手段，其发展必须建立在资源的可持续利用和良好的生态环境基础上；社会可持续发展是实现人全面发展的长远目标，人是社会的主体，是社会发展的推动者和实践者，社会的进步取决于人的实践能力和水平。

二、赋予人民群众环境权益是贯彻落实科学发展的本质要求

党的十六届三中全会提出的"坚持以人为本，树立全面、协调、可持续的发展观，促进经济社会和人的全面发展"，全面深入地阐述了科学发展观的基本内涵，与"五个统筹"和"五个坚持"一起，构成了科学发展观完整的理论体系。胡锦涛同志总结二十多年来我国改革开放和现代化建设的成功经验，将马克思主义人本思想、可持续发展思想与中国改革发展实践相结合，提出指导经济社会和人全面发展的科学发展观，进一步突出了发展中人的主体地位和人本价值取向。科学发展观是贯彻落实人类社会可持续发展战略的具体体现，它深刻地抓住了"实现什么样的发展，怎样发展"这一关键问题，从发展重点、发展战略布局、发展方法和发展价值选择等多方面丰富和深化了可持续发展的内涵。"科学发展观的第一要义是发展，核心是以人为本，基本要求是全面协调可持续，根本方法是统筹兼顾。"作为一种新型的综合发展理念和行动目标，科学发展观强调发展是建立在人与自然的关系、人与人的关系不断优化和谐的基础上，始终把

---

① 江泽民：《江泽民论中国特色社会主义（专题摘编）》，中央文献出版社 2002 年版，第279—280 页。

最广大人民的利益作为党和国家一切工作的出发点和归宿点，保障人民的各项权益，促进人的全面发展，做到发展为了人民、发展依靠人民、发展成果由人民共享。正如2004年胡锦涛同志在中央人口资源环境工作座谈会上所指出："坚持以人为本，就是要以实现人的全面发展为目标，从人民群众的根本利益出发谋发展、促发展，不断满足人民群众日益增长的物质文化需要，切实保障人民群众的经济、政治和文化权益，让发展的成果惠及全体人民"[①]。以人为本的科学发展思想全面概括人与自然、人与人以及人与社会和谐共处关系，强调以人为核心的可持续发展原则，蕴含着丰富的环境权益意蕴，为公民环境权益保障提供了重要理论支撑和实践指导。一方面，发展是解决各种问题和保障人类权利的基础，是实现每个人价值的根本性保障。科学发展观坚持人民群众的主体地位和价值利益取向，强调一切发展的最终目的在于满足人的生存发展需要，具体落实到生态环境治理领域，意味着发展必须正确处理好物质资料生产和生态环境保护之间的关系，以实现和保障人民群众的环境权益作为各项工作的出发点和着力点。这要求我们必须摒弃以往追求经济发展获得物质财富增加单一目标取向，明确发展除了要解决人的物质匮乏问题，也要为人们生产和生活创造良好的生态环境。良好的生态环境是保障人民群众获得生存权和发展权的前提条件，也是实现人的全面发展不可或缺的物质条件。人的发展是社会发展的动力源泉，贯彻落实以人为本的科学发展观必须充分尊重人民群众的主体地位和首创精神，在涉及环境利益重大决策事项、环境管理制度制定实施等多个关键环节，向社会公开环境信息，拓宽公民参与环境决策和环境保护的渠道，促进生态民主，保障公民的环境知情权和参与权。另一方面，科学发展是全面协调可持续的，要求良好的生态环境和人与自然的和谐相处。全面发展要求我们不仅通过经济发展解决人民群众的物质需求问题，还要关注社会文明的整体进步和生活环境质量改善。协调

---

① 胡锦涛：《在中央人口资源环境工作座谈会上的讲话》，《人民日报》2004年3月10日。

发展要求注重政治、经济、文化、社会和生态发展过程中各个关键环节、各个重要层面之间相协调。只有尊重科学发展的有机整体性规律和生态均衡原则，才能实现人和自然的和谐以及社会的有序稳定。可持续发展要求正确处理好经济、人口和资源之间的核心关系，促进人与自然的和谐，推动整个社会走上生产发展、生活富裕、生态良好的文明发展道路。为了实现上述要求，根本方法就是统筹兼顾好发展中各个工作任务和各个方面的利益关系。例如，统筹协调人与自然之间、城乡之间、区域之间的环境利益关系，建立环境利益公平共享体制机制，解决农村地区、不发达地区等弱势群体环境利益诉求。胡锦涛同志指出，"大量事实表明，人与自然的关系不和谐，往往会影响人与人的关系、人与社会的关系。如果生态环境受到严重破坏、人们的生产生活环境恶化，如果资源能源供应高度紧张、经济发展与资源能源矛盾尖锐，人与人的和谐、人与社会的和谐是难以实现的"[1]。城乡之间、地区之间发展失衡导致了环境不公平，环境风险分配不公平、环境污染的转移使弱势群体承担了较多的环境代价而获得较少的发展成果，环境利益冲突表现得越来越强烈。按照"谁开发谁保护、谁破坏谁恢复、谁受益谁补偿"的原则，破除城乡二元结构，统筹解决好城乡和谐发展和环境问题，推动各区域之间生态环境治理合作，完善弱势群体环境资源利益补偿机制，统筹兼顾发展好人与自然、人与人、人与社会之间的和谐关系，走资源节约型、环境友好型社会发展道路，是贯彻落实科学发展观的具体体现。

三、增进人民群众环境权益是新发展理念的实践指向

党的十八大以来，党中央将社会主义生态文明建设纳入中国特色社会

---

[1] 《胡锦涛在省部级主要领导干部提高构建社会主义和谐社会能力专题研讨班上的讲话》，《人民日报》2005 年 6 月 27 日。

主义事业"五位一体"总体布局的战略高度全面推进。针对我国发展新阶段新矛盾新问题，深刻把握新时期经济社会发展新要求新内涵新战略，党的十八届五中全会上提出了创新、协调、绿色、开放、共享的新发展理念。新发展理念坚持以人民为中心的发展思想，把增进人民福祉，促进人的全面发展作为发展的出发点和落脚点，是马克思主义发展理论创新成果，是对以人为本的科学发展观进一步整合、丰富和创新。习近平要求以对人民群众、对子孙后代高度负责的态度和责任，真正下决心把生态环境治理好，为人民的生产生活创造良好环境。新发展理念立足于新时期我国发展的基本国情和社会主要矛盾，坚持人民为中心的根本原则，将社会发展与人的发展相统一起来，坚持绿色发展作为推动我国经济社会健康发展、解决发展不平衡不充分的矛盾、推进全面建设社会主义现代化国家实现和提升人民群众生活质量的重要战略，蕴含了丰富的公民环境权益保障价值意蕴与实践指向。

马克思主义群众观认为，人民群众是社会实践和认识的主体，是物质财富和精神财富的创造者，是推动社会发展、实现社会变革的决定性力量。新发展理念以人民群众作为经济社会发展的价值主线，深刻地阐明了发展"为了谁""依靠谁"的问题。一方面，发展的目的是为了人民，是通过提高发展的质量和效益，满足广大人民日益增长、不断升级和个性化物质文化和生态环境需要。2016 年 3 月通过的《关于制定国民经济和社会发展第十三个五年规划的建议》指出，"人民是推动发展的根本力量，实现好、维护好、发展好最广大人民根本利益是发展的根本目的。"当前我国生态环境治理取得了一定成效，但是总体恶化的趋势并没有得到根本遏制。多地雾霾天气频发、水资源不足且污染严重、重金属污染加剧等，严重影响人民群众的健康和生命，损害人民的环境利益。良好生态环境越来越成为人民群众的迫切期待。"人民群众对清新空气、清澈水质、清洁环境等生态产品的需求越来越迫切，生态环境越来越珍贵。我们必须顺应人民群众对良好生态环境的期待，推动形成绿色低碳循环发展新方式，并从中创造新的增长点"①。提高人民群众生态环境质量，让人民群众享有良好的自然生态资源和平等的发展权利，既关系到人们的基本生活质量和幸福感，也直接涉及全面建设社会主义现代化国家能否实现的关键问题。绿色是生存发展的必要条件和人民美好生活质量的重要组成部分。绿色发展以人民群众生态环境需求为导向，以保障人民群众生态利益为依归，在尊重顺应自然生态规律、倡导人与自然和谐共生的基础上，通过推行绿色新政增加人民群众的绿色福利。近年来，我国坚持贯彻落实资源节约和环境保护的基本国策，走低碳循环发展的新路径，加快实施主体功能区战略，完善生态补偿制度，加快建设资源节约型、环境友好型社会，彰显了国家保障人民的生存权和发展权为根本价值取向。新发展理念倡导协调发展、共享发展，具体到生态文明建设领域，就是通过城乡区域协调发展，解决生态环境资源发展分配不均衡问题，促进生态公平和社会和谐，增强经济社会生态发展的整体性，使人民群众获得更多享有良好生态资源的机会，共享生态文明建设成果。另一方面，绿色发展需要全体人民的共同参与和协作。绿色发展的主体动力是人民群众，必须充分调动人民群众的积极性、主动性和创造性。人民群众不仅是生态公共产品的享有者，而且是推动绿色发展的主体力量。习近平总书记强调要"牢固树立保护生态环境就是保护生产力、改善生态环境就是发展生产力的理念"②。人作为生产力构成要素中最活跃最根本的要素，其环境利益的满足将能有效提升经济社会发展的效率与质量。因此，各级政府作为生态公共产品的提供者和环境公共利益的代表，必须通过改善环境质量，充分履行生态公共服务职能，要"让良好的生态环境成为人民生活质量的增长点"。人民群众作为环境公共政策的参与者和执行者，其与政府协同治理环境能力也会影响到环境公共产品的质量，这是环境治理体系和治理能力现代化的具体表现。树立

① 《习近平谈治国理政》第二卷，外文出版社 2017 年版，第 232 页。
② 《习近平谈治国理政》，外文出版社 2014 年版，第 209 页。

和践行绿色发展新理念，推进思维方式转变，倡导绿色消费和绿色生活方式，增强生态文明意识，营造公民积极参与的生态文化氛围，真正"像保护眼睛一样保护生态环境，像对待生命一样对待生态环境"[①]，才能为绿色发展提供强有力保障，推动人与自然和谐发展的现代化建设新格局形成。

第三节 基于中国特色社会主义协商民主理论的
公民环境权益分析

一、协商民主与公共事务治理逻辑

现代西方协商民主理论是 20 世纪 80 年代开始逐步兴起和发展的民主议题，它源自于多元化发展背景下对自由主义民主缺陷的批判与反思，对传统民主价值的复兴与推崇。进入 90 年代，协商民主理论和实践在批判、反思和辩护等论证中得到了快速发展。作为一种政治思想和民主治理体制，它要求通过自由平等对话、辩论、审议和协商等形式调整不同主体的利益关系，形成了减少和缓和社会冲突、解决政治合法性危机的重要工具和方法。学术意义上协商民主（Deliberative Democracy）一词最早由美国学者约瑟夫·M.比塞尔（Joseph M. Bessette）在其文章《协商民主：共和政府的多数原则》中使用，本义是反对精英主义宪政阐释，为美国宪法的"民主特性"所辩护。后期一批学者如伯纳德·曼宁（Benard Manning）、乔舒亚·科恩（Joshua Cohen）、大卫·米勒（David Miller）、卡罗琳·亨德里克斯（Carolyn Hendriks）、乔治·瓦拉德斯（Jorge Valadez）、詹姆斯·博曼（Jams Bohman）、约翰·罗尔斯（John Rawls）和尤尔根·哈贝马斯（Juergen Habermas）等从不同的角度对协商民主的源起、

[①] 中共中央文献研究室编：《习近平关于社会主义生态文明建设论述摘编》，中央文献出版社 2017 年版，第 12 页。

内涵、价值、运转条件和实践形式等进行了较为深入的探讨。其中，亨德里克斯提出，"协商民主更像是公共论坛而不是竞争的市场，其中，政治讨论以公共利益为导向。在协商民主模式中，民主决策是平等公民之间理性公共讨论的结果。正是通过追求实现理解的交流来寻求合理的替代，并做出合法决策"①。瓦拉德斯认为"协商民主是一种具有巨大潜能的民主治理形式，它能够有效回应文化间对话和多元文化社会认知的某些核心问题。它尤其强调对于公共利益的责任、促进政治话语的相互理解、辨别所有政治意愿，以及支持那些重视所有人需求与利益的具有集体约束力的政策"②。哈贝马斯以交往理性为哲学基础，界定协商民主理论的商谈原则和民主原则，强调民主协商的实施是建构在公民基本权利体系保障基础上的。据此，澳大利亚学者何包钢总结前人的研究成果时指出协商民主具有多维度的含义，即协商民主是一种决策机制、治理机制、公共参与和培育公民精神的学校，它旨在追求一个人格受到尊重、每个人的声音及其理性得到尊重的公正社会③。综上所述，发现虽然国外学者们对协商民主理论有着各自不同的见解，但在西方语境中对其基本内涵概括具有较强的一致性，即为了应对文化多元主义、大规模的社会不平等和社会复杂性等社会"事实"的挑战，公民在民主政治体制下，通过公共讨论、沟通、交流、协商和审议等方式，平等地广泛参与公共政策和政治生活，以促进相互理解、达成共识和形成合法性公共决策。国内学者陈家刚认为，"概括起来讲，协商民主是一种治理形式，其中，平等、自由的公民在公共协商过程中，提出各种相关理由，说服他人，或者转换自身的偏好，在广泛考虑公

---

①　Carolyn Hendriks, *The Ambiguous Role of Civil Society in Deliberative Democracy, Refereed Paper Presented to the Jubilee Conference of the Australasian Political Studies Association*, Australian National University, Canberra, October 2002.

②　Jorge M. Valadez. *Deliberative Democracy, Political Legitimacy, and Self-Democracy in Multicultural Societies*. USA Westview Press, 2001:30.

③　［澳］何包钢：《协商民主：理论、方法和实践》，中国社会科学出版社 2008 年版，第17—21 页。

共利益的基础上利用公开审议过程的理性指导协商，从而赋予立法和决策以政治合法性。协商民主的实质是以理性为基础、以真理为目标"①。由此可见，协商民主不仅是解决政治合法性的方式和手段，而且着重于以实现公共利益为责任，强调尊重和保护公民的政治参与权利，引导公民理性地表达利益诉求，通过互动调节的方式加以解决。

中国特色社会主义协商民主理论以马克思主义民主理论、统一战线理论、多党合作理论和群众路线理论为指导，产生于新民主主义革命时期建立"三三制"抗日民主政权局部实践，形成于新中国成立时期中国人民政治协商会议的召开及其相关制度的建立，丰富和发展于改革开放以来中国特色社会主义民主政治制度建设。经过多年的实践探索，我国逐步建构成了以政治协商和社会协商为主要内容，以政党协商民主、党内协商民主、基层协商民主和网络协商民主为主要形式，以广泛多层制度化为主要特征的社会主义协商民主制度，并且在实践中不断丰富和发展，成为国家推动社会治理创新、促进人民参与国家经济社会发展重大事项和关系民生切身利益决策的重要渠道。中国社会主义协商民主是广大人民群众在党的领导下，以自由、平等、理性和责任为原则，通过人民政协等渠道对经济社会重大问题及涉及公民切身利益问题，进行广泛而充分讨论推进决策民主化，以促成主体认同实现人民根本利益的政治体制和治理机制。党的十六大以来，作为选举民主的重要补充和现代国家治理的重要形式，协商民主的制度化、规范化和程序化不断增加。2006年中共中央通过了《中共中央关于加强人民政协工作的意见》第一次明确指出："人民通过选举、投票行使权利和人民内部各方面在重大决策之前进行充分协商，尽可能就共同性问题取得一致意见，是我国社会主义民主的两种形式。"这充分地肯定了协商民主在社会主义民主建设、决策体制改革和国家治理能力提升中的价值地位。2007年党中央将"把政治协商纳入决策程序"列入党的

---

① 陈家刚:《协商民主引论》,《马克思主义与现实》2004年第3期，第28页。

十七大报告中，强调"把政治协商纳入决策程序，就国家和地方的重要问题在决策之前和决策执行过程中进行协商，是政治协商的重要原则"。表明通过公共协商形成深入了解民情、充分反映民意、广泛集中民智的决策机制，是推进决策科学化民主化的重要前提条件。2012年党的十八大首次确立"社会主义协商民主"的概念，明确指出"社会主义协商民主是我国人民民主的重要形式。要完善协商民主制度和工作机制，推进协商民主广泛、多层、制度化发展。"十八届三中全会《决议》进一步指出"协商民主是我国社会主义民主政治的特有形式和独特优势，是中国共产党的群众路线在政治领域的重要体现"，党的十九届四中全会再次提出"坚持社会主义协商民主的独特优势，统筹推进政党协商、人大协商、政府协商、政协协商、人民团体协商、基层协商以及社会组织协商，构建程序合理、环节完整的协商民主体系"，作为"坚持和完善人民当家做主制度体系，发展社会主义民主政治"的重要内容、推进国家治理体系和治理能力现代化的战略选择。这是中国共产党在新的历史起点上国家治理理念的重大思考，也是国家治理制度的重要创新，为推动社会主义政治发展和现代国家治理创新提供了重要指导。

随着全球治理向民主化、协作化和网络化方面发展，协商民主逐渐成为现代国家治理变革的重要选择，也为国家治理现代化转型提供了重要理论基础。虽然协商民主与协同治理存在一些差异，但从本质上来看，协商民主与协同治理在治理理念、治理技术和运行逻辑有相当强的耦合性、契合性。主要表现在：一是协同治理和协商民主两种治理范式的产生源于国家与社会关系嬗变、多元化发展背景下复杂公共事务治理需要。社会结构分化、利益主体多元化和思想多元化所造成的复杂性、碎片化治理环境，以及不断扩散的社会公共性促使国家治理结构从一元单向治理向多元交互共治转变。这种治理结构的变化要求让更多的利益主体参与到决策过程中来，这就需要更多的协商与合作，多个主体共享公共权力，通过民主协商、沟通协调、配合协作、协同增效等方式构建利益分配均衡机制，减少利益分歧与偏见，缓和矛盾冲突或协调不同利益。二是两者都以公共利益最大化、共同的善为价值目标导向。协同治理是为了实现与增进公共利益，政府部门和非政府部门等公共行动主体在相互依存的环境中彼此协商与协作，发挥各自资源优势在良性互动中推动善治目标的实现。协商民主是在尊重不同主体利益基础上通过对话、谈判和妥协等达成某种共识，提升公共决策的合法性，推动各方利益均衡实现。因此，从本质上而言，协同治理和协商民主都在寻求一种良性有效的治理机制形成和谐稳定的社会秩序，保障公民权利，维护社会公平正义，提供公共服务以促进公共利益最大化。就我国而言，"协商民主具有'三性'，即法治性、善治性、理治性，现代国家治理也有制度化、公平化、有序化的'三化'要求，二者之间是一种高度契合的关系"[1]。三是两种治理范式都以公民有序参与为基本立足点，强调公共理性、信任关系、有序参与和制度化建设等原则或机制在实现治理目标中的重要作用。协同治理意味着政府不再单一依靠强制力或发号施令去完成公共管理过程，而更多的是依赖于与其他主体进行民主协商对话、资源共享、相互合作建立伙伴关系来推动治理目标的实现。因此，协同治理格局的建构中各主体以共识为导向有序的理性参与，形成彼此的信任关系则显得尤为重要。除此之外，为了使各协同主体趋异的利益偏好与利益诉求尽可能形成共识并达成一致行动，必须有相应的制度给予保障，包括具有法律约束力的正式制度和规则，也包括各种促进协商与和解的非正式制度安排。自由而平等的公民参与公共决策是治理赢得合法性条件之一。协商民主意在构建政府、公民、社会组织和市场组织等主体之间的自由、平等、互信和合作网络化社会关系，为促进协商治理提供基本条件。换言之，"治理网络就是一种潜在的协商制度"[2]。公共理性是协

---

① 叶小文、张峰：《从现代国家治理的高度认识协商民主》，《中央社会主义学院学报》2014年第 2 期，第 5 页。

② Dryzek. John. *Foundations and Frontiers of Deliberative Governance*. Oxford: Oxford University Press, 2010:18.

商民主的基本特征之一，"公共协商的过程使决策理由更理性、结果更公平。给出的理由必须符合公共性的条件，即让所有人信服"①。公民理性表达利益诉求和培育公民理性精神，是协商合作的内在要求。美国学者 Iris M. Young 认为，"协商民主的一个主要优点在于，它致力于使理性在政治中凌驾于权力之上。政策之所以应该被采纳，不是因为最有影响力的利益取得了胜利，而是因为公民或其代表在倾听和审视相关的理由之后，共同认可该政策的正当性"②。同样，为了保证民主协商的真实性和公民协商民主权利有效行使，制度必须为公民影响协商决策程序和拓展协商可能性空间提供各种保障。总之，协商民主为协同治理提供了理论框架和实践路径，彰显了合作治理的开放性、包容性和系统性。反过来，从某种意义上来说，协同治理是协商民主理论与方法的运用，两者在价值取向、运行机制和治理目标等方面存在多维度的高度契合性。

二、协商民主与环境治理路径选择

后工业社会全球环境问题的复杂化、环境利益冲突频发，意味着环境问题影响并渗透到政治、经济和文化等领域，环境危机已经俨然演变成了全球性政治性问题，环境治理亦超出了一般社会管理或技术变革范畴。面对环境风险叠加、环境运动的持续压力、主权国家治理能力不足的挑战，各国政府开始思考借助于政治手段和政治方法，通过政治治理变革以推动生态政治化发展应对世界环境难题。学者们从理论上反思引发环境危机的深层次原因，提出推进政治权力体制变革、发展基层民主和倡导多元主体合作等环境政治措施实现绿色发展。例如美国学者丹尼尔·A.科尔曼

① ［美］詹姆斯·博曼著，黄相怀主编：《公共协商：多元主义、复杂性与民主》，中央编译出版社 2006 年版，第 5 页。

② IrisM.Young. *Democracy and Difference: Contesting the Boundaries of the Political*. Princeton: Princeton University Press,1996:120-135.

（Daniel A.Coleman）认为将环境恶化问题归因于第三世界人口增长、工业技术的滥用和消费者的非绿色抉择等只是浅层次解释，而真正探寻环境危机背后的深层次原因必须从现行的社会制度、社会权力关系以及相应的价值体系方面入手。资本和权力的过于集中、狭隘的经济增长价值体系、社群合作的丧失才是环境危机的真正根源。"政府权力的集中，必然导致公民权利包括环境权利的式微；而公民权利的式微又必然引起一系列的社会问题包括环境问题"①。资产阶级以利润最大化作为唯一向度，政府权力与资本勾结，为企业破坏自然的生产行为提供庇护，所有决策都围绕企业利益所进行，公民的环境权利被剥夺得所剩无几。为此，为了创新一个"生态社会"，必然反思现存的社会体制弊端，以可持续发展和社群合作价值观为基础，重建参与型基层民主，赋予公民自治权力促进公共决策。"生态社会立足的基础是，其公民有能力通过积极参与自治，创立一个有爱心、可持续的社群。公民参与自治的过程被称为直接或参与型民主。因这一过程让广大公民介入其日常生活，人们也称之为基层民主"②。这种民主既尊重了公民的环境利益，又能提升公民的生态意识，广泛的民主参与既尊重了公民的环境权益，又能提升公民的生态意识，增强环境保护的积极性主动性。"这种参与尤能在本地基层发挥作用，因为公民对所在区域的生态条件最为了解，也最会作出反应。在生态学意义上所设想的广泛民主将促使决策更加贴近基层，并促使公民通过积极的当地政治参与更能主导变革"③。

与科尔曼的参与型民主建设观点相吻合，美国学者罗伊·莫里森（Roy Morrison）、希腊学者塔斯基斯·福托鲍洛斯（Takis Fotopoulos）、

---

① 李蕙岚:《科尔曼生态政治学的历史解释维度》,《马克思主义与现实》2012 年第 1 期,第 192 页。

② ［美］丹尼尔·A.科尔曼著,梅俊杰译:《生态政治:建设一个绿色社会》,上海译文出版社 2002 年版,第 162 页。

③ ［美］丹尼尔·A.科尔曼著,梅俊杰译:《生态政治:建设一个绿色社会》,上海译文出版社 2002 年版,第 44 页。

澳大利亚学者罗宾·艾克斯利（Robyn Eckersley）等对自由民主制进行了系统地生态批评，更加具体地提出构建生态民主或包容性民主应对生态危机的挑战。莫里森最早提出了生态民主（Ecological Democracy）的概念，认为生态民主是构建生态文明的方法，也是工业社会向生态社会转变的必由之路。"建设生态民主需要呼吁全人类积极行动起来，需要人们志愿相互合作，保护自然，构建人类生态文明"①。生态民主是现代新型民主范式，它强调基层民主参与环境治理的重要性，注重于构建一种人类社会内部自上而下和自下而上相结合新型民主框架，其实质在于实现人与人、人与自然、人与社会之间的环境公正、社会公平和社会正义。艾克斯利指出"从那些现实或未来生态受害者及其关切者的立场来看，自由民主制的突出问题是，它并不是能够充分负责的体制"，原因在于"竞争性的人类偏好"②。他强调在环境议题上应关注公共福祉与利益的社会审议和决策，但"那些拥有较多资源、信息并处于政策决策核心地位的行为体，与那些社会与经济上处于边缘地位的弱势群体和阶级相比，有着明显的游说与讨价还价的优势地位"③。针对自由民主体制对环境公民权的忽视和环境公共决策中的不公平问题，艾克斯利从生态民主视域提出扩大公民环境公共参与，"所有那些受到某种风险潜在影响的人，都应有机会参与到或有适当代表处在造成这种风险的决策之中"④。审议民主是实践生态民主的最好手段，"关注生态风险的审议民主模式的理想与诉求具有三个相互构建性特

---

① 王学义、郑昊：《工业资本主义、生态经济学、全球环境治理与生态协商民主制度——西方最新生态文明思想述评》，《中国人口·资源与环境》2013 年第 9 期，第 140 页。

② ［澳］罗宾·艾克斯利著，郇庆治译：《绿色国家：重思民主与主权》，山东大学出版社2012 年版，第 79 页。

③ ［澳］罗宾·艾克斯利著，郇庆治译：《绿色国家：重思民主与主权》，山东大学出版社2012 年版，第 83 页。

④ ［澳］罗宾·艾克斯利著，郇庆治译：《绿色国家：重思民主与主权》，山东大学出版社2012 年版，第 93 页。

征：不受限制的对话、包容性和社会学习"①。审议民主模式将公共利益置于私人、局部或个人利益之上，注重人与人之间的平等对话、公共协商、合理权利诉求与反思，内含了协商民主的诸多要素。福托鲍洛斯指出造成生态危机的根本性原因是"建立在市场经济制度基础之上的、以等级制社会为特征的统治关系以及其中所蕴含的主宰自然界的观念"②。他主张摒弃人类制度化统治以及对自然进行征服的观念，用包容性生态民主范式取代市场经济，构建环境友好型制度框架，提升公民的生态意识，推动人与自然的和谐相处。

协商民主理论与方法在环境治理领域表现为生态政治和生态民主的等形式，为多元主体参与环境治理提供实践思路。由政府、企业和公民等环境利益相关者在自由平等的基础上，就环境问题治理权力配置和责任承担进行广泛而充分的对话、讨论和审议，力图通过自由平等对话缓解冲突，促成一种共识或集体决策，并在相互依赖和良好合作中推动生态环境政策有序执行的新型民主范式。协商民主理念、机制和制度等运用到环境治理领域，一方面源于环境问题的公共性、复杂性和紧迫性，环境治理需要一种新型的公共治理模式，要求每一个与环境利益相关者拥有参与决策的机会，加入到集体治理行动中去。况且传统政府主导环境治理实践模式下存在的社会力量参与不足、激励结构倒置和监督机制不健全等不足和缺陷也在寻求一种新的决策方式、治理技术与治理形式。另一方面来自于生态文明建设的实践需要。生态社会的实现需要全体成员的共同努力，生态文明就是一种基于行为合作的新型文明形态，这种团结与合作往往通过协商互动来实现。"生态文明的目标是实现社会公正，其价值诉求表现为多样性、可持续性、整体性、责任和权力下放。实现生态文明必然要求进行生态治

---

① ［澳］罗宾·艾克斯利著，郇庆治译：《绿色国家：重思民主与主权》，山东大学出版社2012年版，第97页。

② ［希］塔斯基斯·福托鲍洛斯著，李宏译：《当代多重危机与包容性民主》，山东大学出版社2012年版，第108页。

理。而作为一种治理形式，协商民主成为生态治理的路径选择"①。由于不同主体在环境事务上存在价值理念、行为偏好和利益诉求等方面的差异，容易造成环境行动的非一致性甚至环境利益冲突，致使合作行为难以发生。而在代议制民主体制和传统官僚体系背景下，公民环境决策参与缺失和沟通渠道缺乏也弱化了环境治理政策及行为的合法性和正当性，降低了公民对公权力的信任，导致治理实践中的非合作化博弈行为。环境领域中的协商民主意在开放合作的条件下，建构一种鼓励公民参与、尊重多样化差异、追求生态公正和强化环境责任的良性互动运行机制，对环境治理问题进行广泛地协商、谈判，就其涉及的权力、利益、责任等达成共识，促进集体合作行为的形成。协商民主突破了公民参与环境决策的制度化瓶颈和结构化困境，特别是在决策中的沟通交往缓解了精英主体与公民之间的信息不对称、缩小主体之间的环境利益认知差异，无法满足公民对决策合法性预期，并有利于赢得公民的支持并提升决策执行的效果。除此之外，诉诸环境公共利益的民主协商制度安排在对话过程中加强对自我利益追求的理性反思和环境公共责任的现实认知，明确各参与主体的责任感和使命感，为环境协同治理提供了重要条件。因此，协商民主既突出了公民参与的主体性、多样性和公共理性，又使主体之间相互理解、凝聚共识，形成协同合力，为环境治理的路径选择提供了思路与启示。

三、协商民主与公民环境权益治理逻辑

协商民主既是民主治理的新形式，也是民主权利实现的新保障。习近平总书记指出："人民是否享有民主权利，要看人民是否在选举时有投票的权利，也要看人民在日常政治生活中是否有持续参与的权利；要看人民有没有进行民主选举的权利，也要看人民有没有进行民主决策、民主管

---

① 陈家刚：《生态文明与协商民主》，《当代世界与社会主义》2006年第2期，第82页。

理、民主监督的权利"①。从民主的参与意蕴来看,公民环境权可以视为是公民权利在环境公共治理与决策中的体现与扩展,这种权利的实现依赖于设计一套良性的决策程序、参与机制及治理方式来推动。"从社会学角度,环境退化的深层要素在于现代发展过程中,依靠消耗自然资源获益的人群与依赖生态环境生存的人群之间在环境问题中的决策地位存有差异,各自发挥不同作用,因此,建设生态文明需多方参与"②。环境治理中的协商民主是公民环境权理论与民主参与理论的有机结合,它立足于自由平等的环境下拓宽公民环境决策参与机会影响环境公共事务,促进相互理解与合作,在环境政策制定与执行中实现并保障公民环境权。其运行机理在于:国家基于民主协作治理向社会放权,赋予公民及社会组织参与生态环境治理的权利。公民按照一定程序就环境权力和利益分配进行理性的讨论、对话和审议,达成一种倾向性生态理性共识,对经过协商达成的共识执行具有相应的责任监督机制,并且当这种共识出现损害或空白时有配套的补偿机制来完善。因此,"就本质而言,环境治理中实施协商民主就是实现、保障公民环境知情权、参与权、监督权和请求权的一种程序、原则、规则以及制度安排,是一种积极的环境公民权利,也是还权于民的新体现"③。

相比现行的代表制民主机制而言,以不断扩大公民参与为基础的协商民主机制可以制定出更民主和更理性的政策,更加符合公民环境权益治理需要。毋庸置疑,当前公民环境权益仍然是一种有待于公民个体去争取甚至斗争的潜在权利,这种权利的公共性、不可分割性等特征使其实现更多依赖于相关利益主体基于生态可持续性价值取向下的公共协商和公共理性,主体之间的相互交流、相互作用有利于培养公民生态共识,使他们既追求满足自己生存需要的环境权益,也会同时考虑其他个体及后代的生存

---

① 《习近平谈治国理政》第二卷,外文出版社 2017 年版,第 292 页。

② 王晓毅:《建设公平的节约型社会》,《中国社会科学》2013 年第 5 期,第 24 页。

③ 周珂、腾延娟:《论协商民主机制在中国环境法治中的应用》,《浙江大学学报(人文社会科学版)》2014 年第 11 期,第 26 页。

环境需要。协商民主对公民环境权的治理逻辑，是通过拓宽公民参与环境决策的途径和形式，亦即实践公民环境参与权而体现出来的。"协商是一种政治过程，其中，参与者自由、公开地表达或倾听各种不同的理由，通过理性、认真地思考，审视各种理由，或者改变自身偏好，或者说服他人，进而做出合理的选择"①。协商民主提倡诚意且理性的对话，所有的参与者都能自由发表意见并愿意考虑不同的意见，公开讨论集中的环境决策信息，有利于减轻或克服由政府官员、部分环境专家等精英代表自上而下作出投资决策或环境政策时的有限理性。通过制度化、程序化的途径环境决策信息公开交流给予不同群体利益表达机会，有利于实现和保障公民环境知情权。公民广泛参与环境治理协商意味充分尊重公民的主体核心地位和环境话语权利，在环境决策之前和事后执行中进行生态审议并且达成的生态共识使公民将服从于更有说服力的论点而不是其他强制性的力量。因此，环境治理中协商民主实践以一种积极宽容的态度解决环境冲突问题，它依托于建立开放、互动和平等的讨论平台，促进公民、政府、企业和社会组织等主体之间的理性反思，形成对环境问题认识的一致性和公共利益的长远考量，使公民的环境维权行动进入理性轨道，在沟通协商中有序地化解利益冲突。

第四节　基于协同治理理论的公民环境权益分析

一、协同治理理论的兴起及其内在意蕴

在信息化全球化分权化发展背景下，由于传统官僚制行政模式和碎片化公共管理模式无法回应经济社会发展新环境下公共事务日趋复杂性挑

---

① 陈家刚:《协商民主引论》,《马克思主义与现实》2004 年第 3 期，第 27 页。

战，治理理论与实践在 20 世纪 90 年代逐步兴起并深刻影响公共管理领域的改革探索，多中心治理、协同治理、民营化、整体性治理、合作治理、网络化治理、协作性公共管理等多个与治理相关的概念为理论界重点关注并成为公共问题的重要分析框架。其中，协同治理理论强调为了实现更为有效的管理，推动公私部门进行跨部门合作，发挥协同系统优势实现公共利益最大化运用到社会治理创新、生态环境治理、危机管理和公共服务供给等多个领域。西方国家以公私部门及公民等多元主体参与公共产品供给实践推动了协同治理内涵的研究与解析，先后提出 Joined-up Governance、Joint up Governance、Collaborative Governance 等关于协同治理的概念，本书根据国内学者田培杰的界定，将美国哈佛大学学者 Donahue 在 2004 年一篇名为《关于协同治理》（"On Collaborative Governance"）译为协同治理[1]。学者 Donahue 将"协同治理"定义为通过与政府以外的生产者共同努力，并与之共享自由裁量权的方式追求官方选定的公共目标[2]。其他学者如 Ansell 和 Gash、Culpepper 和 Chi、Mark T.Imperia、Zadek 等从不同的角度对协同治理的内涵进行解析，他们强调公共政策的集体决策与执行、协同各主体平等对话、主体的自主性和规则的共同制定等协同治理的内在逻辑，丰富和发展了协同治理的理论内涵。

由于西方国家改革探索实践差异以及协同治理内涵的丰富性多样性和外延的广泛性，协同治理仍然是一个较为模糊的概念，尚待形成统一清晰的理论框架。从现有理论分析与改革实践来看，协同治理理论至少包含了以下三个方面的内在意蕴：

第一，强调面对复杂的公共管理事务而产生，这是指协同治理产生的背景及其必要性。治理危机是 20 世纪 80 年代世界各国在全球化进程中面临的基本问题。这种危机的产生，"是与问题日益复杂，参与政策制定过

---

① 田培杰：《协同治理概念考辨》，《上海大学学报（社会科学版）》2014 年第 1 期，第 127 页。

② 田培杰：《协同治理：理论研究框架及分析模型》，上海交通大学博士论文，2013 年，第 34 页。

程中的政府以及市民社会的代理事务日益多样相联系的"①。具体而言，一方面是源于治理客观外部环境的变化。信息化与全球化大发展背景下，各种要素在全球范围内加速流动，原有的治理空间被打破，跨地域、跨部门等多种治理问题相继涌现，超越了单一主体管理的范围。经济社会发展的复杂性、不确定性和风险性不断增强，不断挑战现有的治理框架。"极端复杂与多样化是当今世界的特点（Dunsire 1993；Kooniman 1993），其中权力分散而不集中；任务趋同而不是细分或者分化；社会普遍要求更多的自由和个性化而不是一体化"②。英国著名学者霍金（Stephen William Hawking）较早地断言21世纪是复杂性世纪，复杂性时代各种要素通过交叉社会系统进行联系与互动，突破了以往固定的流动区域。德国著名社会学家乌尔里希·贝克（Ulrich Beck）认为"由工业社会的高度发展而导致的现代性对人类社会现存在的状态的每一个领域哪怕是很小的角度都带来了极大的不确定性因素"③。另一方面是传统以政府为单中心的公共事务管理模式日渐式微，政府垄断公共事务的做法不仅不能有效实现公共利益，反而因无法独立解决复杂问题使其公共性危机和效率危机急剧彰显。"工业社会陈旧的思维理念与调控模式将难以适应险象环生的风险社会，如何解决未来风险社会里的生态冲突与生态民主问题将决定社会管理机构的权威和声望能否在社会公众心目中长久树立并永葆风光"④。与此同时，社会治理主体多元化趋势日渐显现，利益结构的变化既对现有的治理模式提出了新的要求，也为协同治理的实现带来的潜在的合作伙伴。随着市场经济的发展建立的物质基础和经济社会治理权力下放，公民社会发展

①　俞可平：《治理与善治》，社会科学文献出版社2000年版，第128页。

②　［美］罗伯特·阿格拉诺夫、迈克尔·麦圭尔著，李玲玲、鄞益奋译：《协作性公共管理：地方政府新战略》，北京大学出版社2007年版，第22页。

③　［德］乌尔里希·贝克著，王武龙编译：《从工业社会到风险社会》，《马克思主义与现实》2003年第3期，第31页。

④　［德］乌尔里希·贝克著，王武龙编译：《从工业社会到风险社会》，《马克思主义与现实》2003年第3期，第31页。

进入良性轨道，公民、企业和社会组织等多个主体意识和独立自主性明显增强，其参与社会治理能力和利益诉求也呈现出新的局面。多元主体之间相互联系和相互依赖程度不断加深，多元主体共同参与公共事务治理成为全球治理发展的必然趋势，"政府、工商界和市民社会之间的合作正成为民族国家竞争力和国家繁荣的基本构成要素"[①]。这些都为传统管理模式向协调合作治理模式转型提供了实践基础和主体条件。

第二，强调多元主体基于共同目标愿景建构集体行动体系。治理本身是一项基于共同目标的集体行为过程，为了促进行动的一致性，首先必须建立符合各方利益一致同意的共同目标。协同是实现目标的一种手段，为了解决单个组织不能解决或者不易解决的问题，获得协同优势，各主体充分发挥各自在解决公共问题上的主动性积极性，提供良好的公共产品与公共服务，增进彼此的利益。因此，协同参与者往往也是利益相关者，促进和实现公共利益最大化是合作关系建立的共同愿景，是推动集体行动形成的动力。哈佛大学学者多纳休（Donahue）最早定义"协同治理"时，就提到了"官方选定的公共目标"，其他主体在目标的确定上也具有较大的发言权和影响力。弗兰克（Frank A.）和丹尼斯·威尔（Denie S.Weil）认为协同治理的精髓就是社会不同部门之间进行的一种新层次的社会与政治参与，以期更有效地满足当代社会的诸多需求，而这是这些部门靠一己之力所无法实现的[②]。在共同目标导引下，各主体组成多层次的协作系统和横向纵向相结合的多层次组织网络，根据公共问题解决需要进行信息沟通、资源调配、决策参与、民主协商和政策实施等活动，促成集体协作行动形成。

第三，强调主体之间在共同规则的基础自愿平等与协作。为了提升治理的有效性和合作的规范性，避免集体行动失败，协同治理必须得到制

① Gilles Paquet, *Governance Through Social Learning*. Ottawa: University of Ottawa Press,1999:214.

② John Donahue. *On Collaborative Governance*. Cambridge: Harvard University，2004:1.

度支持。西蒙·扎德克（Simon Zadek）强调协同治理中来自公共部门与私人部门的多方主体一起制定、执行和管理规则的重要性①。英国学者格里·斯托克（Gerry Stoker）也指出治理理论肯定涉及集体行为的各个社会公共机构之间存在着权力依赖，这种权力依赖的内涵之一就是"交换的结果不仅取决于各个参与者的资源，而且也取决于游戏规则以及进行交换的环境"②。这里所说的"游戏规则"实质上就是各主体共同遵守的治理规则或制度体系。换言之，协同治理本身也是一种制度性安排，这种制度安排必须通过多数人同意后才能生成有效的规则体系。与政府单独制定规则其他主体服从不同，系统协作各主体对于治理规则的制定具有同等的发言权，由行动各方在平等的基础上协商确定，获得大家认可。协同治理意味着存在着多个权力或权威中心，主体间依赖网络权威而不是政府权威进行非强制性权力的互动协作，政府部门、私营部门、社会组织和公民个人等可以通过充分的自由竞争、协商、谈判以及拟订契约来建立伙伴关系。在这个过程中，协同机制的建立受沟通、制度、信任、资源、共识和互助等多种因素的影响。

二、协同治理在中国生态环境治理中的探索

改革开放四十多年来，为了适应治理环境复杂性变迁和多元化发展趋势，破解经济社会发展过程中的治理困境，党和国家结合我国基本国情及不同治理领域的实际，在改革策略和政策制定层面持续进行着顶层设计，推动治理体制变革和理论实践创新，探索多元主体合作共治的中国特色社会主义国家治理体系，构建共建共治共享社会治理格局，推进治理体系和治理能力现代化，形成了中国特色社会主义治理思想，为协同治理

---

① Simon Zadek. *The Logic of Collaborative Governance : Corporate Rresponsibility*, *Accountability and the Social Contract*. Cambridge: Harvard University，2006:3.

② 俞可平:《治理与善治》，社会科学文献出版社 2000 年版，第 41 页。

理论注入了新的内涵。2004 年党的十六届四中全会提出"建立健全党委领导、政府负责、社会协同、公众参与的社会管理格局";2010 年,党的十七届五中全会从建立健全基本公共服务体系的角度提出"加强和创新社会管理";十八大报告进一步强调"加快形成党委领导、政府负责、社会协同、公众参与、法治保障的社会管理体制";党的十八届三中全会更是将"完善和发展中国特色社会主义制度,推进国家治理体系和治理能力现代化"作为全面深化改革的总目标;十九大报告作出"打造共建共治共享的社会治理格局。加强社会治理制度建设,完善党委领导、政府负责、社会协同、公众参与、法治保障的社会治理体制,提高社会治理社会化、法治化、智能化、专业化水平"重要论断;党的十九届四中全会通过的《中共中央关于坚持和完善中国特色社会主义制度推进国家治理体系和治理能力现代化若干问题的决定》提出"完善党委领导、政府负责、民主协商、社会协同、公众参与、法治保障、科技支撑的社会治理体系,建设人人有责、人人尽责、人人享有的社会治理共同体"。这一系列治理思想的发展与创新不难发现,党和国家的治理理念从原有的以单一行政手段为主的传统管控转向于以制度建设为基础的现代化治理,突出人民在社会治理中的主体地位,强化人民权益的制度保障,实现了治理权力和行为方式的深刻转变。习近平总书记指出,治理与管理一字之差,体现的是系统治理、依法治理、源头治理、综合施策。国家治理体制变革一方面显示出在党的领导下多元主体治理,强调民主参与、良性互动,激发主体活力,解决各自为战、条块分割、碎片化等问题;另一方面注重治理的整体性和系统性,强化治理的制度保障和治理主体治理能力水平的提升。新时代党中央治国理政新理念、新思想新战略内含了协同治理实践的中国智慧、中国方案,坚持以人民为中心的发展思想,在党的领导下完善多方参与的治理机制和结构,综合运用法治、德治和自治以及现代信息技术手段不断提升公共服务水平构成了协同治理中国实践的重要内容。

生态环境治理是国家治理的重要组成部分,推动环境治理体系和治理能力现代化是新时代深化改革发展的重要任务。党的十八大以来，党领导全国人民践行绿水青山就是金山银山的理念，深入推进生态文明体制改革，完善生态文明制度体系，促进人和自然和谐共生，环境治理体系和治理能力现代化建设迈开了新的步伐。由于生态环境的整体性、环境产品的公共性、环境形势的严峻性和单一主体环境治理失灵，加强生态环境协同治理是实现环境治理体系和治理能力现代化目标的主要路径。环境治理体系现代化建设要求在生态环境治理过程中正确地处理好政府、市场和社会之间的关系，以整体性、系统性和协同性思维，推进各个主体沟通与协商、共享与互补、认同与协作，形成政府、企业、公众和社会组织共同参与的环境治理结构体系，充分发挥市场机制、政府规制和社区自治对环境治理的互补优势，实现治理结构优化和协同增效的结果。环境治理体系现代化在于深化生态文明体制改革，改革环境治理权责配置，健全环境政策制度体系，克服政府单一环境治理碎片化、低效率缺陷，激活企业、公民和环境社会组织参与环境治理的动力与能力，构建共建共治共享的生态环境治理格局。环境治理能力现代化将治理体制机制优势转化为一种能力，提升生态环境公共产品供给服务、应对环境污染的治理水平。这种能力包括环境决策能力、环境政策执行能力、环境治理组织协调能力、环境治理制度创新能力、环境治理信息化应用能力等。全面推进环境治理体系和治理能力现代化的基础在于制度建设。《关于加快推进生态文明建设的意见》《生态文明建设总体方案》《中共中央关于坚持和完善中国特色社会主义制度　推进国家治理体系和治理能力现代化若干问题的决定》对生态文明制度体系建设作出了整体性系统性的规划，其制度设计明显展现出多元参与、权责统一、协同合作、共建共治共享等特点。例如，要求"更好的发挥政府的主导和监管作用，发挥企业的积极性和自我约束作用，发挥社会组织和公众的参与作用，构建产权清晰、多元参与、激励约束并重、系统完整的生态文明制度体系。"再如，完善环境经济政策引导各类主体积极投身生态文明建设，建立污染防治区域联动机制，严格实行生态环境损害赔偿制度，建立地区间横向生态保护补偿机制等，主体协同、制度协同和机制协同将有效推进环境治理体系和治理能力现代化。

三、协同治理理论在公民环境权益保障中的适用性

协同治理的本质是对复杂性公共事务处理中主体关系协调，消除现实中主体间的隔阂与冲突，以最低的成本实现各方共同的长远利益，最终达到协同增效的目的。实现环境资源和环境治理具有典型的公共性，推动环境治理，实现环境公共利益的最大化是政府、企业、社会组织和公民等主体的共同利益所在，各主体客观优势与局限特征为协同合作提供了必要性和可行性。传统政府生态环境治理模式失效和市场自决型环境保护失灵早已被理论和实践所证实。如何积极回应环境公共事务复杂性挑战，有效克服单一治理所带来的环境公共产品供给不足、治理绩效低下等系列困境，一直是许多国家正在探索亟待解决的关键问题。由环境问题所带来的公共福利损失、公民环境权益恶化等现实困境也在促使各国政府在改变现有的环境治理模式，寻求适应现有治理环境、依赖于多个行动者合作化行为的治理策略。协同治理理论倡导多元化、网络化、公共参与和协商合作等治理理念及运作逻辑，符合环境公共治理从一元化向多元合作共治的转型要求。将协同治理战略和方法引入到公民环境权益保障过程，通过政府、企业、社会组织和公民个人等多元要素参与生态环境的合作治理，使混沌无序的环境利益冲突系统中的各要素转变为有一定规制引导、有序的、相互协作的自组织状态，对于实现和维护公民环境权益具有重要的战略意义和现实价值。另外，环境权的整体性和公共属性，不仅关系到个体生存权和发展权，它同时作为公共权利更多的关系国家乃至整个人类社会的发展。因此，协同治理理论与国家生态环境治理、公民环境权益保障具有内在的契合性，生态环境协同治理、全民共建共治共享是实现公民环境权益的必由之路。就我国而言，虽然当前实施环境协同治理的社会基础和其他

条件明显不足,尚不能构建起运行充分的环境协同治理模式。但是,政府单中心环境治理乏力和环境利益冲突日趋激烈的基本现实,要求政府必须看到中国公民社会的成长、政治环境改善对于环境治理变迁的作用力,遵循社会治理发展规律和生态环境治理自身规律,推动环境治理去中心化,走向合作治理。

在社会分工日趋精细化、利益日趋多元、问题日趋复杂的现代社会,协同治理作为一种治理战略和路径,已广泛引入公共管理的多个领域。不同于传统公民权益保障中将政府作为唯一权威中心和独立的责任性主体,公民环境权益保障协同治理结构和治理层次都呈现出新的特点。在治理结构上,网络化是其最基本特征,由网络化的治理结构改变了传统的权力运行模式、组织方式、决策体制和主体之间的关系。毋庸置疑,政府仍然是公民环境权益保障的重要责任主体,它通过系统制度安排和政策制定执行来实现环境权益保障,特别是一旦出现权益遭受侵害或环境利益冲突时,政府部门必须通过适当的行政干预和法律救济来履行其公共责任。除了政府之外,企业、社会组织和公民等主体在治理结构中同样也分享治理权力,并且这种治理权力分享与他们所承担对责任是相对等的。政府与其他治理主体不是管理与被管理、管理与被管理关系,而是服务于共同环境利益的一种制度化平等良性互动协同合作关系。国家权力格局的变化使权益保障在组织体制上要结束条块分割严重、整体联动困难的等级式僵化组织运转模式,向适应信息化和民主社会发展要求的扁平化、弹性化的网络互动模式转变,主体间应拥有互动有稳定的、多样化的合作平台。公民环境权益诉求能够及时得到政府的回应,社会组织在环境问题上拥有与政府、企业对话的渠道和展现自己治理能力的空间,公民与企业有稳定的联系、互信基础并为长远环境利益愿景而共同努力。在决策模式上,协同治理意味着决策的开放性,各个利益相关者特别是社会公民都有利益表达的机会,公民将以理性、合法的方式表达自己的环境权益意愿而推动决策的科学化民主化,公民的有效参与将减少政府单方面决策风险和提升环境治理绩效。当然，公民环境权益保障协同治理层次也是多元的，既有全球性的也有地区性的。具体可分为全球性的协同治理、民族国家之间的协同治理和国家内部的政府、企业、社会组织和公民之间横向纵向协同治理。作为一个国际性问题，环境治理远远超出了一个主权国家的范畴，协同治理具有国际属性，它是跨越国家边界的。对于大多数国家而言，当前重点的是要解决国内层面的多元主体间协同合作问题。

第二章
我国公民环境权益保障协同治理的现状调查

公民环境权益保障协同治理的产生、形成与发展是随着生态环境形势变化、公民环境权益意识觉醒、国家环境治理变迁和环境参与行为增强而不断推进的。基于上述因素对公民环境权益保障协同治理的影响，运用问卷调查研究我国公民环境权益意识水平、环境信息权满足、环境风险感知、环境参与行为意向及其内在关系；运用实地访谈分析引发环境群体性事件的因素、地方政府应对环境维权的策略、不同主体对待环境利益冲突的态度以及公众参与环境治理的效果；运用案例分析地方政府环境协同治理的成功经验与缺陷，实证分析我国公民环境权益保障协同治理的基本现状、公民环境权益诉求及环境维权行为特征、不同环境利益冲突治理方式、治理效果及面临的困境等，为公民环境利益保障协同治理现状研究提供依据。

第一节　公民环境权益意识与参与行为问卷调查分析

一、研究目的

公民参与环境事务是建立在对环境状况、环境政策等一系列认知、价值、意向和愿望等基础上的，也就是说公民环境参与行为选择与环境意识具有显著相关性。国内外相关研究成果证明，公民环境行为的选择与社会价值观、受教育水平、环境风险程度的感知、环境道德规范等关联较大。我国公民对自己依法享有环境权益的认知、理解以及采取何种方式有效行使和维护自己的权益，并且使自己的维权行为规约于法律法规之中，是环境权益协同治理所要研究的重要内容。它涉及环境合作治理中行动的价值取向、现实需求、合作意愿和协同障碍等。为了深入了解公民生态文明意识、环境权益的认知、环境参与态度、环境维权行为选择和政府环境利益冲突治理方式等情况，进而研究公民环境权益的关注度、冲突的生成、环境维权行为、主体间互动行为及其相关影响因素的关系，合理评估阻碍主体合作的结构性因素，寻求突破合作治理困境的路径，依据协同治理的内在机理，进行调查设计。

二、问卷设计

国内外一些学者对公民环境权益意识及环境参与行为作过理论分析与实证研究，能为本问卷设计提供相关参考。以本课题的研究对象为基础，通过文献梳理总结公民环境权益意识影响因素的指标体系（见表 2.1），基于环境利益冲突中的环境意识与环境维权行为、政府环境治理政策与行为之间的内在逻辑关系等，将问卷内容设定为三部分构成：受访者的基本信息；公民对生态环境的关注；公民对环境权益的关注与环境行为，共设置 44 个测度指标变量（具体见附录 A）。

表 2.1 公民环境权益意识与参与行为影响因素的指标体系
Tab.2.1 The indicator system influencing citizens' awareness of environmental rights and interests and their participatory behavior

一级指标	二级指标	指标来源
环境满意度	公民参与环境治理、满足人对环境的期望	文献 [149]、文献 [228] 文献 [231]、文献 [170]
	公民对自然环境（水体、气体等）满意程度	文献 [230]、文献 [349]
	公民对居住环境（社区环境）满意程度	文献 [229]、文献 [230]

（续表）

一级指标	二级指标	指标来源
环境认知水平	心理因素：环境价值观影响下的亲环境行为	文献 [232]、文献 [153]
	社会因素：个体受教育程度和对环境知识的掌握	文献 [69]、文献 [233]
过去行为	过去直接行为产生的影响	文献 [350]、文献 [351]
	过去所经历过的行为间接产生的影响	文献 [235]、文献 [154]
行为态度	个体对待环境问题的态度导致的行为差异	文献 [234]、文献 [305]
信息来源	环境事件的舆论信息内容对个体行为影响	文献 [150]、文献 [151]
	信息源本身性质产生的影响	文献 [352]、文献 [71]
个体特征	个体年龄、性别、收入、受教育程度等	文献 [230]、文献 [353]

从环境认知、环境满意度、信息来源、过去行为和行为意向等五个方面考察公民环境权益意识及环境参与态度，主要涉及公民对现有生态环境问题的总体感觉、对目前环境治理的满意程度、政府环境治理行为评价、环境信息的获取、参与环境保护和环境维权的方式等。具体可以从以下几个维度进行划分：

个体特征：主要从性别、年龄、学历、职业和生活区域考察其对环境关心与行为的影响。相关研究表明，性别对环境诉求性参与行为具有统计显著性影响、年龄公民信息性参与有影响、教育程度对公民信息性参与有显著影响[1]。

环境认知：主要指公民环境知识了解程度和环境污染及治理方式的感知度。学者张萍等认为环境知识与环境行为具在较为显著的正相关关系[2]；洪大用等指出环境知识是影响环境关心的重要中介作用，更高的环境知识水平明显提升环境关心水平、私域与公域环境行为参与水平[3]。以环境认知为核心内容，将此变量设计以下几个问题："您对生态环境知识的了解程度如何""您认为目前我国最大的生态环境问题是什么""您认为公民环境权利保护难的主要原因是什么""您认为我国解决生态环境

---

[1]　周志家：《环境保护、群体压力还是利益波及：厦门居民 PX 环境运动参与行为的动机分析》，《社会》2011 年第 1 期，第 18 页。

[2]　张萍、晋英杰：《我国城乡居民的环境友好行为及其综合影响机制分析——基于 2013 年中国综合社会调查数据》，《社会建设》2015 年第 4 期，第 16 页。

[3]　洪大用、肖晨阳等：《环境友好的社会基础——中国市民环境关心与行为的实证研究》，中国人民大学出版社 2012 年版，第 215 页。

问题最重要的是什么""您认为造成目前生态环境问题的主要责任者是什么""您觉得我国公民生态环境权利意识如何""您认为目前公民保护环境的态度"等。提出以下假设:

H1:公民环境认知水平影响环境参与行为。

环境满意度:主要指公民对周边环境状况的态度和环境治理效果的主观性评判。一般而言,公民环境满意度会影响其环境参与行为,学者陈卫东等认为公众参与过程和结果的有效性会显著地促进环境治理满意度的提升[1]。Shi 发现公民环境认知的负向影响环境满意度。聚焦环境感知与环境满意度的相关性,设置以下几个问题:"您对周围生态环境的态度如何""你认为近年来我国政府对生态环境治理的效果如何""你对所在地区生态环境建设是否满意""您认为我国生态环境现状如何""你认为生态环境事件(如雾霾、沙尘暴、水污染)对你工作或生活影响""您认为民间环保组织的生态环境保护行动效果如何""您对环保部门的行政执法能力"(信任度)等。提出以下假设:

H2:公民环境满意度对环境参与意向具有影响。

信息来源:主要指公民获得相关环境信息的渠道及其满足程度,其本身涉及公民环境知情权的保障问题。学者 Fiona Duggan 和 Linda Banwell指出信息源本身的性质是影响信息传播过程的重要外部因素[2]。童志锋认为随着互联网和社会媒体的发展对环境运动的社会动员和公共舆论方面影响深刻,网络群体拥有的环境话语权在增加[3]。陈涛也强调互联网的介入凸显并提升了他们的环境维权能力,并相对削弱了地方政府与污染企业

---

① 陈卫东、杨若愚:《政府监管、公众参与和环境治理满意度——基于 CGSS2015 数据的实证研究》,《软科学》2018 年第 11 期,第 49 页。

② Fiona Duggan, Linda Banwell."Constructing a Model of Effective Information Dissemination in a Crisis". *Information Research*, 2004, 5(3):178-184。

③ 童志锋:《互联网、社会媒体与中国民间环境运动的发展(2003—2012)》,《社会学评论》2013 年第 4 期,第 52—62 页。

对公民的限制和打压[1]。聚焦信息获得渠道及信任度，设置以下几个问题："您获得生态环境信息的主要渠道是什么""您认为政府环境信息公开程度""政府环境信息公开信任度"。提出以下假设：

H3：信息来源对公民环境参与能力具有影响。

过去行为：一般而言，过去的行为态度及其结果会影响未来行动选择。学者任丙强发现农民环境维权初始阶段往往是理性利益表达，当得不到地方政府有效回应时，维权转入了"闹大"阶段[2]。Lin指出，当人们感知到某行为有价值且令人愉悦时，他就更有可能采取这个行为[3]。以被调查者过去行为经历或态度为考察点，设置三个问题："您是否向有关部门（政府、媒体、责任单位）反映环境问题""您对近年来一些地方发生的环境群体性事件的态度""您过去参与过各类社会组织开展的环保活动么"。提出以下假设：

H4：过去行为对公民环境参与意向具有影响。

行为意向：主要指个体是否采取某种行为时内心对于此行为利弊得失的总结。学者罗亚娟认为环境纠纷产生的初始阶段，农民习惯性地进行依情理维权，具有寻求调解的偏好[4]。王丽丽、张晓杰指出主观规范通过个体规范及感知行为管理对城市居民参与环境治理行为意向产生间接正向影响[5]。对于环境治理和解决环境利益冲突的行为倾向，设置以下几个问题："当您受到环境污染的侵害时，您认为最有效的解决途径是什么""您

---

[1]　陈涛：《中国的环境维权：一项文献研究》，《河海大学学报（哲学社会科学版）》2014年第3期，第40页。

[2]　任丙强：《农村环境维权事件与地方政府治理危机》，《国家行政学院学报》2011年第5期，第98—102页。

[3]　Lin H F. "Effects of Extrinsic and Intrinsic Motivation on Employee Knowledge Sharing Intentions". *Journal of Information Science*, 2007, 33（2）:135-149.

[4]　罗亚娟：《依情理维权：农民维权行为的乡土性——基于苏北若干村庄农民环境维权的经验研究》，《南京农业大学学报（社会科学版）》2013年第3期，第26—33页。

[5]　王丽丽、张晓杰：《城市居民参与环境治理行为的影响因素分析——基于计划行为和规范激活理论》，《湖南农业大学学报（社会科学版）》2017年第6期，第92—98页。

认为，近年来政府在推动生态环保建设方面应该做哪些改进""环境事件爆发后，如果您的健康或财产受到了伤害，您会采取什么方式维护自己权益""当你看见破坏生态环境（如排污、乱倒垃圾、过度砍伐树木等）行为时，您会怎么做"。提出以下假设：

H5：公民偏向于采取合作态度解决环境利益冲突问题。

三、样本获取

本次调查在江苏省苏南地区展开。根据江苏省统计局统计分类标准，可以将江苏省划分为"苏南""苏中""苏北"三部分。其中"苏南"包括5个设区地级市：南京市、苏州市、无锡市、常州市、镇江市。根据统计学的方法，按照调查地区 0.05‰—0.1‰ 的比例进行抽样。苏南地区人口总数约为 3347.52 万，按照 0.06‰ 进行抽样，即合理的样本数量可设计为2000 份。

依据不同地市人口比例及城镇比重，各地市设计的抽取样本量如表2.2 所示。

表 2.2　江苏省苏南地区抽取样本数量设计分配（单位：万人、％、个）
Tabl.2.2　Sampling quantity, design and distribution in the southern regions of Jiangsu province

地区	总人口	城镇人口比重(%)	设计样本总量	城市样本量
南京市	833.5	82.29	520	425
无锡市	655.3	76	385	295
常州市	471.73	71.8	255	185
苏州市	1068.36	75.8	640	485
镇江市	318.63	70.5	200	145
合计	3347.52	76.39	2000	1535

调查过程中，对于 18 岁以下的未成年人不在本次调查的样本统计范围之内。本次调查共计发放问卷 2000 份，实际回收有效问卷 1917 份，问卷有效率 95.85％。具体抽样分布如表 2.3 所示。

表 2.3 江苏省苏南地区调查对象随机抽样样本数量分布（单位：份、%）

Tab.2.3 The respondents' quantitative distribution of random sampling in the southern regions of Jiangsu province

地区	城市样本量	农村样本量	总样本量	总样本量占比（%）
南京市	417	97	514	26.81
无锡市	295	100	395	20.61
常州市	174	60	234	12.21
苏州市	422	152	574	29.94
镇江市	145	55	200	10.43
合计	1453	464	1917	100

依据上述相关理论文献、问卷设计和假设，所有量表都采用李克特 5 点测量。问卷共设置 44 个测量指标变量，如表 2.4 所示。

表 2.4 公民环境权益意识与参与行为假设模型中的变量

Tab.2.4 Variables in the assumption models regarding citizens' awareness of environmental rights and interests and their participatory behavior

变量	测量语句（变量取值）
个体特征	X_{11}：性别（男 =1；女 =2）
	X_{12}：年龄（18—25 岁 =1；26—35 岁 =2；36—45 岁 =3；46—60 岁 =4；60 岁以上 =5）
	X_{13}：学历（初中及以下 =1；高中或职业高中 =2；大专 =3；本科 =4；研究生及以上 =5）
	X_{14}：职业（企事业单位普通职工）=1；企事业单位较高层次的技术人员或管理人员 =2；企业主（私营企业老板、个体工商户等）=3；退休人员 =4；在校学生 =5；教师 =6；农民 =7；网络媒体工作者 =8；公务员 =9；其他 =10
	X_{15}：2018 年的月平均收入（2000 元以内 =1；2000-3500 元 =2；3501-6000 元 =3；6001-8000 元 =4；8001-12000 元 =5；12000 元以上 =6）
	X_{16}：家中是否有 18 周岁以下（未成年人）（有 =1；没有 =2）
	X_{17}：家中是否有 60 周岁以上的老人（有 =1；没有 =2）
	X_{18}：婚姻状况（已婚 =1；未婚 =2）
	X_{19}：上网是否方便（是 =1；否 =2）
环境认知水平	X_{21}：您对周围生态环境的关注程度如何？（非常关注 =1；比较关注 =2；无所谓 =3；不太关注 =4；完全不关注 =5）
	X_{22}：您觉得我国公民生态环境权益意识如何？（很强 =1；较强 =2；一般 =3；较弱 =4；很弱 =5）
	X_{23}：您对生态环境知识的了解程度？（非常熟悉 =1；比较熟悉 =2；一般熟悉 =3；不太熟悉 =4；完全不熟悉 =5）
	X_{24}：您认为目前公民普遍愿意参与环保的积极程度？（非常积极 =1；比较积极 =2；一般积极 =3；不太积极 =4；非常不积极 =5）

变量	测量语句（变量取值）
环境认知水平	X_{25}：您认为造成目前生态环境问题的过程中，政府部门负多大责任？ X_{26}：您认为造成目前生态环境问题的过程中，企业组织负多大责任？ X_{27}：您认为造成目前生态环境问题的过程中，公民个人负多大责任？（完全责任=1；有较大责任=2；一般=3；负较小责任=4；完全没有责任=5）
环境满意度	X_{31}：您认为我国生态环境现状如何？（非常好=1；比较好=2；一般=3；比较差=4；非常差=5） X_{32}：您认为近年来我国政府对生态环境的治理效果如何？（成效显著=1；较有成效=2；一般=3；几乎没有成效=4；完全没有成效=5） X_{33}：您对所在地区生态环境建设是否满意（非常满意=1；比较满意=2；一般=3；不太满意=4；非常不满意=5） X_{34}：您认为民间环保组织的生态环境保护行动效果如何？（很有效果=1；比较有效果=2；效果一般=3；几乎没有效果=4；完全没有效果=5） X_{35}：您对环保部门行政执法能力的信心？（非常有信心=1；比较有信心=2；一般=3；不太有信心=4；没有任何信心=5） X_{36}：您认为政府对于保障公民环境权利的态度如何？（非常重视=1；比较重视=2；一般=3；不太重视=4；非常不重视=5） X_{37}：您认为政府在环保信息方面的公开程度如何？（完全公开=1；比较公开=2；一般=3；公开程度不足=4；根本不公开=5）
过去行为	X_{41}：您过去参加过各类社会组织开展的环保活动吗？[总是积极参与=1；经常参加=2；偶尔参加=3；只有过一两次经历（非常少）=4；从未参与过=5] X_{42}：环境问题是否曾经对您的工作或生活造成影响（有很大影响=1；有一些影响=2；一般=3；几乎没有什么影响=4；完全没有=5） X_{43}：您对社会上发生的因环境污染问题而引发的群体事件，是否有过关注？（非常关注=1；比较关注=2；一般=3；不太关注=4；完全不关注=5） X_{44}：您是否曾经向有关部门（政府、媒体、责任单位）反映环境问题？（经常反映各种问题=1；只反映与自己有直接关系的问题=2；很少反映=3；从来没反映过=4）
行为态度	X_{51}：当受到环境污染侵害时，您认为要求政府有关部门解决这一途径是否有效？ X_{52}：当受到环境污染侵害时，您认为向法院起诉这一途径是否有效？ X_{53}：当受到环境污染侵害时，您认为向新闻媒体反映这一途径是否有效？ X_{54}：当受到环境污染侵害时，您认为向居委会（社区工作站）反映这一途径是否有效？ X_{55}：当受到环境污染侵害时，您认为组织或参与维权活动直接向有关部门施压这一途径是否有效？（非常有效=1；比较有效=2；一般=3；不太有效=4；没有效果=5） X_{56}：您对近年来有些地方（如厦门、启动、什邡）发生的群体性事件的态度如何？（强烈支持=1；一般支持=2；无所谓=3；一般反对=4；强烈反对=5） X_{57}：网络舆情、新闻报道或朋友的劝说，对我是否参与群体事件的影响？（影响很大=1；有些影响=2；一般=3；几乎没有影响=4；完全没有影响=5）
信息来源	X_{61}：政府部门或街道（村委会）、社区（居民小组）发布的信息是可信的？ X_{62}：网络媒体传播的信息是可信的？ X_{63}：亲戚或朋友口语传播的信息是可信的？ X_{64}：电视媒体、报纸杂志传播的信息是可信的？ X_{65}：企业自行发布的信息是可信的？（非常信任=1；比较信任=2；一般=3；不太信任=4；非常不信任=5）

变量	测量语句（变量取值）
行为意向	X_{71}：当您听说生态环境事件后，您的第一反应的情绪如何？（非常愤怒 =1；比较愤怒 =2；一般 =3；有些愤怒 =4；不愤怒 =5）
	X_{72}：当您的居住地周围，发生了严重生态环境问题后，您可能参与生态群体性事件的程度（绝对支持并参与 =1；比较支持并考虑参与 =2；一般支持 =3；不太支持且不参与 =4；非常不支持且坚决不参与 =5）
	X_{73}：当您的居住地周围，发生严重的生态环境问题后，您可能劝说他人参与群体性事件的可能性？（非常有可能 =1；比较有可能 =2；一般 =3；不太可能 =4；非常不可能 =5）
	X_{74}：当您的居住地周围，发生严重的生态环境问题后，您可能在网络上参与舆情讨论，并发表个人观点及言论的可能性程度？（非常有可能 =1；比较有可能 =2；一般 =3；不太可能 =4；非常不可能 =5）
	X_{75}：当您通过某种渠道，得知生态环境群体性事件后，您主动继续了解详细情况的可能性？（非常有可能 =1；比较有可能 =2；一般 =3；不太可能 =4；非常不可能 =5）

四、数据分析

第一，受访者的基本特征。本次调查共计发放问卷 2000 份，实际回收有效问卷 1917 份，问卷有效率为 95.85%。统计显示，受访者均为本地公民或常住人口。受访者中，女性多于男性。受访者中，58.06% 的受访者为女性，多于男性；受访者学历层次分布合理。本科学历的受访者在样本总量中居多，占 44.05%。大专学历占比 23.79%。高中学历占比 19.77%。高学历（研究生及以上）和低学历（初中及以下）的受访者均相对较少；企事业单位员工是主要受访者。36.15% 的受访者为企事业单位普通员工。其次，在校学生在样本总量中占 26.34%。其余职业的受访者，占比均相对较少。职业分布在样本总量当中分布广泛，涉及各种行业，具备代表性；月平均收入水平集中在 3501—6000 元之间。收入水平在每月 3501—6000 元的受访者占比为 29.79%。月收入水平在 2000 元以内的，有 24.73%，其中包括学生受访者。收入水平为 2000—3500 元以及 6001—8000 元的受访者比例相近，分别为 15.28% 和 15.91%。绝大部分受访者方便上网。96.71% 的受访者表示方便上网。这对于调查中了解样本个体对网络信息渠道、网络舆情及网络信息对个体的影响，提供了可能性。受访者的样本特征与苏南地区的人口特征基本吻合，反映了样本具有较好的随机性，具备支撑研究结论的可靠性。

第二，信度和效度检验。运用 SPSS 23.0 对样本数据进行信度和效度检验。结果显示，克伦巴赫系数 α（Cronbach's Alpha）为 0.777，折半信度系数（Guttman Split-Half Coefficient）为 0.611。表明样本数据内部一致性较高；因子分析适当性检验的 KMO 值为 0.835，大于最低标准 0.5；Bartlett 球形检验的近似卡方值为 19971.132，显著性水平 < 0.001，拒绝零假设，表明原始变量间有共同因素存在，适应使用因子分析法。

第三，因子分析与因子个数确定。对变量表中的各个维度进行探索性因子分析。由于各变量之间存在相关性，为使得各项指标在各类因子上的解释明显，根据 0.5 原则，采用旋转法确定各个因子包含的条目个数。采用具有 Kaiser 标准化的四分旋转法，发现以下结果：

个体特征：克伦巴赫系数为-0.273，折半系数为-0.131，均未达到显著水平。说明样本内部数据一致性差，处于不可接受的范围。因子分析适当性检验 KMO 值为 0.618，大于 0.5，但由于数据信度分析结果差，不认为该组数据具备较强的相关性，数据不理想。因此将该维度删除。

环境认知水平：通过因子分析，提取了二个有效因子，第一个有效因子中，X_{22}、X_{24} 的因子载荷 >0.6，第二个有效因子中，X_{21}、X_{23} 的因子载荷 >0.6。方差解释比为 70.546%。即该维度变量为 X_{21}、X_{22}、X_{23}、X_{24}。

环境满意度：通过因子分析，得到两个有效因子。第一个因子中，变量 X_{31}、X_{32}、X_{33}、X_{34} 的因子载荷 >0.6，第二个因子中，变量 X_{35}、X_{36}、X_{37} 的因子载荷 >0.6。且两个因子的克伦巴赫系数均大于 0.7。方差解释比为 65.259%。即该维度变量为 X_{31}、X_{32}、X_{33}、X_{34}、X_{35}、X_{36}、X_{37}。

过去行为：通过因子分析，抽取两个有效因子，在第一个有效因子中，X_{41}、X_{44} 的因子载荷 >0.6，第二个有效因子中，X_{42}、X_{43} 的因子载荷 >0.6。方差解释比 69.640%，且信度和效度均显著。即该维度变量为 X_{41}、X_{42}、X_{43}、X_{44}。

行为态度：通过因子分析，提取出两个有效因子，在第一个有效因子上，X_{51}、X_{52}、X_{53}、X_{54} 的因子载荷 >0.6，在第二个有效因子上，X_{56}、X_{57} 的因子载荷 >0.6。由于第二个有效因子的克伦巴赫系数为 0.347，未达到显著水平，故删除第二个有效因子。删除其余选项后，方差解释比为 49.676％。删除载荷因子最低的 X_{54} [(0.64（6）]，方差解释比为 57.379％。因此应删除 X_{54}。即该维度变量为 X_{51}、X_{52}、X_{53}。

信息来源：通过因子分析，抽取出 2 个有效因子，在第一个有效因子上，X_{61}、X_{64}、X_{65} 的因子载荷 >0.6，在第二个有效因子上，X_{62}、X_{63} 的因子载荷 >0.6。第二个因子的信度检验未显著，克伦巴赫系数为 0.491。方差解释比为 62.044％。因此，该维度的变量为 X_{61}、X_{64}、X_{65}。

行为意向：通过因子分析，仅提取了一个有效因子，X_{72}、X_{73}、X_{74} 在该有效因子上的因子载荷 >0.6。克伦巴赫系数和折半信度系数分别为：0.693 和 0.564。方差解释比 42.658％。删除载荷因子最低的 X_{74}（0.717）后，方差解释比为 77.030％。因此，该维度的变量为 X_{72}、X_{73}。

第四，模型分析与假设检验。

验证性因子分析：利用 SPSS 23.0 对上述五个维度进行信度和效度的检验，检验结果如表 2.5 所示。

表 2.5 影响公民环境权益意识与参与行为因素的信度与效度检验
Tab.2.5 Reliability & validity test of factors that affect citizens' awareness of environmental rights and interests and their participatory behavior

项目	项目数量	克伦巴赫系数	折半信度系数	有效因子数量	方差解释比率（%）
总体	26				
环境满意度	7	0.807	0.682	2	61.489
环境认知水平	4		0.528	2	70.546
过去行为	4	0.530	0.656	2	69.640
行为态度	3	0.628	0.521	1	57.379
信息来源	3	0.622	0.498	1	57.461
行为意向	2	0.786	0.795	1	77.030

从表 2.5 中可以看出，每个维度的方差贡献率与因子载荷都超过了 0.5。表明模型具有一定的代表性。

第五，整体模型结果。用 AMOS 19.0 软件对模型进行检验，整体拟合度检验结果见表 2.6 所示。

表 2.6　拟合程度评价
Tab.2.6　"Goodness of Fit" evaluation

综合拟合度指数	评价标准	实际拟合值	结果
GFI	>0.90	0.904	理想
PGFI	>0.50	0.680	理想
PCFI	>0.50	0.666	理想
PNFI	>0.50	0.654	理想

从表 2.6 中可以看出，假设模型整体拟合度较为理想，模型基本达到理想状态，说明假设模型与问卷调查数据具有契合性，假设模型有效。

各潜变量标准化路径系数见表 2.7 所示。

表 2.7　标准化回归系数
Tab.2.7　Standardized regression coefficient

			Estimate	S.E.	C.R.	Standardized Estimate	P
行为意向	<—	环境满意度	0.738	0.310	2.382	0.651	0.017
行为意向	<—	环境认知水平	0.862	0.355	2.428	0.674	0.015
行为意向	<—	过去行为	0.910	0.128	7.115	0.637	***
行为意向	<—	行为态度	0.114	0.072	1.586	0.087	0.113
行为意向	<—	信息来源	0.031	0.116	0.272	0.020	0.786

表 2.7 数据说明，环境满意度、环境认知水平、过去行为、行为态度和信息来源五个潜变量的标准化路径系数为 0.651、0.674、0.637、0.087、0.020。表明五个潜变量对公民选择参与环境保护行为的参与意向具有正向影响。假设 H_1、H_2、H_3、H_4、H_5 得到验证。各变量直接的协方差关系见表 2.8 所示。

表 2.8　各潜变量协方差关系系数
Tab.2.8　Covariance coefficient of each latent variable

			Estimate	S.E.	C.R.	P	Label
环境满意度	<—>	环境认知水平	0.222	0.013	17.004	***	
环境满意度	<—>	过去行为	0.104	0.010	10.548	***	
环境满意度	<—>	行为态度	0.118	0.010	11.455	***	

			Estimate	S.E.	C.R.	P	Label
环境满意度	<—>	信息来源	0.126	0.010	12.092	***	
环境认知水平	<—>	过去行为	0.114	0.010	10.938	***	
环境认知水平	<—>	行为态度	0.084	0.009	9.110	***	
环境认知水平	<—>	信息来源	0.081	0.008	9.796	***	
过去行为	<—>	行为态度	0.061	0.008	7.331	***	
过去行为	<—>	信息来源	0.044	0.007	6.541	***	
行为态度	<—>	信息来源	0.092	0.009	10.086	***	

表2.8数据显示，环境满意度与环境认知水平，过去行为，行为态度，信息来源的教育作用显著。这也符合客观规律。假设模型的路径分析结果见图2.1所示。

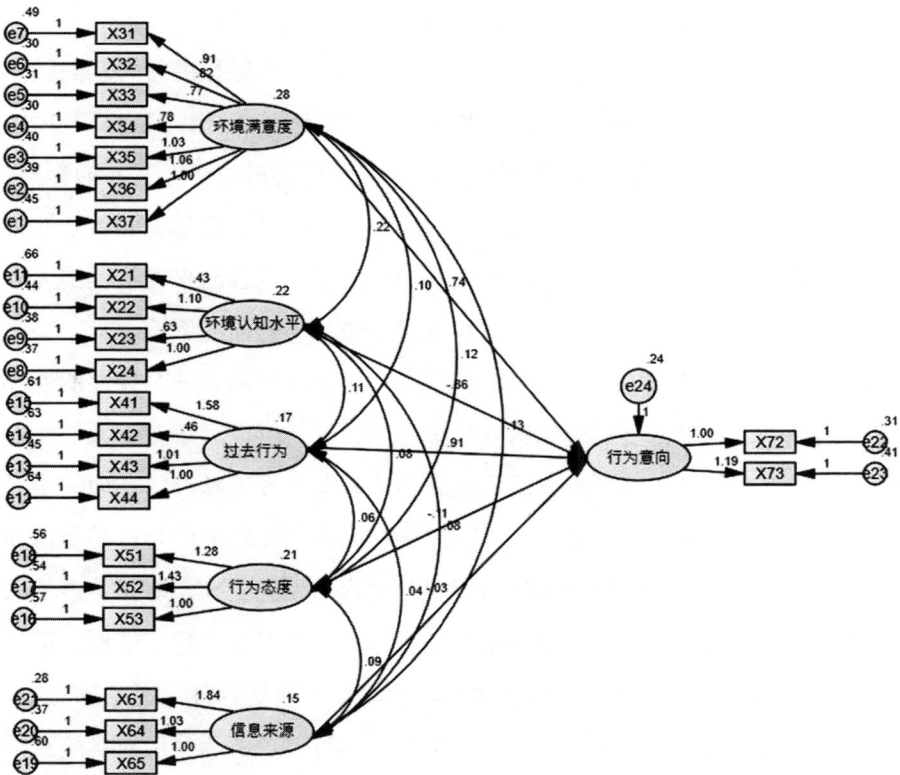

图2.1 公民环境权益意识与参与行为模型假设路径分析结果

Fig.2.1 Model assumption & path analysis results: citizens' awareness of environmental rights and interests and their participatory behavior

五、结果分析

本书以苏南地区 5 个地级市的调查数据为研究样本，通过结构方程模型探究公民参与环境保护的行为模型，结论显示，环境满意度、环境认知水平、过去行为、行为态度、信息来源对公民是否参与环保行为的意向具有一定影响。其中，环境认知水平的影响程度最大（标准化路径系数为 0.674）；环境满意度和过去行为对公民是否参与环保的行为意向影响较为显著（标准化路径系数分别为 0.651 和 0.637）；行为态度和信息来源虽然对公民的行为意向有影响但影响程度较低（标准化系数为：0.087 和 0.020）。然而，个体特征对结果的影响并不显著。

具体而言，第一，环境认知水平对公民参与环境保护的行为意向影响最大，可以理解为，公民对于环境相关知识了解程度越高，对自身及周边所处环境的关注程度越高，越容易受到环境变化或相关环境事件的影响，从而参与到由此引起的相关行动中去。原因是公民对环境保护的重要性或环境污染行为越是了解，越容易发现其中的问题，越容易自发或受他人影响而产生实际行为。第二，环境满意度对公民行为意向的影响源自于公民对良好生活环境的需求。公民对于现有环境满意度越高，即对现在所处环境越满意，越难以接受比现场所处环境差的状况。可以理解为，人们在较为习惯或良好的环境下，难以适应被破坏或较差的环境状况，从而越容易自发或受影响产生实际行动。第三，过去行为则说明曾经参与过类似活动的公民，具有一定实践感知和经验积累，更容易受到引导，对相关事件的关注可能性也越高。第四，信息来源和行为态度虽然影响程度较低，但仍具有一定相关性。信息来源渠道越多，公民越容易受到环境舆论的影响，从而产生行为意向的可能。行为态度越满意，可以理解为公民对实施这类行为后的结果预期愉快，则越可能实施行为。但从相关性较弱而言，可以理解为，虽然信息渠道越多，但是多数公民不排除怀有"事不关己"的态度。如果并不是直接影响到自身利益，或者居住或工作周边发生的环境问题，则公民受信息渠道影响的可能性较弱。如果并非影响到自身所处环境，对行为实施的判断也不会具有较高的预期。第五，个体特征的克伦巴赫系数为−0.273，表明相关变量直接的内部一致性较低。说明个体特征中不同的属性，例如，年龄、性别、学历等难以在本研究中，作为一个独立的维度而对行为结果产生影响。

第二节　公民环境维权协同治理访谈分析

一、深度访谈设计与资料来源

根据国内环境冲突事件的影响程度、政府采取的治理措施及其不同效果，笔者选择湖南省 N 县反垃圾焚烧发电项目、江苏省 P 市铅中毒事件、浙江省宁波市 Z 区反化工项目建设事件为研究对象，采取一对一访谈、焦点小组等调查方式，对环境维权人员、政府部门管理者、NGO 工作人员、企业管理者等进入深入交流，获得研究的第一手资料。同时，实地考察江苏省 W 市、C 市三个垃圾焚烧发电建设项目，与周边居民进行座谈。除此之外，通过互联网收集媒体对相关案例的报道、政府相关管理文件以及微博、贴吧、博客等相关文章。

访谈采取半结构式访谈方法，围绕本研究内容的需要，在事先较为详细了解上述三个环境冲突事件全过程的基础上，拟定访谈提纲并依据开放性、灵活性原则，选取四个不同主体进行预访谈，根据所获取的访谈意见对提纲进行相应调整。在进入正式访谈前，向受访者发送访谈提纲并对所需要了解的内容进行解释说明，以便其对公民环境权益保障内涵有较充分的理解，然后进行正式访谈。主要访谈内容涉及以下几个方面（具体详见附录 B）：

一是针对政府管理人员的访谈内容：环境认知水平与法律意识、对企业排污行为的监督管理措施、与其他主体环境风险沟通情况、应对当地公民环境利益关心的态度与措施、影响公民环境利益项目的决策程序与行为、环境维权行为发生后政府治理经验教训的总结、政府部门公开环境信息的渠道与方式、地方政府与公民、环境社会组织和企业以及地方政府之间环境合作治理的意愿与行为选择、政府部门推动公民环境参与的措施与成效、落实中央环境治理政策程度与效果、对环境利益冲突治理的预期等。

二是针对环境维权人员的访谈内容：环境维权行为的目的和动员方式、环境风险认知与心理状况（区分"邻避型"环境利益冲突与"污染型"环境利益侵害维权）、环境维权行为选择、对政府与企业环境行为的信任状况、环境参与意愿、机会、能力和行为、面对环境风险或环境侵害与地方政府、企业和环境社会组织的沟通协调状况、环境维权的结果与反思、公民环境维权面临的困境、对地方政府环境冲突治理方式认可程度、获得环境信息的途径、对公民环境权益保障的期待等。

三是针对企业管理者的访谈内容：环境关心度与责任感、企业环保政策与投资状况、处理企业经济利益与环保责任之间关系的看法、面对当地公民环境利益诉求的态度与行为状况、落实政府环境治理政策的技术水平与效果、环境风险或环境损害的沟通方式、企业环境信息公开状况、环境污染损害赔偿意愿、环境污染合作治理态度、环境法律认知水平、应对相关环境利益冲突的措施等。

四是针对环境社会组织的访谈内容：组织成员环境专业知识水平和组织能力、参与环境治理活动范围、内容与方式、对待环境群体事件的态度与参与组织意愿、环境公益诉讼面临的困境、参与维护公民环境权益的途径、介入环境利益冲突的方式与成效、环境事件发生后与冲突相关方的沟通协调状况、政府对环境社会组织的支持情况、组织发展资源状况与制度环境、环境社会组织与政府之间的关系定位、对企业排污行为的监督状况等。

二、公民环境维权的复杂性与扩散效应

社会发展转型时期，经济快速发展引发社会急剧分化，社会再分配机制和权利保障机制未能有效建立，不同领域各种社会矛盾积聚，增加了公民环境维权的复杂性。调研发现，在事前预防型环境事件和事后救济型环境事件中，并非所有冲突行为都符合"侵权—维权"逻辑，"谋利型""情绪发泄型""污名化"等非理性"闹大"行为不在少数，有些冲突事件目标模糊，甚至没有明确的维权目标和科学依据，"弱组织化"特征明显，仅"为反对而反对"，发泄个体对基层政府的不满，存在着部分群众利用地方政府维稳压力来提升自己的话语权或获得其他利益。一些地区的反建行为在新媒体的介入和现代信息传播环境下产生了扩散与示范效应，网络的组织动员、虚假信息的传播容易激发非理性情绪，进而形成爆发式群体效应。

当然，对于不少环境受损者而言，维权并不是其最终目的，而是期待有关部门对他们的利益诉求有足够的重视，"讨个说法"或给予其合理补偿。冲突潜伏时期，环境受损群体大多信访、投诉等体制内进行，希望与政府、企业交涉查清污染损害事实，承担相关责任，这说明受损者还是希望通过协商合作解决问题。尝试走司法途径、依法维权往往是环境受损群体的最初想法。如果基层政府不作为、司法机关的沉默，有可能使受损群体不满情绪升级，使得事态变得更加严重。我们需要进一步扫清公民环境权益保障协同治理中的体制机制性障碍。

三、地方政府维稳抑或维权的两难抉择

公民环境维权事件偶有发生，使地方政府不仅面临短期经济增长与长远环境保护之间的两难选择，而在"对上负责"的压力型行政管理体制下，群众的越级上访或"闹大"维权行为给地方政府施加了不小压力，地方政府在维稳抑或维权选择上陷入难以抉择的尴尬境地。在前期博弈阶

段，出于短期利益的考虑，一些地方政府对维权群体的环境利益表达以回避或置之不理的态度推脱责任。当体制内利益诉求表达受阻后，受害群体转向求助于媒体或非理性集体维权进行自力救济，而矛盾激化后地方政府又不得不进行被动式补救。

四、污染企业机会主义行为与压力下的反思

有些污染企业往往利用多元主体间环境信息不对称产生机会主义行为，特别在市场竞争日趋加剧的压力下，为了获得更多的利润而赢取市场竞争优势，污染企业倾向于损害周边居民的环境利益，并且这种机会主义行为也因与地方政府形成的权力利益关系网络得到默许或暗向支持。因此，在环境利益冲突尚未全面激化前，面对环境受损者分散化的维权行为，一些污染企业会采取忽视或拒绝态度应对公民的环境利益诉求，或依靠利益输送寻求领导干部的庇护。受害者环境专业知识缺乏、证据收集的困难、诉讼费用高且程序复杂也容易激发污染企业机会主义行为，从而逃避社会责任并将矛盾转移给地方政府。

调研中发现中央政府对生态文明建设的高度重视，不断加强对地方环保督察和问责力度，适当提升了公民对于环境治理的信心和信任，相比而言，公民举报企业违法排污行为的积极性和主动性增加。除此之外，中央加大惩治腐败的力度，治理环境的变化使地方政府与污染企业的利益共生关系有所松懈，特别是集体环境维权事态扩大升级后，地方政府为了息事宁人会向污染企业传导压力，要求停厂整顿并给予相应赔偿。环境冲突造成的零和博弈困境使企业负责人对当前的应对策略开始反思。

五、环境社会组织的缺位与体制依附性

作为公民参与环境治理的重要载体和组织者，环境社会组织是现代环

境多元协同治理的重要一元。自改革开放以来，随着我国政治机会结构环境大大改善，环保社会组织在环境执法监督、环境污染调查、环境公益诉讼和环境风险预防等方面的能力日渐成长。例如，怒江大坝工程停止建设和圆明园防渗工程的全面整改等典型案例显示出环境社会组织参与环境决策和社会监督的作用。但是，由于体制限制和自身能力的缺陷，环境社会组织在参与预防与治理环境利益冲突事件中，大多处于"缺位"状态，并未给予环境维权者提供足够的资金、技术、法律和组织支持。据不完全统计，近十年来环境群体性事件中仅有十余起出现了环境社会组织的身影，占比不到5%①。环境社会组织主要侧重于环境保护的宣传倡导活动，对于环境政治存在不少顾虑，大多持不支持或不反对的态度。

尽管近年来国家出台的《关于培育引导环保社会组织有序发展的指导意见》《环境保护法》相继提出对环保社会组织发展提供政策环境支持，鼓励其开展环境保护法律法规和环境专业知识普及宣传，但政府实行登记管理机关和业务主管单位双重负责、分级登记的管理体制还是限制了环境社会组织发展空间，参与政府决策缺乏程序保障。在参与方式上基本以政府邀请听证会、座谈会、研讨会为主，并借此表达环境弱势群体的利益诉求，但是，议事程序不健全和沟通渠道不畅导致其参与较为流于形式，难以构成对弱势群体实质性的社会支持，从而导致其处于身份合法性不足的尴尬境地。再者，不少环境社会组织的大部分经费来源来自政府部门拨款，进一步增强了其对政府权力的依附性。

由于对现有体制的依附性较强，环境社会组织在参与环境治理方面大多以开展环保宣传倡导活动为主，行使环境监督权方面仍然面临如何有效参与监督、政府部门如何应对其监督等不少问题。对于如何解决环境利益冲突问题，大多环保社会组织还是偏向于从长远的角度构建解决问题的机

---

① 张萍、杨祖婵：《近十年来我国环境群体性事件的特征简析》，《中国地质大学学报（社会科学版）》2015 年第 2 期，第 58 页。

制，维权只是手段，合作才能实现环境治理的目标。在各级政府逐步重视生态环境治理情景下，一些环保社会组织开始关注建立一个沟通协调机制，提高解决问题的效率。当然，环保组织自身能力建设在存在不少短板，调查中发现，除了少部分环保组织的活动经费来自政府的拨款外，大多数主要依赖会员缴纳会费和各种形式的民间募捐等，资金来源渠道的诸多障碍不仅限制了组织活动的开展，而且在人员系统培训、专业人员招募上面临激励性不足问题，由此导致化解环境利益冲突专业性支持欠缺，大多情况只能提供参考性建议或者情绪化意见，难以拥有更多的话语权。

第三节　公民环境维权事件协同治理案例分析

根据主题研究需要，选取太湖蓝藻事件和厦门 PX 事件两个具有代表性的环境治理案例。相关案例材料主要对各级政府政策文件、权威媒体新闻报道和学术研究文献整理而得，少部分通过实地调研补充。

一、河长制——属地责任与跨部门协同

案例概况：河长制是源于 2007 年无锡太湖蓝藻危机后地方探索的环境治理政策，由党政领导担任河长，协调整合各方力量，依法依规对其管辖范围内的河道、湖泊等进行责任整治与管理，以实现河道水质与水环境的持续改善，保障和促进经济社会的可持续发展①。河长制于 2007 年下半年在无锡开始试点，政府制定并下发《无锡市河（湖、库、荡、氿）断面水质管理目标及考核办法（试行)》和《中共无锡市委、无锡市人民政府关于全面建立"河（湖、库、荡、氿）长制"，全面加强河（湖、库、荡、

---

① 张嘉涛：《江苏"河长制"的实践与启示》，《中国水利》2010 年第 12 期，第 13 页。

沈）综合整治和管理的决定》等文件，明确主体责任和考核办法，将水质检测结果纳入政绩考核范畴。苏州、常州、淮安等市迅速跟进，同样实行党政一把手和行政主管部门主要领导责任制度。张家港、常熟等地区还建立健全了联席会议制度、情况反馈制度、进展督查制度等。2008年江苏省政府办公厅下发《关于在太湖主要入湖河流实行"双河长制"的通知》，15条主要入湖河流由省、市两级领导共同担任"河长"，江苏"双河长制"工作机制正式启动。2012年，江苏省政府办公厅印发了《关于加强全省河道管理河长制工作意见的通知》，在全省推广"河长制"。河湖流域生态环境改善明显。浙江、江西等省相继开展河长制探索，建立环境损害责任追究制度、制定标准规范和系统联动体系等[1]。2016年12月，中共中央办公厅、国务院办公厅印发了《关于全面推行河长制的意见》，提出建立河长制的总体要求、主要任务和保障措施。至2018年6月底，全国已有31个省份建立河长制，明确了省、市、县、乡四级河长30多万名，其中省级河长402人，59名省级党政主要负责同志担任总河长，各地还因地制宜设置村级河长（含巡河员、护河员）76万多名。河湖治理初步"见成效"，河长制制度优势初步显现[2]。

案例分析：河长制从无锡试点到全国开展实践并上升为国家环境治理制度，是对地方环境治理部门职责不清、执行困难和效率低下的反思与改革探索。一直以来，河湖的流域性、跨行政区域和多部门管理等是水治理面临的难题。因涉及多个利益主体，以水利部门和环保部门为主的科层制水域管理体制总是会遇到管理碎片化、协调失灵的困境，"九龙治水"问题多为人们所诟病。河长制在省级行政区域内不同行政部门党政领导担任"河长"，实行行政发包机制，成立河长制办公室等行政组织协调机构，建立信息通报制度、联席会议制度等协调机制，整合水利、环保、交通、

① 朱玫：《论河长制的发展实践与推进》，《环境保护》2017年第2期，第58—59页。
② 鄂竟平：《推动河长制从全面建立到全面见效》，《人民日报》2018年7月17日。

渔业、发改和财政等不同部门对河湖进行责任管理，强化政绩考核评价、环保问责和其他监督管理，对于解决部门各自为战、部门利益冲突和协调障碍问题具有较好的成效。将水污染治理、水环境质量改善与行政主管领导的政绩考核挂钩，实行"一票否决制"提升河湖流域治理可操作性，促使地方党政领导的注意力从片面的重视 GDP 增长适当转移到加强生态环境治理中来。不难发现，河长制制度探索立足于我国现行行政管理体制，依靠上级权威层层传导压力推动水治理跨地域、跨部门协作。这显示出我国环境治理行政主导下的路径依赖，符合当前我国仍然具有较强科层制管理情景。"'河长制'本质上是水环境责任承包制"①，通过属地责任激励提升水污染治理效率，太湖流域等水质量在较短的时间内明显改善也证明责任制促进行政执行力的效果。正如习近平总书记所指出，"生态环境保护能否落到实处，关键在领导干部。"②一些地区在水污染治理中根据实际不断完善河长制规划方案，整合各类治理资源，构建上下联动、左右互动的协调机制，体现环境协同治理的现实要求。另外，江苏等地在河长制推进过程中，公开河长信息、向环保组织购买服务、招募民间河长等，加强对河道环境综合整治的全过程监督，有助于引导社会力量协同共治。

但是，作为一项省级区域治理模式的变革和制度创新，河长制还存在一些问题或亟待完善的地方。一是对行政力量的过多依赖。河长制主要是通过环境问责倒逼机制促使行政首长利用管理权力调动和整合水环境治理资源改善环境质量，依赖于上级领导权威和外部行政压力，具有明显的行政强制性和人治色彩。面对职务晋升、考核创优等行政压力，"河长"会最大限度地利用行政自主权聚集资源开展运动式治理完成环境治理目标，这确实能够取得高效率的效果，但权力运用可能存在阶段性、不稳定性和过于集中等问题，与法治社会所倡导的程序性、稳定性相背离。由

---

① 王书明、蔡萌萌：《基于新制度经济学视角下的"河长制"评析》，《中国人口·资源与环境》2011 年第 9 期，第 9 页。

② 《习近平谈治国理政》第二卷，外文出版社 2017 年版，第 396 页。

于过多依赖于外部问责激励，对官员内部的自我约束、追求良好生态环境动力开发不足，官员有可能注重水质表面环境改善如打捞蓝藻、清理垃圾等，而忽视深度污染处理，形成治标不治本的环境治理手段。同时，河流治理投入程度取决于地方党政领导的关注度、主管负责人的个人喜好及其调动资源的组织领导能力，有可能导致"决策的随意性和行为后果的不确定性"[①]。二是企业和社会力量参与不足。河长制侧重于自上而下地推动行政系统内部职能整合与组织变革，相对忽视企业、环境社会组织等其他环境治理主体有效动员及主体力量发挥。虽然一些地方尝试引导企业、普通市民担任"民间河长"取得了部分成效，但对公民参与河湖治理的程序、具体环节和主体间衔接机制等方面仍缺乏整体性规划。例如，河湖治理绩效考核主要是行政管理体制内上级对下级考核，内部制定考核标准和问责处理，缺乏第三方考核评价机制和社会力量监督制约。并且，受利益关联的影响，上级对下级的考核是否真正做到了"一票否决"仍有待验证。工业污染是水体质量恶化的重要来源，河长制的执行应该考虑综合性政策工具如排污收费、产业结构调整和政府购买服务等强化企业履行环境社会责任。由此形成多元主体协调互补水环境治理局面，促进河长制执行的常态化。

二、厦门 PX 事件——民主协商与理性对话

事件概要：厦门 PX 事件主要是 2007 年厦门市民反对在海沧区计划兴建年产 80 万吨，年产值 800 万的二甲苯（PX）项目的环境群体性事件。该项目已经分别得到国家环保总局、国家发改委环评审查和建设批准，于 2006 年 11 月开工建设。由于 PX 项目工厂距居民聚集区、学校和

[①]　王灿发：《地方人民政府对辖区内水环境质量负责的具体形式——"河长制"的法律解读》，《环境保护》2009 年第 9 期，第 21 页。

名胜景区很近，其有可能产生的环境风险引发了厦门市民紧张心理。2007年3月在全国"两会"上，中国科学院院士赵玉芬等105名全国政协委员联名签写提案，建议厦门PX项目迁址。此举，引起了媒体和公民的强烈关注。随着PX项目工程建设的继续进行，有关PX项目的环境风险通过媒体、手机、网络传播讨论为更多市民所关注。对此，厦门市环保局局长和PX公司负责人通过《厦门日报》相继对项目的环保问题进行解答，但没有得到市民认可。5月30日厦门市政府召开专门会议决定暂缓PX项目建设，告知应福建省政府要求扩大环评范围，同时通过短信、电话、传真、电子邮件、来信等渠道，充分听取市民的意见。6月1日数千厦门市民以"散步"形式在市政府门表达反对情绪，但未引发暴力冲突。12月5日，国家环保总局公布环评结果，指出"厦门市海沧南部空间狭小，区域空间布局存在冲突"，同时披露海沧现有的翔鹭石化企业（PX项目的投资方）五年前环保未验收，即投入生产，其污染排放始终未达标。12月8日，厦门网开通了"环评报告网络公众参与活动"的投票平台，结果显示绝对多数网民反对PX项目建设。12月13—14日，厦门市政府先后组织二次市民座谈会听取意见，大多数代表表示反对。12月16日，福建省政府针对厦门PX项目问题召开专项会议，最终决定迁建PX项目。

事件分析：厦门PX事件可以说是国内解决"邻避冲突"少有的成功案例。从市民与地方政府、目标企业之间的对立性博弈转向相互协商合作，以公民广泛参与、理性对话为主的环境利益冲突协商治理实践模式提供了典型示范。厦门市民环境集体维权行动的成功，是多方主体力量、政策网络协同作用的结果。

首先，环境风险问题的建构形塑集体行动的心理认同。近年来环境冲突问题被中央政府、社会和各个媒体所关注，再加上公民环境意识的觉醒、环境敏感持续增长，对环境风险的认知逐渐增强，这是作为地域共同体的厦门市民对PX项目环境风险问题建构的基础。PX项目环境风险先由以全国政协委员赵玉芬院士为代表的105名知识精英提出，表达环境利益诉求（项目迁址）。然后市民通过网络论坛、博客、短信、QQ 群等进行广泛传播与其切身利益相关的风险问题，其中以著名时评专家连岳为代表的网络精英发表一系列关于 PX 项目风险、厦门人如何采取社会行动等文章，开展反对 PX 项目网络动员，引起社会注意并激发环境风险讨论，建构市民集体认同感。6 月 1 日市民街头"集体散步"引起上级政府关注并促使其态度转变，再次进行广泛的社会动员，市民更加深入认识 PX 项目，进一步激发市民面临共同环境风险的认同感和内部凝聚力。PX 项目环境风险问题纳入政策议题，政府、大众传媒和公民开展良性互动，政府权威和公信力复苏，协同合作意愿达成。

其次，体制外与体制内环境参与表达环境利益诉求。就公民环境参与来看，整个 PX 事件公民经历了从参与缺失转向体制外反对再到体制内参与过程。PX 重大项目涉及公民环境权益，在项目建设之前本应该公开相关信息、征求市民的意见，但项目得到了国家相关部门的批准并开工时，大多市民对此一无所知，说明项目决策遮蔽了公民的环境知情权、参与权和监督权，而在赵玉芬院士对项目选址提出质疑并通过政策提案来质疑地方政府决策行为时，厦门市环保局仍然回应符合国家法定程序。当市民通过其他途径知晓 PX 项目威胁到其环境利益后，当地政府的公共信任危机立即暴露出来。市民对当地政府公布的项目信息失去信任，对通过制度化渠道表达环境利益诉求失去信心，于是开始通过发短信、上网相互传播形成舆论压力，组织"散步"游行制造社会稳定压力，采取体制外维权方式进行环境参与。需要指出的是，厦门市民温和的体制外维权表现出了较强的理性行动逻辑，没有发生冲击政府大楼、毁坏公物和人员冲突等过激行动，目的仍然期待促使当地政府与公民之间的对话解决。面对公共治理危机，政府召开座谈会开通对话渠道、征询市民意见，公布环评报告，宣布 PX 项目缓建，表态将根据新的环评结果作出决策，公民和大众媒体对政府的主动反应表现出信心，公民环境参与进入体制内轨道，环境权益得到尊重认可。该案例说明，环境民主是解决环境利益冲突的重要原则，也是推动环境决策民主化、政社合作的基础。

　　再次，政府治理方式的及时调整为环境权益协同治理提供了重要契机。厦门市政府从起初忽视民意、被动管理的应对态度转向尊重选择、主动合作协商治理，政府公信力和权威得以重塑。PX 项目开建之初，拥有决策主导权的政府在高额的 GDP 产出预期刺激下，快速地进行项目审批和启动建设，相关企业也竭力否认 PX 项目的环境危害性。面对公民对环境项目风险的质疑，当地政府一直宣称程序合法并利用传统媒体正面宣传项目不会对市民健康产生影响，压制不利信息传播，批评非理性谣言传播、管理维权活动，信任危机不断发酵。当发现公共危机日趋严重时，当地政府反思环境决策机制的缺陷，逐渐采取开放态度疏通民意表达渠道，一方面宣布 PX 项目缓建，建议市民通过正常的渠道表达环境利益诉求；另一方面组织专家启动整体性规划环境评价，召开座谈听证启动公民参与并保证整个参与过程的透明化。不可否认，厦门市政府治理方式的转型与公民自下而上的反建压力以及环保部、福建省政府自上而下的权威压力有关，但以对话替代对抗、以疏通替代压制的治理方式创造了政府与市民合作机会。最后政府尊重规划环评结果和公民意见，决定项目迁址至漳州古雷半岛。政府主动对话将环境决策权力回归社会、尊重公民环境权益为其赢得了大众信任和支持，大众传媒给予其高度评价，可以说治理模式的转变使政府、企业与社会由"共输"走向了"共赢"结果。

　　最后，政治机会结构改善为公民环境权益保障协同治理提供了行动路径。进入 21 世纪以来，国家环境政治改革加速推进、社会治理逐渐转型、新媒体的广泛运用、市民社会的成长，为公民环境权益保障协同治理提供了良好的政治社会环境。民主政治改革不断改善国家与社会的关系，强调生态文明建设以人为本价值取向，政府向社会分权，尊重和保障公民权利，给予公民民主参与的机会，培育了公民的民主权利意识。此次 PX 事件中，国家环保总局对此高度关注，要求 PX 规划环评结论将作为项目是否继续的重要参考，这说明中央与地方政府环境利益分化以及公民环境权利得到上层的高度认同，为厦门市民环境维权提供了权威支持。针对市民"踩线非越线"的理性维权行动，厦门市政府并非采取传统维稳思维压制公民利益表达，大多情况下保持了比较开放包容的理性态度，将 PX 项目讨论纳入政治议题并进行透明化的民主协商，政府的理性态度引导了公民的有序参与。在 PX 事件中，手机短信和网络等新媒体为市民互动交流创建了新平台，也为舆论合力形成和民意表达扩宽了渠道，其交互性、即时性等特点为厦门市民环境维权提供了重要政治机会。除此之外，以赵玉芬、连岳为代表的社会精英参与反对 PX 项目行动，以其专业知识、行动能力和社会影响力，向相关部门上交提案、进行网络动员等，引导行动舆论导向并提升了社会关注度。

由此可见，首先，公民环境权益意识正在逐渐增强，但总体认知处于一般水平。影响环境权益意识的要素主要有环境认知水平、环境质量需求状况、环境信息的获取渠道和对周边环境污染程度的感知。其中，当环境问题直接触及自身利益时，公民对环境知情权、环境参与权、环境监督权和环境赔偿请求权等权益方面的要求特别强烈。随着人民生活水平不断提升、党和国家深入推动社会主义生态文明建设以及国家民主政治机会结构改善，能够有效激发公民的环境参与行为。但是，当前存在公民参与环境意愿强而实际行动偏弱、重个体环境权利而忽视其责任义务的现象。受访者认为环境社会组织参与环境保护效果一般，对其环境治理能力认可度较低，这说明受体制、能力等多方面的影响，环境社会组织的公共服务、社会治理和政策倡导作用等未得到有效的发挥，而近年来政府大力推动人居环境整治取得的成效，以及传统"环保靠政府"的依赖性思维，使公众更认可政府的环境治理能力。当环境权益受到侵害时，受害者主要选择向政府部门求助和向媒体反映，对以体制外的维权方式认可率较低，这说明公民对政府和舆论监督有较大的期待。当然，不少群众仍会选择"沉默"，主要原因在于维权程序复杂、污染程度认定依据模糊和诉讼成本高。因此，从公民环境权益意识与参与行为选择来看，目前公民环境权益保障协同治理存在较强的基础，但不同主体主观认知、协作能力和维权体制等方面还存在一些障碍。其次，转型期我国环境利益冲突事件仍具有较强的复杂性和特殊性。最后，"河长制"的成功实践表明，环境问题"倒逼机制"是激发协同治理的重要动力。强化地方政府部门及领导干部环境治理责任，改革政绩考核方式，实行生态环境损害责任终身追究制，加强跨地区、跨部门环境信息共享，推进管理部门协商共治是解决部门职责不清、执行困境和效率低下的重要路径。这说明政府主导下自上而下地行政推进水资源协同治理具有较强的体制优势。同时，"建立河湖管理保护信息发布平台，通过主要媒体向社会公告河长名单，在河湖岸边显著位置竖立河长公示牌，主动接受社会监督"，尊重了公民环境知情权并有利于拓宽社会公众参与渠道。但是，如何突破对传统行政权力依赖，特别是主管行政领导的能力依赖和外部问责激励，转变运动式治水模式，调动企业和普通市民参与河湖治理的积极性等仍然亟待解决的重要问题。经济理性主导下的地方政府环境治理侧重于"事后补救"而非"事前预防"，对问题的解决主要来自公众的舆论压力和上级领导部门的行政推动，存在主观意愿不足、实际行动弱化等问题。媒体的舆论监督有利于满足公众的环境知情权，对于政府部门发现问题解决问题发挥着不可忽视的重要作用。面对媒体和公众的质疑，污染企业和环保专家学者的集体沉默说明环境信息沟通仍面临复杂利益阻碍，而社会组织的体制依附性、利益聚合功能弱化难以汲取公众的信任，无法成为环境利益协调的重要载体。

第三章
我国公民环境权益保障协同治理的推进措施

改革开放以来，我国公民环境权益治理是通过深入推进社会主义生态文明建设、建立健全环境权益保障政策而协同推进的，其基本思路是从我国经济社会发展转型基本国情出发，适应公共事务治理环境不确性、复杂性变化，针对我国生态环境整体恶化的严峻形势和人民日益增长的优美生态环境质量需求，以自上而下为主，自上而下推进与自下而上推动相结合的生态文明体制改革、完善生态文明制度体系和推进环境治理体系和治理能力现代化，实现和保障公民环境权益。从整体治理进程来看，公民环境权益治理经历了从相对忽视到逐步关注再到重视落实，发展到目前初步协同治理阶段，其主要措施主要体现在以下几个方面：

第一节　推动政府主导下多元主体参与协同治理体系构建

改革开放初期，生态环境治理体制主要以政府为中心按照职权和层级对环境进行全能式的统一监督管理。作为环境保护的组织者、动员者、协调者和监督者，政府处于绝对主导地位，集中掌握环境管理权力，负责环境决策与执行，承担环境保护的主要责任。虽然国家对公民及其他主体参与环境公共事务有原则性的规定，但总体而言公民的参与意识和参与能力都较弱，环境参与范围、方式和途径等也非常有限，全能政府主义模式下形成"环保靠政府"的思维观念较为普遍。改革开放以后，国家与社会关系转型、市场经济改革和公民社会成长为政府环境治理模式注入了新的动力。党和国家一方面转变生态环境管理理念，树立源头治理、综合治理、精准治理和协同治理思维。深化环境保护在中国特色社会主义事业中的重要地位认识，完善环境治理顶层设计，将生态环境治理有机融入经济建设、政治建设、文化建设和社会建设之中，调整政府环境管理职能，推动传统环境管理体制改革，强化"抓生态就是抓民生"理念，明晰政府环境治理责任，提升环境管理效益。另一方面，逐步重视市场主体和社会主体在改善环境质量中的重要作用，推动环境政治改革，下放环境公共事务管理权限，开拓环境参与形式和渠道，推进治理主体单一化管理向鼓励、引导公民、企业和环境社会组织参与转化，为政府主导下多元主体参与的公民环境权益协同治理体系提供政策支持和制度保障。

首先，明晰政府部门权责关系，强化环境治理主导责任。自 1978 年我国《宪法》规定"国家保护环境和自然资源，防治污染和其他公害"开始，环境保护管理体制进行了多次改革，其总体趋向是不断强化环境部门的独立性和权威性，扩大与优化环保部门职能范围，调整中央与地方环保机构职责关系，重视综合协调、推动各部门分工负责、齐抓共管的工作机制。1988 年国家环境保护局成为国务院直属机构（副部级），成为独立运行的综合环境管理部门，1998 年原副部级国家环境保护局升级为正部级环境保护总局，其他行业部门的污染防治职能并入环境保护部局中，2006年国家环境保护总局设立地区环保督查中心，作为派出机构解决环保执法难、地方干预问题。党的十八大以后，依据我国社会主要矛盾变化和大部制改革思路，国务院政府机构再次改革组建生态环境部，将以往相对分散的资源环境要素管理进一步整合，增加应对气候变化、海洋保护等职能，改革环境保护执行、监管和评价体系，强调环境治理"党政同责""一岗双责"，进一步厘清中央政府与地方政府权责关系，为解决环境治理制度碎片化问题奠定了良好的基础。2016 年中央下发《关于省以下环保机构监测监察执法垂直管理制度改革试点工作的指导意见》，主要是扩大省级环保部门监测执法职能，取消市级环保属地管理，强化地方政府环境保护责任。垂直管理制度改革目的在于解决传统环境管理体制下由于条块分割、属地管理导致的权责职能交叉不清、地方利益阻碍中央环保政策执行、跨区域环境问题解决难等问题。自上而下的环保管理体制改革的系统性、整体性和协作性思路非常明显。

其次，回应人民群众日益增长的环境参与需求，推动环境信息公开和公众参与程序化制度化。以保障公民环境信息知情权、环境决策参与权和环境诉讼监督权为方向，构建公民环境权益制度保障体系。公众获得政府和企业环境信息是实现环境参与和环境监督的基础。自 20 世纪 80、90 年代我国一些地方城市如浙江乐清、河北藁城就开始了环境信息公开的探索。1989 年《环境保护法（试行）》要求中央和省级环境保护行政主管部门定期发布环境状况公报，对环境信息公布作出了原则性规定。进入 21 世纪，我国环境信息公开进入政策立法和可操作性实施阶段。2007 年《政府信息公开条例》《政府环境信息公开》相继公布，对政府环境信息和企业环境信息公开的范围、公开方式、程序和责任做了可操作性规定。近年来环保部和地方政府相继发布了系列有关环境信息公开配套政策文件和法律规范，为保障公民环境知情权保障提供系统法律支持。公民环境参与渠道不断拓宽，参与方式日趋多样。1991 年国家环境保护局制定实施了《环境保护信访管理办法》提出公民有权通过信访方式对环保部门提出建议与监督批评，反映环境污染和破坏的情况。1996 年国务院实施《国务院关于环境保护若干问题的决定》指出建立公众参与机制，鼓励公众参与环境保护工作。2003 年国家实施《中华人民共和国环境影响评价法》、2004 年环境保护总局颁布实施了《环境保护行政许可听证暂行办法》要求举行论证会、听证会等形式征求公民意见。2014 年修订通过的《中华人民共和国环境保护法》《关于推进环境保护公众参与的指导意见》，2015 年《中共中央国务院关于加快推进生态文明建设的意见》对公众环境参与作出了更加详细的制度性规定，提出建设政府、企业、公众三方对话机制，解决环境矛盾纠纷问题，完善公众参与制度，健全举报、听证、舆论和公众监督等制度，构建全民参与的社会行动体系。这一系列国家环境治理政策变迁为公民环境参与提供了制度化的渠道和政策保障，体现出对公民环境参与主体性地位的认同及环境权益的尊重与维护，成为推动环境权益治理模式变迁的重要基础。

最后，给予社会组织参与环境保护政策支持与发展空间，发挥其环境参与桥梁和纽带作用。社会组织在环境宣传教育、表达集体利益诉求、推动公共协商、参与环境政策制定、支持环境维权和监督企业违法行为等方面发挥不可或缺的作用。1994 年国务院通过的《中国 21 世纪议程》指出团体和公民参与环境保护和可持续发展的重要性，强调"公众、团体和组织的参与方式和参与程度，将决定可持续发展目标实现的进程"，要"在各地青年中广泛地建立各种环境保护团体，推动青年参与可持续发展活动"，"推动民间环保组织参与可持续发展"，这为环保社会组织参与环境保护活动提供了重要的政策依据。2005 年国家发布了《国务院关于落实科学发展观加强环境保护的决定》指出"发挥社会团体的作用，鼓励检举和揭发各种环境违法行为，推动环境公益诉讼"，表明环保社会组织是维护环境公共利益的重要载体。2010 年环境保护部下发《关于培育引导环保社会组织有序发展的指导意见》，指出"加强政策扶持力度，改善环保社会组织发展的外部环境"，"建立政府与环保社会组织之间的沟通、协调与合作机制"，"加强能力建设，引导环保社会组织健康、有序发展"等任务，进一步表明了政府对环保社会组织积极支持态度和互动合作的意愿。2015 年《中共中央国务院关于加快推进生态文明建设的意见》则具体提出了环保社会组织培育思路，强调"在通过项目资助、政府向社会组织购买服务等形式促进环保社会组织参与环境保护的同时，对环保社会组织及其成员进行专业培训，提升其公益服务意识、服务能力和服务水平。积极支持环保社会组织开展环境保护宣传教育、咨询服务、环境违法监督和法律援助等活动，鼓励他们为完善环保法律法规和政策制定积极建言献策"。尽管与我国建设生态文明和绿色发展目标要求相比，环保社会组织社会服务水平还存在一定的差距，但政府积极培育和支持的政策导向为其提供了良好的政治机会环境，现实中环保社会组织参与项目建设评估、环境公益诉讼和环境决策参与等实践显示出其未来发展将成为环境权益多元治理中的重要关节点。

第二节　从注重公民环境义务履行转向切实保障公民环境权益

环境权益主张并为社会各界广泛接受与日益严峻的环境问题现实、公民环境权利意识觉醒密切相关，也是我国政府对公民环境权利本位认识深化、环境权益治理内容导向转型的结果，这种转型可以通过环境立法及相关制度建设、治理实践价值取向得到证明。国家法律是公民权利的基本保障，关于环境立法是应以权利本位还是义务本位问题，学术界一直存在较为激烈的争论。主张义务本位学者认为为了实现人类整体的环境利益，人们首先履行环境保护的责任和义务，这是唯一可行的路径。例如徐祥民教授指出，"用环境权的伸张抵制环境恶化具体到操作层面为：在法律上设定权利—权利主体主张权利—国家机关或其他组织救济权利。这种'设定—主张—救济'之路不足以达致对环境问题的解决，无法实现对环境的有效保护"[1]。因此，环境权的实现"必须依赖众多义务主体履行义务的集体行动"[2]。而权利本位论代表学者则依据"应然法—权利"逻辑，强调权利是法律的核心和基本价值取向，环境权是维护公民环境利益的法律基础和依据。例如，吕忠梅教授指出，"环境法是以社会利益为本位的法"，"法律必须以保障个人利益为目标，以维护个人意志自由和权利的绝对化为

---

[1]　徐祥民：《告别传统，厚筑环境义务之堤》，《郑州大学学报（哲学社会科学版）》2002 年第 2 期，第 7 页。

[2]　徐祥民：《对"公民环境权论"的几点疑问》，《中国法学》2004 年第 2 期，第 114 页。

任务"①。蔡守秋教授对《环境保护法》修改的建议中多次提及为了适应生态文明建设需要，要明确规定公民基本环境权利。上述学者关于个体是否拥有环境权利、权利与义务何为主体以及如何实现环境公共利益问题上产生了分歧与争论。环境法律体系是实现公民享有良好环境权利、参与环境保护和进行环境权利救济的基本依托，要实现这些权利首先必须有相应权利制度设置。从我国环境治理制度变迁进程来看，公民环境权益治理内容正逐步从义务本位导向转向权利与义务并重。

我国传统生态环境管理从资源分配到决策执行都具有明显的行政管理色彩，公民获得环境权利空间较小且大多依附于行政权力，环境治理内容主要以"公民义务本位"为主。改革开放初期国家制定的有关环境保护法律法规大多强调政府对环境治理的主体地位和行政管理手段的运用，以及履行相应的环境保护义务。例如，《宪法》第二十六条规定"国家保护和改善生活环境和生态环境，防止污染和其他公害。"1989年通过的《环境保护法》第六条规定"一切单位和个人都有保护环境的义务，并有权对污染和破坏环境的单位和个人进行检举和控告"。其他相关法律法规大多相应的界定环境行政部门在环境监测、调查取证、审批发证、组织污染处理和环境产品认证等多种行政管理权力，而对公民环境权益具体内容规定比较少，特别是当公民环境权受到侵害对污染者如何进行监督、国家如何进行救济只有原则性上的规定，具体实施程序和相关制度支持却无明确规定。法律法规条款"表述有一种强烈的经济主义意蕴（服务于现代化建设）和轻权利重义务的色彩（强调的是公众应该与环境破坏现象作斗争而不是自身权益）"②。然而，在公民环境意识不强、企业履行环境责任动力不足的情景下，义务本位的环境治理逻辑很难落实。相反，环境立法中的"义务本位"表征及行政管理思路容易导致政府环境权力本位格局，而对其环境义务和

---

① 吕忠梅：《论环境法的本质》，《法商研究》1997年第6期，第17页。

② 郇庆治：《环境人权在中国的法制化及其政治障碍》，《南京工业大学学报（社会科学版）》2014年第3期，第17页。

责任则约束不足。政府拥有较大的管理权力，建构起自上而下的行政管理体系，但公民和企业参与激励手段缺乏，政府依赖性色彩明显。

进入 21 世纪后，环境法治建设公民权利导向凸显。国家有关环境治理规划和环境制度修改完善中，一方面要求"公民应当增强环境保护意识，采取低碳、节俭的生活方式，自觉履行环境保护义务"；另一方面对公民环境权利也作出了较为具体的规定，如 2014 年 4 月修订通过的《环境保护法》第五十三条明确规定"公民、法人和其他组织依法享有获取环境信息、参与和监督环境保护的权利"，第五十七条规定"公民、法人和其他组织发现任何单位和个人有污染环境和破坏生态行为的，有权向环境保护主管部门或者其他负有环境保护监督管理职责的部门举报"，第五十八条规定"对污染环境、破坏生态，损害社会公共利益的行为，符合下列条件的社会组织可以向人民法院提起诉讼"等等，2012 年修订的《民事诉讼法》增加了第五十五条"对污染环境、侵害众多消费者合法权益等损害社会公共利益的行为，法律规定的机关和有关组织可以向人民法院提起诉讼"，这是国家法律层面对公民和环境社会组织环境权益的认可与尊重。《国家人权行动计划（2009—2010 年）》《国家人权行动计划（2012—2015 年）》都将环境权利列入"经济、社会和文化权利"之中，强调加强环境法治，维护环境权益；2013 年国务院发布的《2012 年中国人权事业的进展》白皮书中，专门列一章节阐述了"生态文明建设中的人权保障"。此外，近年来国家相继下发的《关于加快推进生态文明建设的意见》《生态文明体制改革总体方案》《关于推进环境保护公民参与的指导意见》等对公民的环境信息权、参与权和诉讼权等都作了较为细化的规定，包括要求"科学界定生态保护者与受益者权利义务，加快形成生态损害者赔偿、受益者付费、保护者得到合理补偿的运行机制"等①，目的在于促进公民

---

① 《中共中央国务院关于加快推进生态文明建设的意见》，新华网，http://dangjian.gmw.cn，2015 年 4 月 25 日。

环境权利与责任义务之间的平衡。公民环境权利确认适应了现代民主政治发展和公民环境权利意识的觉醒要求，政府环境信息公开、公民广泛参与环境决策和对环境损害行为进行主动性监督等，有利于缓解对政府权力的过分依赖，进而形成对政府环境权力的限制与约束，促进公民环境权利与义务的统一、政府环境权力与责任的统一。

第三节 改革政府权威式环境管理结构转向共建共治共享格局构建

与传统威权主义管理体制相适应，我国在应对环境问题上建立起了以命令—管理为主的权威型管理结构，形成了政府主导单中心治理格局。这种治理结构的特点是围绕政府环境治理权力，按照科层制管理模式建立起自上而下的环境行政管理体系。中央政府负责环境治理统一规划和主要制度供给，运用行政、法律和经济等政策工具强制力推进，地方政府或部门按照放权或分权逻辑对环境公共事务进行全面干预，环境管理机构设置、制度安排与政策设计及运转机制的权威型管理色彩较浓。环境管理机构设置不断调整升级和行政权力的集中促成了命令—管理型体制基础。相应的国家在环境政策工具的选择上管理特征也非常明显。"从1979年以来，我国建立了'环境影响评价''三同时''排污收费''环境保护目标责任制''城市环境综合整治定量考核''排污申请登记与许可证''限期治理''集中管理'等多项制度，包括命令与管理手段、经济手段、自愿手段等多样化的环境管理制度。"①诚然，我国权威型环境治理结构在解决具体环境问题时有其优势，如集中统一调动各方面资源强制贯彻落实、"环境治理效果的可预

---

① 王惠娜：《区域环境治理中的新政策工具》，《学术研究》2012年第1期，第57页。

期性与可确定性""有利于处理突发性环境事件"等①。但是，这种治理结构因其政策执行效率不彰、公民回应性不足、权力行使对权利空间的挤压等弊端，在应对日益复杂的环境问题上越来越显乏力。

环境治理权威型结构的实践困境促使我国政府改革单中心环境管理模式，向政府主导、多元主体参与互动规制治理结构转变。这种转变体现在改变自上而下的行政权力主导驱动机制，强调以制度建设为中心，注重通过利益相关方参与、沟通、协商和互动来提升环境决策质量及实践成效；从行政命令手段为主环境管理转向行政调控、市场调节和社会参与相结合的环境治理。改革实践大概在 20 世纪 90 年代中后期开始，具体体现在首先做好环境治理顶层设计，从坚持可持续发展战略、贯彻落实科学发展观，到将生态文明建设纳入中国特色社会主义"五位一体"总体布局，生态文明体制改革向纵深推进。党和国家系统制定《关于加快推进生态文明建设的意见》《生态文明体制改革总体方案》《关于健全生态保护补偿机制的意见》等，建立健全环境治理制度体系，标志着生态文明建设基础地位进一步明确。同时，运用环境经济政策、自愿型工具构建市场利益驱动机制，如推行"谁开发谁保护、谁破坏谁恢复""污染者付费、利用者补偿、开发者保护、破坏者恢复"等经济原则，逐渐建立起新环境政策工具体系，如排污收费、环境税、排污权交易、生态补偿、环境责任保险、绿色信贷、绿色贸易、ISO14000 环境认证体系和节能减排自愿协议等；政府回应公民环境信息权、受益权、参与权和监督权等多方面权利诉求，从制度层面设置公民、环保社会组织参与环境决策的权利，提出国家治理体系和治理能力现代化的改革目标，要求形成政府、企业、公民共治的环境治理体系等。圆明园湖底防渗工程争议问题协商解决，官民合作机制初露端倪。特别是党的十八大以来我国生态文明建设发生了全局性、根本性变化，治理运转机制从传统以自上而下行政推动为主向注重自下而上的推

---

① 杨华锋：《后工业社会的环境协同治理》，吉林大学出版社 2013 年版，第 95 页。

进、上下结合，推进环境共建共治共享格局转变。政府规制、市场化推进和社会自治策略综合运用，政府环境权力与公民环境权利之间的互动性增强，推动生态环境治理体系和治理能力现代化成为生态文明建设和环境保护的重要目标导向，协同共治价值趋向值得期待。

第四节　公民环境权益保障制度从分散的原则规定转向系统的规制设计

新中国成立初期，我国环境保护主要体现在落实国家领导人提出的"一定要把淮河治理好""植树造林绿化祖国"号召等方面，1973 年第一次全国环境保护会议上提出了发动群众、依靠群众、造福群众的环保工作方针，可以看作是公民环境权益的规定的初步探索。由于环境事务没有上升为直接影响公民工作生活的重大问题，导致各级政府对公民环境权益的认识和实践相对滞后。改革开放以来，我国环境治理制度化趋势越来越明显。1983 年在北京召开的第二次全国环保会议将环境保护确定为基本国策，1989 年《中华人民共和国环境保护法》正式颁布实施，随后一系列环境法律法规制度的颁布将这一国策逐步落实。经过三十余年的发展，我国建构起包括宪法、环境保护基本法、环境保护专项法、环境保护行政法规等在内的较为完备的环保制度体系[①]，公民环境权益的保障力度愈益加大。

1982 年公布施行的《中华人民共和国宪法》第二条第三款规定"人

---

① 截至 2017 年 9 月 16 日，共制定了环境法律 37 部，行政法规 5 部，部门规章 128 部（该统计数据来自中华人民共和国环境保护部政策法规司：http://zfs.mep.gov.cn/）；出台了水环境保护标准 301 项、大气环境保护标准 253 项、环境噪声与振动标准 24 项、土壤环境保护标准 49 项、固体废物与化学品环境污染管理标准 105 项、核辐射与电磁辐射环境保护标准 65 项、生态环境保护标准 37 项、环境影响评价标准 51 项，其他环境标准 429 项（该统计数据来自中华人民共和国环境保护部环境保护标准：http://kjs.mep.gov.cn/hjbhbz/）。

民依照法律规定，通过各种途径和形式，管理国家事务，管理经济和文化事业，管理社会事务。"该条款中的社会事务即包括环境管理，这是公民享有环境权益最根本的法律依据；第九条第二款"国家保障自然资源的合理利用，保护珍贵的动物和植物"和第二十六条"国家保护和改善生活环境和生态环境，防治污染和其他公害"，都在明确国家管理环境职责的同时，也暗示了公民也应享有良好生态环境权利。这为间接承认与保护公民环境权益以及环境单项立法提供了法律依据。1989 年的《环境保护法》指出保障人体健康是制定该法的初衷，规定一切单位和个人有权对污染和破坏环境的单位和个人进行检举和控告，以及行政机关应当发布环境状况公报等。1997 年修订的《中华人民共和国刑法》从第三百三十八条至三百四十六条规定了涉及破坏环境资源的犯罪，同时在其他刑法条款中对环境保护亦有涉及，对"造成重大环境污染事故"，"严重危害人体健康"，"致使人身伤亡"的予以了严惩。当然，从我国环境法治建构的角度看，"破坏环境资源保护罪"隶属于"侵犯财产罪"中，刑法对于公民环境权益的保障还有待进一步明确和完善。而在《水污染防治法》《环境噪声污染防治法》《建设项目环境保护管理条例》等环境专项法中，则进一步赋予了公民享有获取环境信息、参与和监督环境保护的权益，都作出了建设项目须有所在地单位和居民的意见的规定，体现出知情权在环境保护方面的重要地位。此外，《海洋环境保护法》《大气污染防治法》《森林法》《草原法》《矿产资源法》等环境法律法规亦在各自领域内规定了相关主体的权利和义务，但对公民及社会组织环境参与权未有提及。

2002 年审议通过的《中华人民共和国环境影响评价法》对公民环境权益的保障有了重大突破，首次在环境立法中直接明确地规定了公民参与条款，正式提出了"公众环境权益"（第十一条）的概念。该法第五条规定："国家鼓励有关单位、专家和公众以适当方式参与环境影响评价"，高度重视公民对环境影响报告书的意见。2003 年颁布的《行政许可法》就涉及公民重大影响的行政许可专门规定了听证制；2007 年公布的《环境信息公开办法（试行）》明确了政府环境信息和企业环境信息的公开范围、方式和程序等，还规定"公民、法人和其他组织认为环保部门不依法履行政府环境信息公开义务的，可以向上级环保部门举报"，"公民、法人和其他组织认为环保部门在政府环境信息公开工作中的具体行政行为侵犯其合法权益的，可以依法申请行政复议或者提起行政诉讼"，彰显了公民的环境事务知情权、参与权和监督权。2010年施行的《中华人民共和国侵权责任法》设专章（第八章环境污染责任第六十五条至第六十八条）规制环境侵权问题，明确了公民环境侵害请求权；2011年《刑法》通过其修正案八对"重大环境污染事故罪"作出了更为严格的规定；2012年修订后的《民事诉讼法》及其司法解释都将环境侵害公益诉讼纳入受案范围。自2005年开始我国启动生态补偿制度政策建设的探索，党的十六届五中全会《关于制定国民经济和社会发展第十一个五年规划的建议》提出"按照谁开发谁保护、谁受益谁补偿的原则，加快建立生态补偿机制"。2007年党的十七大报告指出"实行有利于科学发展的财税制度，建立健全资源有偿使用制度和生态环境补偿机制"。

党的十八大以来，以习近平同志为核心的党中央高度重视环境保护工作，积极推进美丽中国建设，公民环境权益得到了进一步保障。2013年十八届三中全会通过的《中共中央关于全面深化改革若干重大问题的决定》强调"紧紧围绕建设美丽中国深化生态文明体制改革，加快建立生态文明制度"，明确指出"建设生态文明，必须建立系统完整的生态文明制度体系，实行最严格的源头保护制度、损害赔偿制度、责任追究制度，完善环境治理和生态修复制度，用制度保护生态环境"。其中，"建立环境损害责任终身追究制"，"建立吸引社会资本投入生态环境保护的市场化机制，推行环境污染第三方治理"，"实行资源有偿使用制度和生态补偿制度"，"及时公布环境信息，健全举报制度，加强社会监督"等，将公民环境权益制度化、具体化，公民对环境资源的利用权、环境状况知情权、环境事务监督权得到了切实保障。2014年修订后的《行政诉讼法》及其司法解释通过了对违法行政行为的追究机制保护公民的环境权益；2015 年 1 月被称为"史上最严"的新环保法开始施行，其作为环境基本法从原来的六章四十七条增改为七章七十条，不仅创新了由政府推动到多方参与的多元环境治理模式，更是将公民环境权益保障问题制度化。例如，在总则中强调保障公民健康、坚持公民参与原则；第三十一条申明国家建立、健全生态保护补偿制度；第四十七条明确做好突发环境事件的风险管理、应急准备、应急处置和事后恢复等工作；第五十三条保障公民、法人和其他组织依法享有获取环境信息、参与和监督环境保护的权利。修订后的《环境保护法》在内容设计上细化了公民在环境保护与治理中所享有知情权、参与权和监督权。而《最高人民法院关于审理环境民事公益诉讼案件适用法律若干问题的解释》的施行则对涉事企业的环境污染责任和生态补偿责任等有了进一步明确，公民因环境权益受损所导致的人身、财产损害赔偿诉讼请求更具可施行性。《关于健全生态保护补偿机制的意见》《关于加快建立流域上下游横向生态保护补偿机制的指导意见》《生态环境损害赔偿制度改革方案》作为生态文明制度体系的重要组成部分，进一步明确了生态环境损害赔偿范围、责任主体、索赔主体、损害赔偿解决途径等，并且要求形成相应的鉴定评估管理和技术体系、资金保障和运行机制，逐步建立生态环境损害的修复和赔偿制度，为维护人民群众环境权益、满足人民日益增长的优美生态环境需要提供了坚实的保障。当然，我国在保障公民环境权益保护的制度设计上仍有许多不足，如环境权力机关的责任承担细则有待跟进；公民参与环境事务的具体形式与法律程序欠规范；环境权益保护的实效性和实现度尚不尽如人意。但不可否认的是，以往对公民环境权益频繁侵犯的现象已大为扭转，人民群众正逐步参与环境立法、环境政策制定和环境执法各领域中，公民环境权益的制度化、体系化和法制化正稳步推进。

总之，环境弱势群体理应得到更多关注，这既与全球环境正义运动的时代背景密切相关，又是建设中国特色社会主义生态文明的现实要求，更是中国共产党以人民为中心执政理念的必然体现。我们须理顺经济发展、环境保护和社会正义的关系，建立政府、企业、公民以及社会组织的多方对话机制，加快形成共建共治共享的环境治理体系，进而彰显社会主义制度的优越性和环境治理的正义性。

第四章
公民环境权益保障协同治理共同体分析

　　共同体是马克思研究社会历史发展演变的重要范畴。马克思认为，处于一定社会关系从事社会实践活动中的人都处于共同体中，共同体是人类社会存在的基本方式，随着生产力与生产关系的矛盾运动而不断演变和发展，其发展演进将经历"自然共同体（特殊的本源形式）""虚幻的共同体（异化的抽象形式）"和"自由人联合体（真正的共同体）"三个逻辑阶段。从某种程度上说，公民环境权益保障协同治理共同体是真正的共同体的实践形式和发展阶段。其基础源自于人与自然相互影响、相互依赖、相互制约的辩证统一关系，正如习近平总书记所指出"人与自然是生命共同体""人因自然而生，人与自然是一种共生关系"①。因此，实现人和自然和谐共生，能够提供更多的生态产品满足人们日益增长的优美生态环境需要是真正共同体的重要组成部分。公民对环境权益的诉求愈加强烈，其根本动力在于社会主义生产力快速发展使人民的物质精神生活水平不断提高，对环境公平正义、环境安全、环境质量等各方面需求越来越高。虽然当前我国生态环境局部质量有所改善，但整体恶化的趋势没有得到根本性扭转。面对环境污染严重、生态资源约束吃紧、公民环境权益诉求日益增长、环境利益冲突日趋激烈、环境治理体系集体失灵的压力等严峻形势，公民环境权益保障协同治理共同体强调由不同参与主体构成集体行动网络，解决环境治理体系各自为政、缺乏相互协调、沟通与协作以及政府

---

　　① 《习近平谈治国理政》第二卷，外文出版社 2017 年版，第 394 页。

单一主导、企业和公众被动参与等问题，真正实现共建共治共享的真正联合体，实现和保障公民环境权益。可以说，环境保护倒逼机制既唤醒了治理主体的共同体意识，也激发了主体合作的动力。环境利益的一致性、环境问题的风险性、复杂性和不确定性增加使政府致力于提升治理系统的科学性。通过民主参与、功能整合、行动协调和资源互补推动共同体建设成为公民环境权益保障的未来走向。同时，当前我国正处于生态文明建设的"关键期""攻坚期""窗口期"。近年来，党中央以践行绿色发展理念为基础深入推进生态文明体制改革，坚持推动经济发展转型转向提升发展的质量和效益，公民参与环境治理的主动性和自觉性显著增强，环境社会组织能力成长，企业受市场竞争和环境监督压力也开始向资源节约和绿色生产方向转变，这为公民环境权益保障协同治理构建准备了重要条件。

协同治理共同体构建是实现和保障公民环境权益的重要目标导向。公民环境权益保障协同治理共同体是社会治理共同体的扩展和具体表现形式，是在社会主义生态文明建设、建设美丽中国共同愿景导引下，以人与自然命运共同体、人类命运共同体理念为基础，以人民为中心，以解决环境问题为导向的治理理念与制度设计，是政府、企业和社会多元主体基于共同环境利益需求和权责对称原则，通过协商互动平等参与生态环境事务治理，形成利益共享、责任共担、相互依赖、相互合作的有机整体。"人人有责、人人尽责"强调参与的多元性，要求每个主体都是环境事务治理的参与者，政府、企业和公民都应发挥各自功能作用，履行提高生态环境质量的责任与义务，这符合社会发展规律和环境治理体制转型的客观要求。"人人享有"的价值取向意味着环境权益具有整体性和不可分割性，每个主体都应该在环境质量改善中获得生态效益、经济效益和社会效益，不断提升生态文明建设的满足感、安全感和幸福感。

公民环境权益保障协同治理共同体构建必须遵循以下三个原则：一是以人民为中心原则。坚持以人民为中心是新时代党中央治国理政的根本政治立场和价值取向。"我们要不断解决人民最关心最直接最现实的利益问题，努力让人民过上更好生活"①；"环境就是民生，青山就是美丽，蓝天也是幸福"②。人民群众对优质生态产品的需要已经成为人民群众对美好生活的向往的重要方面，环境质量的改善既要充分尊重人民的主体性地位，充分调动人民群众参与环境保护的积极性和主动性，又要以满足人民环境利益诉求、改善生活质量作为生态环境治理工作的出发点和归宿点，不断增加人民群众的环境获得感、幸福感和安全感。二是共建共治共享原则。基于环境利益整体性和内在一致性，本着政府主导、政社合作和政企合作的基本思路，通过制度安排为公民、企业和环境社会组织参与环境保护提供更多的激励约束机制，激发多元主体参与环境建设的能力与活力。建构多元主体良性互动、资源共享、民主协商、沟通顺畅和有机互补的网络化治理结构，疏通公民环境利益表达渠道，保障公民有序参与环境治理的权利，推动环境决策民主化、科学化，提升主体环境治理能力与水平。建构公平公正的环境利益分配体系，缓解环境发展不平衡不充分的矛盾冲突，保障公民合法环境权益，共享环境治理的成果。三是制度体系构建原则。通过社会主义生态文明建设不断完善环境权益保障系列制度体系，科学厘定主体环境权益与义务边界，形成可持续规范稳定的制度环境，切实将制度优势转化为治理效能。用制度规范政府环境权力的行使，注重环境权力运行监督体系建设，切实解决部门职责交叉重复、权责不一致等问题。贯彻落实"谁开发谁保护，谁污染谁治理，谁破坏谁恢复"的原则，强化企业环境社会责任制度建设，破解"企业污染、群众受害、政府买单"的困局。加强环境信息沟通体系建设，提升责任主体的社会公信力。培育公民生态文明意识，促进环境道德自觉和自律。统筹协调环境利益关系，推进利益协调机制制度化。

---

① 中共中央宣传部：《习近平新时代中国特色社会主义思想三十讲》，学习出版社 2018 年版，第 87 页。

② 习近平：《在省部级主要领导干部学习贯彻党的十八届五中全会精神专题研讨班上的讲话》，人民出版社 2016 年版，第 19 页。

第一节 公民环境权益保障协同治理的主体构成

公民环境权益保障协调治理是涉及多领域、多主体的复杂系统工程。环境利益的整体性、公共性、不可割性和复杂性等特征，要求多元主体发挥各自功能优势，通过行动协调、资源互补和功能整合实现协同治理的目标。随着我国生态环境治理模式变革、环境治理体系和治理能力现代化推进，公民环境权益保障将从传统的政府单一主体转向党委领导下、政府、企业、公民和环境社会组织等多元主体协同共治。围绕实现和保障公民环境享有权、环境知情权、环境参与权和环境监督权等目标，党委整合不同主体利益偏好、统筹各方面资源，通过治理体制机制变革，推动多元主体集体行动和协同合作，共同解决生态环境问题，实现和增进环境公共利益。

一、公民环境权益保障协同治理主体角色定位

1. 党委统筹领导

党的十九届四中全会指出："中国共产党的领导是中国特色社会主义最本质的特征，是中国特色社会主义制度的最大优势"。坚持党的集中统一领导，以人民为中心，将党的领导、人民当家做主、依法治国有机统一起来，不断保障和改善民生，增进民生福祉，切实维护社会公平正义和人民权利是我国国家制度和国家治理体系的显著优势。自党成立以来，一直坚持从群众中来、到群众中去，始终把实现好、维护好、发展好最广大人民的根本利益作为党和国家一切工作的出发点和落脚点，作为制定党的路线方针政策的根本依据。随着广大人民群众对加快提高生态环境质量的期待日趋强烈，党领导全国人民大力推进生态文明建设和社会治理体制变

革，化解人民群众环境利益矛盾，切实保障公民环境权益，提供更多优质生态产品不断满足人民群众日益增长的优美生态环境需要，是新时代统筹推进"五位一体"总体布局的重要内容。党的十八大将"中国共产党领导人民建设社会主义生态文明"写入党章，充分显示出生态环境保护在党领导建设中国特色社会主义事业中的政治地位，彰显执政党的宗旨使命和行动纲领，"生态环境是关系党的使命宗旨的重大政治问题，也是关系民生的重大社会问题"。党中央从中华民族伟大复兴和永续发展的战略高度出发，强化生态文明建设的顶层设计，将人民群众的生态环境治理意愿和环境权益诉求通过法定程序上升为国家决策，转化为党推进社会主义生态文明建设的路线方针政策，全面推进和统筹协调环境保护政策保障公民环境权益。在公民环境权益保障协同治理过程中，中国共产党作为领导者、组织者、协调者和监督者等角色，其领导决策作用具体体现在以下几个方面：

一是做好生态文明建设顶层设计，深入推进生态文明体制改革。党中央将加快推进生态文明建设作为坚持和发展中国特色社会主义的重要内容，作为全面建设社会主义现代化国家、实现中华民族伟大复兴的重要抉择，作为经济社会可持续发展的重要保障，作为践行以人民为中心价值导向的重要举措。从我国基本国情出发，适应社会主要矛盾变化，制定关于生态文明建设的意见、生态文明体制改革方案等系列规划，明确生态文明建设的阶段性目标和长远目标，将生态文明建设有机融入政治建设、经济建设、社会建设和文化建设各个方面和全过程。具体而言，就是深入培育人与自然生命共同体理念，增强人和自然和谐共生、绿水青山就是金山银山生态文明意识。深化环境保护管理体制改革，整合生态环境管理职能，解决纵向管理受地方保护主义制约、横向管理职能交叉分散问题，提高环保部门的管理权威和监管能力。系统完整的生态文明制度体系，强化各级党委生态环境保护责任，包括合理开发利自然资源法律法规政策体系、绿色 GDP 为导向的考核评价体系、严格的生态环境保护制度等，厘清各级党委环境保护权力责任边界，落实地方党委生态文明建设政治责任，解决监督主体虚化和监督责任模糊问题，从总体上推进环境治理体系和治理能力现代化。

二是健全以人民为中心的环境权益保障机制，整体增进人民群众环境福利。环境就是民生。顺应人民群众对良好生态环境期待，提升生态环境质量，切实解决好人民群众最关心、最直接、最现实的利益问题，是衡量党治国理政能力水平、检验党的路线方针政策正确与否的重要标准。传统快速工业化发展模式以牺牲生态环境、损害人民群众环境权益为代价的经济增长不仅破坏了人与自然的和谐关系，还积聚了一系列利益矛盾问题，直接影响到社会稳定。党践行全心全意为人民服务的宗旨，从解决人民群众反映的突出环境问题着手，在尊重顺应自然生态环境规律、倡导人与自然和谐共生、发挥人民群众环境保护的主体性作用的基础上，坚持生态惠民、生态利民、生态为民，通过健全充分反映民意、广泛集中民智的环境决策机制，严格落实环境信息公开、公众参与、生态补偿和生态损害赔偿等多项环境权益保障制度，切实解决损害群众健康的环境问题，不断增加人民群众的生态福祉。

三是构建以党委为领导、政府主导、企业主体和公众参与的现代环境治理体系。习近平总书记指出："各级党委和政府要自觉把经济社会发展同生态文明建设统筹起来，坚持党委领导、政府主导、企业主体、公众参与，坚决摒弃'先污染、后治理'的老路，坚决摒弃损害甚至破坏生态环境的增长模式。"[①]2020年，中办、国办下发了《关于构建现代环境治理体系的指导意见》再次强调"实行生态环境保护党政同责、一岗双责，健全环境治理领导责任体系。"前面已经谈到，协同治理的目的在于发挥相关利益主体的优势提升治理效能，维护和增进公共利益。而如何将各个治理主体有效组织起来，统筹协调各方面治理资源，平衡各方面利益，寻求

---

① 习近平：《推动我国生态文明建设迈上新台阶》，《求是》2019年第3期，第5页。

"最大公约数"意识，则要充分发挥党总揽全局、协调各方的领导核心作用。各级党组织通过政治引领确立以人民为中心的发展思想，强化环境政策的统一性、连续性和整体性，增强领导干部对生态环境治理的重要性和紧迫性认识，担负起生态文明建设的政治责任。发挥党的组织引领作用，激发地区之间、部门之间、不同层级政府之间生态环境治理协同治理行动的兴趣与激情，形成治理活力；推动党委领导下的环境民主政治建设，拓宽多元主体参与环境治理的渠道，增强治理的系统性、整体性和协同性，提升环境治理现代化水平。

2. 政府主导协调

尽管协同治理理论的提出是对政府公共事务单一治理模式局限性的反思，但并非意味着治理不需要国家或政府。协同治理主要是政府为了适应环境的变化从根本上改革管理方式，正如学者王诗宗所言"治理的提出并未降低国家或政府的重要性，而是要求重新设计、建构国家"[①]。换言之，在公共行动体系中，政府仍然扮演"元治理"的角色，在多元治理体系中处于最重要的一元。"公共治理理论认为，在社会公共管理网络中，虽然政府不具有最高的绝对权威，但是它却承担着建立指导社会组织行为主体的大方向和行为准则的重任，它被视为'同辈中的长者'，特别是在那些'基础性工作'中，政府仍然是公共管理领域最重要的行为主体"[②]。作为公民的代理人，政府是公共责任的承担者，通过行使公共权力来维护和实现公共利益，保护和增进公民权益是政府存在的直接目的和基本职能。在生态环境治理、公民环境权益保障体系中，尽管政府的有限理性有时会造成"政府失灵"，但政府主导性地位及其解决"公地的悲剧"的作用是其他治理主体仍然无法替代。在协同关系构建中，政府仍然承担着发起者、

---

①　王诗宗：《治理理论的内在矛盾及其出路》，《哲学研究》2008年第2期，第86页。

②　丁煌：《西方公共行政管理理论精要》，中国人民大学出版社2005年版，第458页。

组织者、监督者和领导者等主导性角色,是推动协同治理启动的决定性力量。诚如澳大利亚学者罗宾·艾克斯利指出"国家应该强大的理想来自于推动环境修复、规制建立和在某些情况下禁止一系列环境与社会破坏性活动的需要";"国家之所以被运用,是因为它是对投资者、生产者和消费者拥有巨大约束能力的社会制度(相比之下,市场作为一种社会制度,在自身'绿化'方面只有十分有限的潜能且不易被公民掌控,至多,它可以对消费者主权而不是政治主体或政治性公共集体作出回应)"①。具体而言,在公民环境权益多元主体协同治理体系构建与运行中,政府主要承担了以下四种角色:

一是环境公共产品供给的主导者。环境问题的风险性、不确定性和复杂性,环境公共产品的规模性和外部性,意味着需要一个具有强有力的公共权威机构保证环境公共产品供给。作为环境公共利益的代表和国家公共服务的主导性供给者,政府掌握了国家大量公共资源,能够运用包括政策规划、财政投入、制度安排和监督管理等多种手段来进行环境治理并提供环境公共服务,逐步满足公民日益增长的生态环境需要。首先,环境治理是一项复杂的系统工程,环境保护对国家发展的重要性要求政府必须统筹规划将其纳入国家重要发展战略政策制定中,并通过相关程序上升为指导社会成员参与环境治理的行动指南。例如,世界各国大多把环境可持续发展目标、生态文明建设战略纳入经济社会发展规划,将公民能否享有良好的环境权作为国家治理的重要指标以及评价社会进步的重要标准。其次,由于大多数环境公共产品具有非竞争性和非排他性,其生产需要大规模的投入特别是财政支持,单一由市场主体或社会组织进行生产无力改变有效供给不足的局面,需要政府在国家财政政策支持下进行合理的宏观调控,调动其他资源参加环境保护建设。再次,环境公共产品供给也是一种制度

---

① [澳]罗宾·艾克斯利著,郇庆治译:《绿色国家:重思民主与主权》,山东大学出版社2012年版,第11页。

安排，作为国家环境政策制度的重要决策者，政府应不断建立健全环境法律法规制度和政策体系规划生态环境行为，厘清各主体在环境公共产品享有的权利与应履行的义务，提升环境产品供给上的质量和效率。最后，政府履行环境监管职责，对环境污染行为进行监督管理，制止环境侵权行为，维护环境正义。

二是环境利益冲突的协调者。1970 年美国学者萨克斯教授（Toseph L. Sax）将公共信托理论引入到环境保护领域，提出了"环境公共信托理论"。萨克斯指出，空气、水、阳光等都是人类生活所必需的生态环境要素，是全民所共有的"公共财产"，公民以信托的方式委托给政府管理，政府作为受托人应该合理地保护环境公共财产，避免环境污染侵害公民环境权利，防止和解决环境资源上的公共利益与私人利益的冲突。随着工业化的推进，人与自然的环境冲突不可避免地上升为人与人之间的环境利益冲突，生态环境的恶化、社会发展转型和利益结构分化使环境冲突日趋复杂激烈。企业、公民和地方政府等是环境利益冲突的主要相关方，企业是环境污染的重要源泉，公民往往成了环境污染受害者，地方政府因环境治理不力很容易成为冲突的另一方。造成环境冲突的原因有很多，地方政府本身作为环境公共利益维护者的角色错位是其中之一，例如地方政府为了追求 GDP 的最大化与企业形成"共谋"侵占生态资源、法律法规不健全致使环境权益受损者维权难、公民参与环境决策机制不健全等，政府公共责任的缺失使环境冲突治理日益陷入困境。列宁认为，国家是阶级矛盾不可调和的产物，国家存在的重要目的就是把社会冲突管理在一定"秩序"范围内，防止侵犯他人权利的情况出现。为了缓和冲突，国家除了运用政治统治手段，还可以履行公共服务职能调节利益关系。因此，在环境利益冲突问题上，政府作为国家公共权力的代理人，负有保护公民环境权益的义务，必须及时回应公民环境权益诉求，从环境经济利益的逐利者向公正协调者转变，通过制定环境政策、搭建公民参与平台、监督与管理环境污染行为构建利益协调机制，化解环境利益冲突，促进社会和谐稳定。

三是自由平等协作环境的塑造者。诚如法国学者戈丹（Jean-Pierre Gaudin）所言："治理从根源上须区别于传统的政府统治概念"①。传统政府统治普遍采用科层制组织结构，按照命令与服从的运转逻辑自上而下地进行层级管理。多元主体协同治理则是依据治理环境的要求及考虑各主体的价值偏好，基于信任与互利基础上形成的自组织网络关系结构。在这种网络化结构体系中，参与者之间构成了相互依赖的平等合作关系，主体间共享公共权力推动开放性集体决策。自由平等既是善治的基本价值目标，也是实现协同治理的前提。协同治理网络化结构的最终形成及其功能发挥与否取决于能否塑造一个宽松自由平等的协作环境。"政府的首要目的是培育自由，即要创造一种人们能够富有成效地相互合作的（心理）环境"②。维护公平正义是政府的基本职能，党的十八大报告就要求"推动政府职能向创造良好发展环境、提供优质公共服务、维护社会公平正义转变"。在环境协同治理系统中，面对相对独立的市场主体和社会主体，政府主导核心作用之一就是通过价值引导、权力下放、制度规范和公共服务等，维护网络内部及不同网络之间的生态民主和环境正义，为激发参与者环境治理的积极性主动性创造良好环境。具体而言，政府首先需要培育生态公共价值观获得治理主体环境心理认同。价值是行动的先导，多元治理主体在生态文明建设目标导引下，通过协商谈判对环境保护的紧迫性、重要性达成价值共识。其次，在环境治理价值共识的基础上，政府向市场、社会多个主体下放权力，转变政府职能，健全政府与公民的沟通机制，提升治理主体的自主能力和参与激情。最后，完善多主体网络互动规则体系，以正式制度形式明晰政府、企业、非政府组织和公民的职责范围及合作方式，确保良性互动有效展开。

---

① Jean-Pierre Gaudin,"Modern governance, yesterday and today: some clarifications to be gained from French government policies", *International Social Science Journal*, 1998（50）: 47-56.

② ［英］大卫·G.格林著，邬晓燕译:《再造市民社会——重新发现没有政治介入的福利》，陕西人民出版社 2011 年版，第 22 页。

　　四是集体合作网络的组织者。协同治理意味着多元主体在共同目标指引下形成自组织集体行动网络，要求目标确定性、行动一致性和沟通持续性。为了避免环境集体合作行动失败，政府作为集体合作网络的助力者和协调者，在现代化网络信息技术支撑下，通过构建开放的生态行政体系、合理协调多方主体环境权益、建立健全环境公共产品共享机制和环境保护激励机制等，克服集体行动的障碍，实现环境治理协同功效。结构功能主义认为，社会结构决定集体行动的意识形态，影响集体行动的形成。资源分配、阶级结构、社会流动等社会结构对生态环境共治意识及合作行动都会产生重大影响。推动生态环境协同治理创新，政府必须推动行政体制改革，打破现有环境管理条块分割与各自为战格局，优化环境治理权力结构、组织结构、利益结构和观念结构等，重塑政府、市场和社会三者关系，促进集体行动动力机制形成。利益需求是多元主体开展协同合作的基本源动力。企业利用环境资源以追求经济利润的最大化为目标，公民以获得基本生存权和良好环境质量为目的，政府以维护环境公共利益作为基本价值取向（当然不排除一些地方政府或环境部门的非公益动机），虽然这些主体具体利益有所差别，但是从长远来看，其影响人们生产生活的生态环境根本利益是一致的。面对日趋复杂且不确定性治理环境，政府在协调主体利益关系基础上建立环境资源共建共享机制，构建政府之间、政府与企业、社会之间等多层次协同合作治理系统，引导企业进行环境公共产品生产、促进公民环境公共参与，建立一系列环境公共行为激励约束机制，推动环境合作网络的实现。

3.企业履责合作

　　政府规制是阻止污染恶化的重要因素，但政府规制能否实现预期目标还得需要企业履行社会责任。企业是环境污染的主要制造者，在减少环境污染和实现公民环境权益中具有不可推卸的社会责任。企业社会责任主要指企业除了创造利润、履行法律和经济责任，还要承担增进社会福利等有利于社会长远发展的义务。从 20 世纪 20 年代开始，企业社会责任逐渐为社会各界所关注，认为企业除了关注经济利益目标外，还应该按照社会目标和价值观的要求，制定政策及采取行动。从 20 世纪 80 年代开始，尊重人、保护环境和维护社会稳定就是国内外强调企业社会责任的重要内容。1997 年，Elkington 最早提出了"三重底线"的概念，认为企业行为要满足经济底线、社会底线与环境底线，意即企业要承担最基本的经济责任、社会责任和环境责任[①]。1999 年时任联合国秘书长安南在瑞士达沃斯经济论坛上提出"全球协议"，号召公司遵守在人权、劳工标准和环境方面的九项基本原则，要求企业充分发挥在社会环境治理中的良好作用。2015 年在中国举行的全球社会企业家生态论坛上，安南先生发言中再次强调"环境恶化和资源枯竭的现象一直有增无减，人为导致的气候变化也正在逼迫着人类走向灾难的边缘"；"我们需要共同合作，不仅是国与国之间的合作，还是国内各个行业之间的合作，而商业必须是实现合作的核心因素"[②]。纵观国内外环境冲突事件，不难发现企业大多扮演着强权而又复杂的角色，企业社会责任弱化、资本对权利的侵蚀不利于冲突解决。"如果私人企业变得更加具有环境责任感，那么它们可以在国家难以企及的各种范围内发挥作用"[③]。近年来随着政府环境规制加强和公民持续压力，部分企业开始考虑生产行为对环境可持续的影响，采取降低资源消耗、减少污染排放行动，效果初显。

根据权利与义务对等原则，企业拥有使用自然资源、消耗能源的权利，也必须履行尊重公民环境权益、保护生态环境和推动社会可持续发展的责任。市场经济条件下，企业的资源开发利用活动具有典型的外部性，

---

① 李伟阳：《企业社会责任概念探究》，《经济管理》2008 年第 21 期，第 178 页。

② 《安南呼吁企业增强社会责任感应对世界经济挑战》，中国新闻网，www.chinanews.com，2015 年 11 月 25 日。

③ ［英］马克·史密斯、皮亚·庞萨帕著，侯艳芳、杨晓燕译：《环境与公民权：整合正义、责任与公民参与》，山东大学出版社 2012 年版，第 129 页。

企业往往是环境污染的主要致害者，公民容易成为环境污染受害者、环境风险承担、环境资源分配等大多处于不利地位。生态环境恶化、环境利益冲突加剧本身就是企业社会责任缺失的一种表现。在政府一元主导权威环境管理体制下，企业作为被管理的对象，基本处于被动的服从地位。企业按照政府部门的指令进行污染削减与治理，一旦出现政府监管不力或环境违法收益高于成本，基于利润最大化追求的企业很容易产生机会主义行为倾向。除此之外，在过去以 GDP 为中心的绩效考核体系下，一些地方政府为了获得更多的财政收入、政治升迁甚至寻租收益，默许或者纵容企业的环境污染行为，形成了"污染合谋"而非"污染共治"。虽然近年来中央政府在推动生态文明建设和规制企业行为上付出了很大的努力，但目前来看与预期目标还有一定的距离。一般而言，政府规制并不是阻止环境恶化的关键性要素，特别是对于以经济增长为核心目的发展中国家更是如此。企业是生态治理的重要主体，将政府环境监管外在压力内化为企业自身的责任行为对于环境可持续发展则显得尤为重要。环境污染是"市场失灵"带来的后果，但也可以运用市场力量发挥其资源高效配置作用使污染得到有效治理。从长远来看，日趋激烈的全球市场竞争压力、集体性的环境维权行动和越来越严格的环境监管政策将会促使企业从抗拒履行到积极承担环境责任义务，抑制污染外部化行为。企业对于环境责任的关注不仅有助于政府、企业和公民等主体的非合作博弈走向合作共赢，而且能够帮助企业获得更多积极商业价值，提升可持续发展能力。因此，推动企业参与环境权益协同共治具有必要性和可行性。

在环境公共事务治理上，企业履行环境社会责任可以分为基本和积极两个方面：履行基本环境社会责任要求企业树立绿色发展、共享发展理念，将社会责任植根于企业文化中，增强公共责任感，遵循可持续发展原则，改变传统高投入、高消耗的生产经营模式，将绿色环保纳入生产经营全过程，按照国家环境政策、法律法规和环境道德的要求最大化利用自然资源，减少环境污染，承担污染成本。企业在决策和生产行为中充分考虑利益相关者的环境期待，特别是消费者、社区和工人的健康与福利，及时回应公民环境利益诉求，披露环境责任信息，抑制生产外部化行为。同时，适应循环经济发展模式需要，企业在生产过程中要充分考虑自然生态系统的承载能力，引进和运用先进科学技术，尽可能地节约自然资源，不断提高自然资源的利用效率，循环使用资源。当然，基于成本与收益权衡作出选择的企业不可能完全自觉地履行基本环境社会责任，"好的环境规制"仍然是促使企业履行责任的关键性驱动力。政府须改革"末端治理"的环境管理模式，按照"谁污染、谁治理"以及"污染者付费，治理者受益"的原则，建立健全包括排污权有偿使用和交易、环境生态补偿、生态税收和产权明晰在内的环境规制体系，积极探索建立环境成本合理负担机制、污染减排激励约束机制，阻止企业环境成本外化，避免"公地悲剧"发生。履行积极的环境社会责任意味着企业为市场提供绿色产品和生态服务，维护和增进环境利益。政府适当干预是弥补生态环境治理市场失灵的有效手段，但并不实现环境公共服务最佳供给。充分发挥市场资源配置的决定性作用、企业参与环境治理的专业性优势，开展环境公共产品合作供给实现政府与市场的互利共赢，是推动企业履行积极的环境社会责任的重要途径。西方国家新公共管理改革实践经验证明，私人部门介入环境公共服务治理体系，政府与社会资本互动合作，有助于解决政府污染治理基础设施投入不足、运行效率有限问题，降低交易成本以及提升环境公共服务质量。政府与企业之间的传统管理对立转化为自愿合作伙伴关系，政府给予企业财政补贴或政策优惠，建立环境保护投资利益驱动机制，激发企业增进环境公共利益的动力。党的十八届三中全会指出"建立吸引社会资本投入生态环境保护的市场化机制，推行环境污染第三方治理"。通过市场化机制推行环境污染第三方治理，既是环境保护管理体制的重大创新，也是探索企业履行环境社会责任的新路径。污染企业与专业污染治理企业通过签订合同或协议，付费购买服务的形式开展市场化环境治理服务，污染企业由直接的环境责任转化为间接的经济责任，政府对其进行有效的监督与协调，使环境社会责任得到更好地履行。

4. 公民参与环境治理

现代国家治理变革基本目标是根据治理环境变化寻求一种新的治理模式，不断增强政府的回应性满足公民的意愿，提升政府治理能力以及与其他主体的协作能力。其中，不断探索新的参与形式，发展和深化现代民主，提升并增强社会公民参与公共事务的治理能力，是推进新型治理变革的基本路径。"协同治理理论契合了公民参与的民主理想，并为其发展与完善提供了一个崭新的契机"[①]。由此可见，公共参与是协同治理的核心理念、基本特征和实践方式，也是实现互动合作的前提条件。学者俞可平指出，"善治是政府与公民之间的积极而有效的合作，这种合作成功与否的关键是参与政治管理的权力"[②]。环境参与主要指公民依照法律规定的权利与义务，根据所掌握的环境信息，通过一定的形式或途径参与环境决策与执行的一系列活动，实现有效维护环境利益的目的。公民环境参与有其基本的权利基础，除了一般意义上的政治民主参与权利，涉及具体环境领域中就是公民环境参与权。环境治理的"市场失灵"和"政府失效"为公民参与提供了理论基础，环境问题的公共性、专业性、复杂性和利益相关性等特征意味着必须激活民间参与治理机制。政府适应治理民主化、现代化和协作化要求，构建以公民广泛参与为基础的行动网络，提升环境决策质量，降低环境治理成本，才能使环境治理沿着善治方向前进。对于广大公民而言，环境参与既是公民履行职责的需要，也是实现环境权益的重要保障。

社区公民既是生态文明建设的践行者，也是自身环境利益的维护者。社区公民实质性地参与环境治理，既是实现和维护环境权益的途径，也是发挥社会自治优势解决环境问题的根本出路。学者方世南认为"生态问题

[①]　杨清华：《协同治理与公民参与的逻辑同构与实现理路》，《北京工业大学学报（社会科学版）》2011 年第 2 期，第 47 页。

[②]　俞可平：《治理与善治》，社会科学文献出版社 2000 年版，第 12 页。

说到底是人的问题。人是生态环境危机的始作俑者，也是解决生态环境危机的实践主体。解决生态环境问题不仅需要政党和政府将生态问题上升到政治问题的高度重视，更重要的是需要亿万公民的共同参与和支持，开展一场以公民绿色政治参与和制度创新为内容的绿色政治文明建设"①。公民积极理性有序地参与环境治理，合理表达环境利益诉求，促进环境科学决策是构建环境协同治理模式的重要路径，也是推动环境治理体系和治理能力现代化的前提。《人类环境宣言》《环境与发展宣言》《21世纪议程》和《奥斯胡公约》等系列国际环境文件都将公民参与作为环境保护的重要原则。在生态民主原则的指导下，世界各国大多将公民参与环境行政过程作为推动生态民主建设，提升政策合法性的有效手段，构建以公民参与为基础的环境保护制度。近年来我国相继制定并下发的《环境保护法》《环境影响评价法》《水污染防治法》和《大气污染防治法》等环境法律制度也确定了公民环境参与权，要求政府通过依法公开环境信息、完善程序为公民环境参与提供便利，同时也要求公民自觉履行环境保护义务。

从参与过程来看，公民环境参与可以分为事前决策参与和事后监督参与。事前决策参与主要是对引进项目或技术进行环境影响评价，防止污染项目或技术实施后产生环境问题，侵害公民环境权益。事后监督参与主要是对企业的污染行为后果、政府的环境治理行为进行监督、举报和控告等。政府对待公民参与环境决策上的态度不同，直接影响着公民环境行为。政府及时公开环境信息，充分赋予公民环境参与权利并为其提供政治机会。公民依据对政府的信任，通过环境信访、法律诉讼和参与环境评价等方式进行较为理性的体制内参与。当然，如果公民环境利益诉求得不到政府有效回应，将增强公民对政府的不信任，以致引发个人或集体的环境维权，公民环境参与陷入困境。社会结构日趋分化与多元化，不同环境利

---

① 方世南：《从生态政治学的视角看社会主义和谐社会的构建》，《政治学研究》2005年第2期，第47页。

益主体有着不同的价值诉求和利益偏好，环境利益冲突逐渐成为常态。协同治理的民主价值取向与互动运作逻辑为解决公民参与困境提供了新思路，也为环境冲突有效治理创造了新选择。通过确认公民的环境参与权为基础推动政府、企业和公民等多元主体之间的沟通协调与互动协作，变冲突为协商、对话、调解、仲裁，在环境决策中保障公民的话语权，整合环境利益诉求，在政策执行环节注意平衡公共利益与自我利益，发挥公民环境保护主体作用。"各个治理参与主体对各种现实利益的感受和追求是其参与公共服务治理的基础性动机，主体参与行为只有建立在利益驱动基础上才具有可持续性"①。因此，社区公民生态民主参与将是公民环境权益保障协同治理的可持续发展路径。

5. 环境社会组织监督服务

在生态环境治理上，需要独立于政府、企业以外的其他社会机构有组织的参与环境公共产品供给，筑牢维护公民环境权益的社会基础，发挥其解决环境权益冲突的独特作用。在社会改革发展和民主建设的推动下，环境社会组织以其公共性、专业性、非营利性和自愿性等特征及其在环境保护上的低成本、公益性服务等优势，在弥补环境治理失灵的需要、推动了环境治理模式变革、增进环境公共利益和保障公民环境权益中扮演着越来越重要的角色，成为公民环境权益保障协同治理中不可或缺的组成部分。正如赛拉蒙所描述的"一场有组织的志愿活动和创建各种私人的、非营利的及其非政府的组织的运动，正在成为席卷全球的最引人注目的运动……民众正在创建各种团体、基金会和类似组织，去提供人道服务，促进基层社会经济发展，防止环境恶化，保障公民权利，以及成百上千先前无人关注的或国家承担的种种目标"②。20世纪60年代以来，以美国为代表的西

---

① 范逢春：《农村公共服务多元主体协同治理机制研究》，人民出版社2014年版，第140页。

② ［美］莱斯特·赛拉蒙：《非营利领域及其存在的原因》，载于李亚平、于海编选：《第三城的兴起》，复旦大学出版社1998年版，第7页。

方国家环境社会组织蓬勃发展，在环境教育、增强公民的环境意识、引导公民环境参与、推动环境诉讼、维护公民的环境权益和促进环境纠纷的解决等多方面发挥了重要作用。我国环境社会组织在国家民主化政策引导下，从 20 世纪 90 年代开始纷纷成立并且其数量和规模迅速扩大，逐步成为环境公共事务治理不可忽视的生力军。在公民环境权益保障协同治理结构中，环境社会组织基于公私合作伙伴关系与其他主体协作分工，承担了环境污染行为监督者、环境决策的参与者、环境权益的维护者和生态公民培养者等角色。

首先，由于对污染企业信息把握不全、环境专业性知识不足等问题，政府环境监督效率和效果难以达到预期目标。植根于群众之中的环境社会组织大多由关注环境治理的专家学者、法律界人士和热心于环境事务的市民等组成，具有专业化技术知识、较强的组织能力与社会基础，对生态环境治理拥有一定的比较优势，能够对地方政府的投资项目进行专业化的环境影响评价分析，监督政府部门的环境治理行为，抑制其自利倾向并促使其履行环境责任。同时，环境社会组织能够通过实践调查等途径及时监督企业环境污染行为，并借助于法律法规、社会舆论等促使企业履行环境社会责任。此外，还可以通过技术支持或资金帮助企业减少资源消耗和环境污染造成的外部性问题，这在很大程度上弥补了政府环境监督不足的缺陷。

其次，环境社会组织为公民环境参与、利益表达和信息沟通提供桥梁和纽带。由于公民环境参与能力不足且参会机会相对有限，对环境决策的影响力较弱，需要借助于组织化的参与载体和环境保护机制。"经验表明，开放民间环境组织资源，是凝聚公民力量、创造公众参与机会、促进公众参与环保的重要手段"[①]。《21 世纪议程》的第 28 节规定，当地政府必须与本地的各种利益相关方交流信息和协调行动，这些相关方包括市政代表和环境服务提供者、大学、工会、环境运动、卫生机构、工业界、农民和青

---

① 洪大用等:《中国民间环保力量的成长》,中国人民大学出版社 2007 年版,第 71 页。

年团体等①。作为公民环境参与的重要载体，环境社会组织将环境议题引入政治议程，以组织化方式进行直接对话与讨论，向政府提供咨询或建议影响政府决策，整体表达公民环境利益诉求，加强相关利益者的信息沟通，减少政府环境政策制定中信息不对称，提升公民环境参与的话语权与影响力，增强环境决策的正当性和有效性。

再次，环境社会组织进行利益整合与协调，成为公民环境权益的重要维护者。在社会分化不断加剧的背景下，政府难以全面了解公民的环境利益偏好，出于地方短期经济发展、财政收入增加和职位晋升等多维利益考量，地方政府有时不仅不能有效地协调环境冲突，而且自身也作为利益相关方卷入冲突中。面对强大市场资本和行政权力，公民个体力量有限或群体维权弱组织化使其在环境利益博弈中不可避免地处于弱势，难以对环境侵权行为形成全面有效制衡，容易激发非理性个体或集体维权情绪，甚至导致环境群体性事件，影响社会和谐稳定。环境社会组织加入环境利益协调中，能形成公共利益与私人利益整合与协调的渠道。一方面通过组织化促进环境利益理性表达和环境监督，与相关利益集团或地方政府进行持续对话，对政府和企业的私利行为构成集体行动的压力，增强社会公民的谈判能力，推动环境决策民主化科学化，化解潜在的环境矛盾冲突。另一方面利用专业技术、法律知识和资金方面的优势，帮助环境受损群体通过合法上访、环境诉讼等途径进行环境权益救济，推动公民理性维权。例如，由环境社会组织倡导的环境公益诉讼就是其参与环境保护的重要手段，也是公民环境维权的重要途径。由此可见，环境社会组织在环境协同治理中承担了"润滑剂"的角色，缓解公民与政府、企业之间的矛盾与冲突，为主体间的互动与合作提供了条件。

最后，环境社会组织组织公民开展环境自主管理，是生态公民的培养

---

① ［英］马克·史密斯、皮亚·宠萨帕:《环境与公民权：整合正义、责任与公民参与》，山东大学出版社 2012 年版，第 119 页。

者。"把自己组织起来，进行自主管理，从而能够在所有人都面对搭便车、规避责任或其他机会主义行为诱惑的情况下，取得持久的共同利益"①。公民自身的环境素养和责任意识直接决定其环境行为，也影响到主体协同合作的实现。环境社会组织运用自主管理的空间，开辟自下而上的环境知识传播与培养机制，开展倡导环境保护宣传教育，增强社会公民的生态文明意识，促成公民环境保护集体行动与自主管理。生态公民是生态文明建设的主体社会基础，从长远来看，环境社会组织承担了培养生态公民的重要责任任务。"作为生态文明建设主体，生态公民是具有环境人权意识、良好美德和责任意识、世界主义理念和生态意识的公民"②。生态公民是环境权益和责任的统一体，培养生态公民不仅强调国家对公民环境权益与义务法律性保障，同时也要求公民生态环境品质及环境保护的主动性责任。公民每个自身的环境行为都会影响到其他主体的环境权益，因而环境社会组织组织公民环境保护的共同行动中，需要引导公民厘清环境个体利益与集体利益关系，将自己的环境行为取向符合生态公民的德行要求，进而为环境公平正义和可持续发展作出贡献。

二、公民环境权益保障协同治理主体博弈关系

从某种程度上说，生态环境协同治理本质是涉及政府、企业、社会组织和公民之间的复杂博弈。现代信息化普及、公民社会迅速成长下大众媒体、环境社会组织的介入使博弈更加多元化、复杂化。厘清多元主体间的复杂利益关系和博弈策略选择，提升中央政府的环境监督与惩治水平、地方政府的主动合作与公民广泛参与是促进主体从非合作博弈向合作博弈转变的基本前提。

---

① ［美］埃利诺·奥斯特罗姆：《公共事物的治理之道》，上海三联书店2000年版，第51页。
② 杨通进：《生态公民：生态文明建设的主体基础》，《光明日报》2008年11月11日。

1.中央政府与地方政府之间的博弈

传统计划经济体制下公共资源管理权、财政权力等高度集中于中央政府，地方政府在管理上处于绝对从属及执行地位，自主利益诉求较少，因此与中央政府的博弈空间也较小。随着市场经济体制改革深化、中央政府为了调动地方政府积极性逐步对其进行财政分权和下放其他环境资源配置权，由此形成环境利益差别而产生博弈现象。从理论上而言，虽然中央政府与地方政府都是公共利益的代表者，但同时两者兼具相对独立利益主体的角色。中央政府是整体性公共利益代表，地方政府虽然从根本上与中央政府利益一致，但其相对独立地位也有其局部利益和特殊利益，并且有较强的自身利益追求。由于两者目标函数和约束条件不同，中央政府与地方政府之间形成了整体利益与局部利益、长期利益与当前利益的选择冲突。中央政府主要制定环境治理宏观政策，统筹经济、社会和生态协调发展，强调以人民利益为中心推动生态文明建设，保障公民环境权益。地方政府是国家环境政策的执行者，把握着政策执行力度和效度。考虑到地方经济增长、财政收入增加和促进就业等利益目标，地方政府在对待中央环境决策上会基于环境治理投入与产出作出"严格执行"或"消极执行"选择。如果中央政府在环境治理上选择"不作为"博弈策略，地方政府基本会作出经济增长绝对优先的行为选择，忽视地区生态环境恶化和公民环境利益受损。当中央政府采取"强制干预"措施，且环境治理投入有利于促进经济增长时，地方政府大多会选择合作态度，严格执行上级环境决策。但由于环境产品具有较强的公共属性、环境治理投入大且见效时间较长等特点，环境投入在短期内难以见到显著效益，而在压力型体制下政府官员又面临任期限制、经济增长和财政收入考核等压力，使其主要目标和管理精力集中于任期内GDP增长。当执行企业污染排放管理影响经济发展，环境治理成本高于短期收益，一些地方政府会选择"部分执行"或"消极执行"等方式落实上级环保政策，"严格执行"则较为少见。特别是当中央命令—管理方式减弱、地方政府权力增加时，一些地方官员会采用多种机会追逐个人利益最大化，机会主义行为逻辑越来越明显，这就是地方执行过程中的"上有政策，下有对策"。当然，地方政府消极执行中央环保政策也会面临不小压力和风险，一旦查实其环境不作为或消极作为，中央政府会对其进行严厉惩罚。因此，地方政府会权衡环境规制成本与收益、相应治理压力环境而作出博弈策略选择。

近年来，为了应对人民日益增长的环境利益诉求、提升整体环境福祉、缓解环境利益冲突、防治地方政府环境政策执行上的机会主义行为，中央政府不断要求地方政府必须坚持以人民为中心的发展导向，严格贯彻落实新发展理念，不断提高环境资源的利用水平。同时，强化环境治理规制执行力度，通过环保督查、约谈、行政问责、违法处理等方式不断传递环保责任压力，意在以强制性干预改变地方政府非合作博弈倾向。强力的环保监督虽然取得较大环境治理成效，但从多个治理不力的负面案例中暴露出运动式治理、被动式落实导致政策执行效率低的困境。如果要突破当前命令—管理式的环境治理缺陷及非合作博弈困境，降低监督成本，激发地方政府主动参与治理动力，中央政府在加大环保督察、违规处罚力度等环境治理约束机制的同时，还需要设计激励相容的环境利益协调机制，兼顾央地政府环境规制的成本与收益，特别是构建利益诱导机制提升地方政府执行环境规制的净收益。例如，在进一步厘清财政与事权的基础上，明确各级政府和环保部门的责任，中央政府加大财政转移支付力度，按照"污染者付费""受益者支付"等原则加大生态补偿的力度，缓解环境治理外部性问题。除此之外，进一步完善地方政府政绩考核体系，突出绿色发展指标等政策体系网络，以此促进两者从非合作博弈向合作博弈转变。

2. 地方政府之间的博弈

在区域环境治理方面，地方政府之间是竞争与合作的博弈关系，其规制行为上有履行与不履行两种选择。受属地管理、环境资源的有限性、环境产品的外部性和有限理性等因素影响，地方政府博弈行为选择具有较强的理性经济人色彩和地方保护主义利益偏好，会根据环境利益冲突治理的具体情景、环境治理投入与产出等作出合作或冲突抉择。具体存在以下几种情形：第一种是在无上级政府行政干预和相关制度约束条件下，代表地方利益的政府从本地区经济利益出发展开激烈竞争，逃避或不履行环境治理责任，偏好大力开发本地区环境资源或放松企业污染排放而获得较高的财政收入、促进地方就业等竞争优势，企图使环境治理成本外部化。这种追求短期经济利益而损害了公民环境权益的非合作博弈行为，陷入了博弈的"囚徒困境"并导致"公地悲剧"产生。第二种是地方政府一方意识到公民环境权益保护的重要性和环境收益的长期性，持合作态度选择严格执行环境污染防治，履行环境规制责任，获得外部环境收益。但是，如果另一方选择冲突或不合作的博弈策略，放松环境污染规制谋取"搭便车"行为，将环境治理成本转嫁给周边地区，或者享受对方执行环保政策而带来的"外溢性"收益，由此会获得更多的额外环境收益。环境治理成本与收益的不对称性会削弱执行环保政策一方的积极性和主动性，引发其从合作转向不合作的行为选择。第三种是地方政府面对外部强制性压力或基于环境利益共同体考虑作出环境合作治理策略，推动区域环境利益共享。当环境合作治理收益大于成本时，合作治理动力将会得到强化，地方政府在环境信息共享、区域治理规划和共同规制制定等方面也会有较大改善。相反，如果出现任意一方或双方环境治理收益小于成本的情况，合作治理机制则会处于不稳定状态，集体行动难以为继。

为了使地方政府走出博弈困境，中央政府会对区域环境治理和损害公民环境权益行为进行强力干预，通过制定区域环境发展规划、组建环保联合组织、构建共同行动制度基础等促使地方重视经济与环境协调发展、开展区域环境合作治理，作出合作博弈策略。加上公民环境维权的"倒逼机制"不断向地方政府施加压力等因素影响，地方政府之间的静态博弈逐步转向动态博弈。解决地方政府之间环境治理非合作博弈的关键在于在打破环境治理条块分割的基础上，明确地方政府区域环境治理责任与义务，对博弈方进行"选择性激励"，建构环境利益协调机制，增加环境治理共同利益基础。例如，针对跨流域环境利益分配，如果上游地区水资源保护政策实施而使下游地区受益的话，下游地区政府应给予上游地区合理的生态补偿。同时，中央政府应在产业发展规划、财政政策补偿方面对上游地区政府提供支持。如果地方政府不执行区域环境治理政策，则应受到相应惩罚，使其付出成本高于"搭便车"所获得的收益。再如，在有限资源的开发竞争、跨地区公民环境利益损害冲突问题处理上，如果博弈双方选择合作治理，平息地方环境利益冲突，则双方各自承担协调成本并分享共同利益。如果其中一方或双方都选择不合作博弈策略，其将会面临中央政府包括政治经济方面的严厉惩罚，并且公民的环境维权将会使选择不合作的地方政府付出更多成本。因此，从长远来看，随着中央环境激励政策调整、公民对环境利益行为选择会促使地方政府作出合作博弈选择。

3.地方政府、排污企业与公民之间的博弈

地方政府、排污企业与公民等环境利益相关者之间构成了复杂的博弈关系：地方政府是辖区公民公共利益代表者，行使公民赋予的环境资源管理权力，与公民构成代理—委托关系；企业是推动地方经济发展的重要主体，也是环境污染的主要来源，地方政府与其形成制约与协作关系；公民除了面临排污企业的利益损害风险，也获得企业提供的就业机会和工资收入，反过来其消费偏好也会影响企业生产导向，两者之形成了冲突与共生关系。上述相关利益者之间既存在静态博弈，也会随着公民的环境维权过程发生动态博弈演化。

地方政府对待公民的环境权益诉求方面主要有忽视与尊重两种选择，相应地公民也有维权与妥协两种博弈策略。如果地方政府官员为了追求任期内GDP增长，在大型环境敏感项目立项建设、企业污染排放上对公民的环境知情权、参与权和监督权等方面忽视或不作为的态度，不公开相关项目环境信

息，也不征求相关利益者的意见，环评走形式暗箱操作，在没有引发环境利益纠纷的情况下可能会获得短期的经济利益和政府政绩。但是，这种环境不作为的管理策略也面临不小风险和挑战。如果地方经济发展水平较低且公民环境敏感性、环境维权意识不强，公民可能会考虑企业发展带来的就业机会及工资收入选择沉默或容忍态度接受环境利益损害。公民的环境权益意识日益强烈，当公民意识到项目建设或企业排污带来的身体健康及其他环境权益损失时，会利用现代信息传播载体、熟人社会自发地进行多种形式的动员，向相关政府部门表达利益诉求，抗议项目施工建设或要求企业进行利益补偿。此时，地方政府在环境利益冲突治理上有主动协商和被动压制两种治理策略，如果选择积极吸纳公民参与并尊重其环境权益诉求，将会使环境冲突解决进入良性轨道，政府公信力增加，环境治理绩效提升，群众环境权益诉求得到补偿，形成了主体间的正和博弈。然而，在传统"维稳"思维主导、GDP 显性政策考核机制下，一些地方政府偏好于采取压制手段阻止环境维权事件的扩大，否认项目环境风险，掩盖环境污染侵害事实，导致环境利益矛盾进一步激发。当公民通过上访、投诉等正式利益表达渠道受阻后，原有温和环境利益表达方式转向非理性手段维权，扩大事件影响，寻求外界力量的支持，向地方政府施加压力，并且承担相应的维权成本。在强大舆论压力和社会稳定问责外部约束下，地方政府不得不作出停止项目建设、关闭或搬迁污染企业等决定，为此付出政府公信力下降、财政增收机会丧失等不小治理成本，主体间正和博弈机会转化成负和博弈的结果。因此，从环境利益冲突协同演化过程来看，地方政府与公民之间的集体协商、合作治理将是处理环境利益冲突的优化策略选择。

污染企业利润最大化追求与公民环境维权之间的利益博弈中，企业可选择的博弈环境行为有继续污染或遵守规制，公民根据环境维权预期收益可采取个体或集体维权和妥协接受等不同策略。污染企业是否参与地方环境治理行动，尊重公民的环境权益，主要基于污染排放所获得的收益与成本之间的权衡。部分企业为了节省成本大肆开发自然资源、减少环境保护的资金投入，损害公民的环境权益，将本由其承担的环境成本转嫁给政府和公民，短期内能够获得额外经济利润。当地方政府环境规制执行软化、公民污染容忍度高时，会更加激化企业排污机会主义行为。当然，污染企业忽视环境社会责任也要承担声誉损失、行政处罚等成本，特别是公民集体维权不断升级、中央和地方政府环境规制不断加强时，企业须赔偿公民环境损失，甚至还面临着停止生产或异地搬迁的风险成本。如果企业预期违法收益高于成本，则会选择继续排污策略；反之，则会接受维权所带来的经济损失，与公民协商对话，给予其补偿共同解决环境污染问题。两个主体能否从对抗走向合作，除了要减少彼此的信息不对称和认知结构差异时，关键在于合作成本与收益的权衡。

地方政府对辖区内企业污染行为有严格性执法与选择性执法两种选择。污染企业根据地方政府的规制执行力度作出不同程度遵从。如果地方政府严格执行中央政府环境规制政策，加强惩罚力度，意味着污染企业会为其侵权行为支付较高的经济成本，这种情况下企业环境规制遵从程度高，公民环境福利会增加。但是，出于政治晋升、区域竞争和财政收入增长的考量，一些地方政府如果发现环境规制执行成本大于收益时，会倾向于选择性执行甚至与企业共谋来软化国家环境规制政策。此种情况下有些地方政府的保护行为会使企业降低规制遵从程度以减少生产成本，由此损害公民环境权益，环境利益冲突风险加大，地方政府受中央政府问责概率增加。因此，中央政府的强力干预、公民的维权程度将会直接影响污染企业与地方政府之间的博弈策略选择。

第二节 公民环境权益保障协同治理的影响因素

学界对协同治理的分析框架分别采用了政策网络理论、资源依赖理论、新制度主义、复杂系统理论如协同学、自组织以及一些综合分析模型等，其中美国学者克里斯·安塞尔（Chris Ansell）和艾莉森·加什（Alison Gash）立足于发挥协同优势，对美国 137 个不同政策领域协同治理案例进行实证分析，确定影响治理合作的关键变量如利益相互依赖性、彼此信任、共同愿景、领导力、制度设计等，提出的 SFIC 模型体现了抽象性与现实性的结合，系统阐述了合作治理的过程、内在逻辑和权变模型，具有较强的参考性。以 SFIC 模型为分析框架对影响公民环境权益保障协同治理的因素做如下分析。

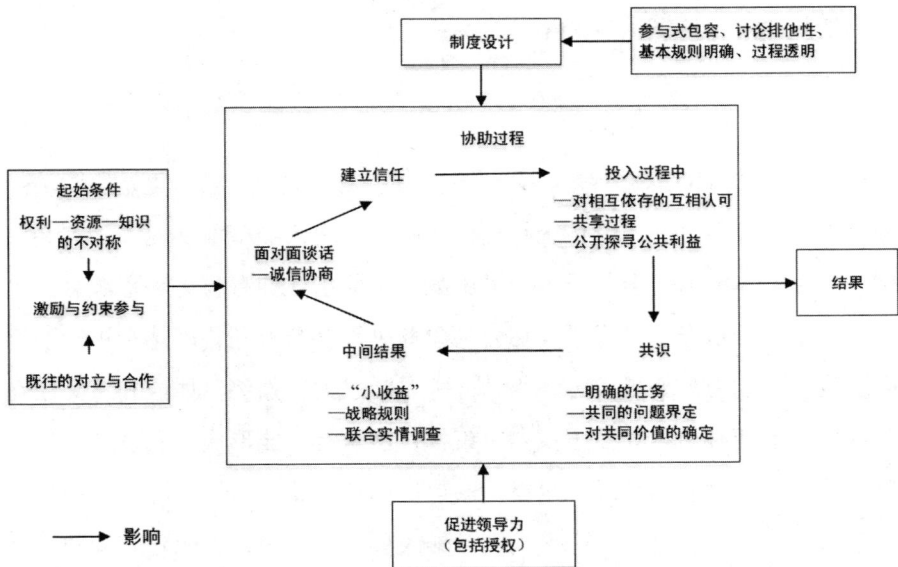

图 4.1　一种协同治理模式①

Fig.4.1　Coordinated governance model of protecting citizens' environmental rights and
interests

一、公民环境权益保障协同治理的起始条件

任何一种治理实践都是在一定情景下进行的，并且受系统环境的影响制约，由政治、经济、文化、社会和生态等环境组成的复杂性背景不仅构成了协同治理是否产生的初始条件，而且相关环境的持续变迁也给协同治理带来了新的境遇，促进或阻碍治理方式的选择和效果。SCIF 模型将协同治理关键起始条件归结为三大变量："不同利益攸关方资源和权力不平衡、利益攸关方协作的动机以及利益攸关方之间既往的对立与合作"[①]。这三大变量决定了协同治理产生的难易程度。

1. 环境权力与资源分配不平衡

权力和资源的不平衡是国家经济社会发展中常见现象，也是协同治理面临的主要障碍之一。受传统管理体制限制、政治经济发展变迁、社会结构分化和个体能力机会差异等因素影响，不同主体拥有权力和资源分配上呈现出不同的格局，决定了其在公共事务决策参与、利益表达和组织谈判的地位和影响力。如果权力和资源分配差距过大，强势群体或利益集团在公共事务上拥有更多的话语权和决策权，甚至有可能形成"利益共谋"操纵公共决策的过程和结果。相反，弱势群体却因缺少组织资源、专业技能和参与机会而无法将自己的正当利益融入公共决策中，将弱化其参与治理的动力和信任。当前我国仍处于经济社会发展转型、社会利益结构分化时期，传统高度集中的权力和资源管理结构已经解体，但渐进式改革逻辑下分权化改革并不彻底，"强政府，弱社会"的格局并未从根本上打破，权力对市场的渗透导致权力资本化、资本权力化，市场经济改革因制度保障不充分使强势群体与弱势群体分化进一步加剧，权力与资源的失衡引发了

[①] 王浦劬、藏雷振：《治理理论与实践：经典议题研究新解》，中央编译出版社 2017 年版，第 339 页。

经济社会生态等领域不少问题。

我国公民环境权益保障协同治理不得不面对相关利益者权力与资源不平衡问题。改革开放以来中央政府自上而下的分权化改革使地方政府、市场和社会获得了不少自主权，特别是地方政府拥有环境行政管理权和资源分配权，环境治理总体上形成了以政府权力为中心的格局。面对共同环境利益问题，以政府为主的单中心治理和各自为战的分散化治理低效使利益相关主体越来越意识到协作治理的必要性，可以说这是环境权益协同治理的现实驱动力。但是，环境利益相关主体如中央政府与地方政府之间、区域政府之间、地方政府与公民、企业之间权力与资源的不平衡，增加了主体间信息不对称，直接影响了环境决策参与与执行的有效性，导致环境治理区域不平衡、城乡不平衡等问题，诱发了环境利益争夺与冲突。作为权力与资源优势方，政府主导了环境议题设置、公民环境决策参与机会、环境治理过程设计和环境利益分配，他们在发挥其权威优势的同时，客观上却限制了重要利益攸关方公民实质性参与。作为资本优势方，企业可以依靠其资本优势赢得地方经济资源开发的发言权，还可以利用一些地方政府急于提高 GDP 总量的心理，推动破坏环境污染项目落地。因此，需要以制度设计为基础，在法律上明晰公民环境权益地位的同时，采取积极策略如培育环境社会组织，将其作为环境权益代表进行有意义、有影响力的专业化参与。

2. 主体参与环境治理的动机

利益相关主体协同治理参与动机反映了合作目的和出发点。利益主体多元化条件下源自于个体参与动机与协作治理要求经常会出现不一致的情况，如何增强利益主体参与协作的自愿性，提升合作治理强度和可持续性，是研究协同治理动力引擎的重要方面。影响利益相关者参与协同动机的因素有权力和资源的是否平衡、投入与产出预期、目标实现方式选择等。参与者之间的权力和资源差异往往会影响其参与组织结构中的地位和机会，以及公共事务决策参与方式选择。一项协同治理是否产生或可持续取决于参与者人力、物力和财力等资源的投入与产出预期，如果参与者认为自己时间和精力投入能够对公共政策产生实质性影响，并且能实现一定预期目标，那么其参与动机就会提升。相反，如果参与者认为自己的投入并不能改变政策结果或者只是形式上的，那么其参与意愿会降低。问题解决方式的选择影响协同治理过程，如果可供选择的解决方案少，主体间相互依赖程度高，需要发挥彼此资源优势才能解决问题，那么协作参与意愿增强。相反，如果问题有多种替代性解决方案，协作过程可能受主体认知、利益束缚而作出其他选择，将会减弱相关主体参与意愿。

公民环境权益保障协同治理的动力源于环境公共产品属性、环境形势严峻性、环境治理复杂性，特别是单个行动主体能力的有限性或治理低效。环境资源的共同依赖、环境恶化所形成的"倒逼压力"已促使相关主体逐步意识到协作的必要性。当前中央政府不断推进环境治理体制变革已经明确表明了协作态度。地方政府在中央权威和制度约束、公民环境利益诉求高涨和冲突压力下，其协作治理意愿也在增强。而普通公民环境意识的逐步觉醒、自身权力和资源的弱势，也希望得到政府支持。企业由于自身利益最大化的追求协作的意愿相对不高，但也同样面临国家环保政策和公民的压力。因此，整体性而言，环境治理的替代方案越来越少，相关利益主体单边行动根本无法实现自己的目标，协作动机越来越强。当前激发协作动机所面临的问题是，在权力分散化、部门化和资源分布不平衡的情况下，相关治理主体的投入与收益的不平衡可能会弱化参与动机。一些地方政府在启动影响环境建设的重大项目建设、环境信息公开等方面对公民参与不重视，容易使公民认为参与只是流于形式。属地管理体制和生态补偿机制不健全使区域政府在环境资源投入上选择"搭便车"行为，因此，以公共论坛、协商民主等形式公共参与将成为协同治理的重要选择。

3.既往的环境利益冲突治理方式

利益主体既往的对立或冲突会使相互之间产生不信任或排斥心理，进而形成对抗性思维和非合作博弈行为选择，弱化主体合作意愿，增加了协同合作的成本。当然，既往的冲突还可以呈现出正向功能，如利益相关者正视当前面临的共同问题以及解决问题存在的缺陷，积极寻求解决问题的途径，从而增强群体的团结和促进社会整合。"当利益攸关方高度相互依存的时候，高水平的冲突实际上可能产生协同治理的强大动机"①。而以往成功合作会积累一定行动经验和社会资本如信任、组织网络和规范等，促进主体间相互理解和达成目标预期，能为协同行动起到示范作用。

面对环境公共利益与私人利益的冲突、社会资本消减的情景，地方政府如何积极采取措施来补救低水平的信任仍是环境权益协同治理重大问题之一。当然，环境利益的相互依赖性、主体间环境利益冲突所付出的巨大成本和压力也可能促使他们对现行的治理政策与行为进行反思或改革，能够激发协同治理动力。

二、公民环境权益保障协同治理的领导力

协同领导力是协同治理启动并且实现过程维持的重要条件。面对现代管理多中心化、分散化和复杂化严峻挑战，领导者综合参与主体的不同利益诉求塑造共同战略目标，在目标愿景引导下整合协调系统要素资源，打破组织间的壁垒，推动资源配置的合理化和有效运用，促进组织目标的实现。因此，协同领导力是多种形式合作行动规划、促进主体理性对话、推进主体广泛参与的桥梁和纽带，发挥着规划、协调和保障作用。协同领导

---

① 王浦劬、藏雷振:《治理理论与实践:经典议题研究新解》，中央编译出版社 2017 年版，第 553 页。

力不只是指某个杰出的管理者或具有公共权威的领导人物，更多的是实现协同合作的运作机制，可以有多个正式和非正式的领导人，关键在于利益相关者平等广泛地参与决策过程，促进主体间相互沟通产生协作动力，作出彼此间有效原则性承诺且令人信服的决定。对于权力和资源相对弱势一方而言，领导力显得尤为重要。领导者应该对弱势方进行授权，保障他们参与集体行动权利并支持其采取有效行动提升其话语权和谈判能力。特别是在环境利益冲突中相互信任度较低的情况下，领导者须保持中立角色，通过劝说、协调等方式提升参与主体对共同目标的认识，突破集体行动的困境。

我国生态环境治理实行中央统一领导、地方政府分级负责的管理体制。随着生态文明体制改革全面推进，环境治理协作行动逐渐形成了一定基础。但是，政府环境管理体制面临着权威碎片化、冲突协调机制薄弱和决策执行难等多方面挑战。政府承担了过重的环境治理责任但协同领导力有限，其他主体如企业、环境社会组织的协作领导力则非常薄弱。部分地方政府仍然习惯于自上而下的命令管理方式开展管理活动，倾向于以个别或部分领导意志为中心进行环境决策，与协同领导力所需要的"'转的'指导原则代替命令和管理"不相符合[①]，也与协同合作领导人所必须拥有的某些技能，如"促进广泛和积极地参与、确保基础广泛的影响和管理、推进生产性团体的动力、扩大过程的范围"[②] 有不小的差距。在环境冲突事件治理中，受主客观条件限制，大多基层自治组织、环境社会团体等选择了观望的态度，并未通过其组织行为进行有序引导，未能发挥沟通平台构建、弱势方话语权提升的作用。因此，我国环境治理须加强协作领导力的顶层设计和总体协调，注重对党政机关战略规划力、目标引导力、资源配

---

① ［美］罗伯特·阿格拉诺夫、迈克尔·麦圭尔著，李玲玲、靳益奋译，《协作性公共管理：地方政府新战略》，北京大学出版社 2007 年版，第 167 页。

② 王浦劬、藏雷振：《治理理论与实践：经典议题研究新解》，中央编译出版社 2017 年版，第 344 页。

置力和综合协调力等协同领导力的提升，发挥其设定和维持规则、建立互信、促进交流中的重要作用，特别是要提升和保障环境弱势群体的参与地位，同时要注意非行政机构协同领导力的培育，提升生态治理现代化水平。

三、公民环境权益保障协同治理的制度设计

制度设计主要是为了保障主体的广泛参与、协作程序公正透明而制定的基本规则和基本协议，这涉及参与合法性和协作吸引力问题。学界认为，参与的路径设计必须具有开放性、包容性，尽可能广泛接受利益相关者包括受该问题影响或对问题关注者的参与，让他们深刻感受到每个参与者都有合法的参与机会，才有可能实质性地参与到协作行动中来。国外学者通过案例研究表明，成功的协同治理在很大程度上依赖于参与的广泛性，而排斥相关利益者则是协同失败的关键性原因。参与规则设计一方面要使利益相关者能参与到议题设置、政策讨论中来，并使他们通过充分讨论协商对政策结果达成共识；另一方面对于参与动力弱的一方要进行有效的组织动员，增强协作路径的认同感和吸引力。另外，为了增强主体间的相互协作信任，协作活动的规则和程序设计必须公平公正公开，参与过程透明要能够减少刚开始的怀疑心理或观望态度，确认公共谈判的真实性和政策结果的公平性。

制度建设是生态文明体制改革的核心内容，也是公民环境权益根本性保障。环境权益公共性意味着环境政策制定与执行必须充分吸纳公民的参与。然而，由于环境民主参与制度不健全不完善、制度执行可操作性不足导致一些相关利益者缺乏参与机会，无法对决策结果形成有效制约，甚至出现有些地方政府与企业结成的利益联盟把控政策主导权的现象。例如，一些影响环境的项目决策不透明、环评公示走过场、忽视征求公民意见，使不少群众和环境社会组织话语权缺失，进而对政策的合法性和透明

性产生质疑，在寻求协同行动上很难形成共识。环境治理制度的公信力源自于利益相关者按照法定程序与规则基础上就问题识别、议程排序、权责分配、解决方案等进行充分协商与辩论，将不同主体利益诉求合理安排到政策方案中去，增强利益相关者对最终建议的认同。因此，公民环境权益保障协同治理的制度设计首先应明确谁是参与者、他们代表了谁的利益，亦即参与的包容性。作为环境决策的主导者，政府须创造多种途径将受环境问题影响的企业、公民和环境社会组织等相关利益方融入环境政策的讨论中来，这既保证了环境政策程序合法透明与公正性，也提升了政府公信力，为政策执行协作行动提供了动力支持。

第三节　公民环境权益保障协同治理的互动过程

整体而言，协同治理的基本过程是以协商为基础发现问题并解决问题的非线性良性互动过程，主要以解决复杂问题为起点，设定共同目标，通过互动交流培育共同体理念建立信任、达成共识，以角色和责任为基础进行分权或授权，明确任务执行决策，产出结果并对其进行合理评估。

一、明确协同治理的目标方向

共同目标和共同利益是协同治理的重要支撑和内在动力，而目标的建立则是以解决共同问题为导向。马克思指出："问题就是时代的口号，是它表现自己精神状态的最实际的呼声。"习近平总书记亦强调："改革是由问题倒逼而产生，又在不断解决问题中得以深化。"①发现和确定环境政策问题协同治理的逻辑起点，生态环境整体恶化、环境治理体系分散化碎片

---

① 《习近平谈治国理政》，外文出版社 2014 年版，第 74 页。

化是政府、公民和企业等主体面临的共同问题，解决这个问题的长期性、紧迫性和重要性，特别是政府、市场和社会三者形成的利益共同体的相互依赖性，促使环境治理体系改革较早地进入了国家政策议程。就此而言，问题倒逼机制是深化环境治理改革的内在动力。宏观上党和国家已确定以社会主义生态文明建设和环境治理体系和治理能力现代化的改革方向，而政策目标是否真正落实还在于深化主体对利益共同体认识的基础上，实事求是分析问题，寻找解决问题的着力点和突破口，建立起解决问题的目标方向与行动方案，推动集体行动的形成。不可否认，政府环境治理低效率困境已经使其逐步意识到单中心自上而下地应对方式所带来的失灵风险，例如，政府与公民利益关系紧张、政府信任危机、企业被动参与环境保护、公民环境权益受到损害进行非理性维权等。但是，缺乏对问题的系统性思考和整体性把握，没有明确目标的问题解决方法往往使改革陷入"头痛医头、脚痛医脚"的尴尬境地。如何平衡各个主体利益并以利益协调目标导向激发各主体参与环境治理和保障公民环境权益的内生动力仍是环境政策改革中需要深思的问题。

就短期目标或眼前利益而言，不同主体有自己的利益偏好和目标追求，利益认知差异必然会导致目标分散化、决策与执行分离，各自为政，行为分散，忽视整体协同，从而引发思想观念混乱，国家利益、地方利益、部门利益和个人利益冲突。例如地方政府注重社会稳定和经济增长而挤压公民权利空间，企业以利润最大化为行动目标而忽视环境保护责任，公民倾向于个体利益满足而淡化自己所应承担的环境治理义务。保障公民环境权益，应坚持环境治理体系和治理能力现代化为目标导向，以切实解决当前环境利益冲突为基础，实现规划目标协同。首先要解决环境利益观念统一性思想认识问题，深入推进新发展理念、国家环境保护政策宣传教育，培育人与自然和谐发展、命运共同体意识，引导群众正确分析当前生态环境治理形势，正确理解党和国家环境保护方针政策，正确处理好个人利益和集体利益、局部利益和整体利益、当前利益和长远利益的关系，正确认识自己的根本利益和实现自身利益的途径，增强环境利益共同体目标共识，引导和帮助群众学会运用正确的手段维护自身的合法环境权益。其次，以实现公共利益为导向整合不同主体利益诉求，确定协同治理的政策性目标，促进主体目标协同。环境政策目标的确立必须满足公民环境权益需求这一特性，并且需求的满足是建立在整体性公共利益保障基础上的。在目标制定阶段充分考虑政策价值目标的公正性和民本导向，使多元利益主体参与的政策方案讨论、论证和评估中来，兼顾整体利益与个体利益，这不仅为政府赢得公信力，而且能激发治理主体自我管理的内在驱动力。最后，构建公民环境权益保障目标系统，注重总目标与子目标之间的协调统一。通过明确各主体环境权责，对总目标进行合理分解、制定相互协调、分工协作的运转机制并对于目标进行及时监测和考核评价，从整体上提升环境治理绩效。

二、开展互动交流达成协作共识

互动交流的目的在于各主体通过平等对话协商进一步深化问题与目标的认识，讨论可供选择的协作方案，建立信任机制、培育公共精神并作出参与集体行动的承诺。安塞尔（Chris Ansell）和加什（Alison Gash）认为交流是合作的核心，基本过程包括面对面对话、建立信任、对实践进程的承诺、共同理解和中间成果等。面对面对话的目的在于通过理性坦诚的沟通消除分歧、增加信任和确立共识。对话的实质是尊重主体的差异性和集体民主协商，每个利益相关者都有机会提出问题，共同对问题的实质作出细致地考察分析，听取别人的观点，作出相关的价值判断，减少彼此之间的偏见。建立信任关系不仅是促进协同合作行动形成，而且能维持政策执行的顺利展开。如果利益相关者有过对抗的历史，建立信任将会是协同治理面临的重要障碍，为此将会付出较大的时间和成本。对实践的承诺意味着对合作方案中分工与责任的认同，这是一种理念上的非正式契约，如何平衡个体利益与公共利益的关系影响着实践承诺的履行程度，同时也受主体道德水平、实践能力、个体认知和责任感等因素的影响。为了防止主体违背承诺所带来的风险，协作方案中所规定的权利与责任应设置正式制度来保障。当传统的管理与协调方式不起作用时，对于共同目标或共同愿景理解有利于提升协作团队的凝聚力。如果团队成员能够明确自己在协作行动中职责并且知晓在哪些地方为总体付出努力，那么协作的可持续性将显著增强。中间成果是协同合作行动产生的阶段性收益。它是一种正向反馈和激励，能够促进合作的良性循环。

平等而理性的对话是公民环境权益保障协同治理启动的基本条件，我国探索出了以社区环境圆桌会议为代表的面对面的对话形式，为社区公民环境利益表达、疏导、协调和保障提供了重要平台。与微博、微信等互联网信息传播方式相比，多元主体针对某个环境利益问题面对面的对话体现出对公民环境参与权的尊重，能使不同利益诉求得以充分表达，减少信息传播的"异化"风险，还可以通过辩驳与谈判对一些问题达成共识。因此，应通过引导公民有序参与公共事务和拓宽公共空间交流平台，使人们获得社会共同体的认同感，增强人们的权利意识、民主意识、主体意识和彼此合作精神，提升公民的社会互信度。同时，借助于国民教育、大众传媒等途径营造良好的民主政治文化环境，培育公民的公共理性，激发公民的公共意识和社会责任感，确立符合公共利益的价值取向和社会行为规范。建设美丽中国，实现中华民族永续发展是党和国家领导全国人民建立的基本愿景，在这一宏观战略方向设计下，环境权益协同治理目标在于保障合法的公民环境权益，提升公民的环境生活质量品质，基于此共同目标的理解改变从个体或部门利益出发的治理行为将成为推动协同治理的驱动因素。当然，环境利益冲突风险在一些地区和领域集中释放，稀释了利益主体相互之间的信任，为此，地方政府、企业在补救社会信任上将要耗费不少时间和精力。区域之间、公民与政府、企业、环境社会组织之间信任关系的建立有助于环境协同治理的实践承诺，将承诺转化为实际正式制度协议进而形成的约束力，促使相关主体积极履行环境治理职责。

三、参与集体行动合作践行承诺

当公民环境权益保障协同治理正式契约或非正式契约确定后，如何推动多元主体围绕确定的目标参与集体行动践行承诺则是协同治理过程中的关键环节。根据党委领导、政府主导、企业主体、社会组织和公众共同参与的现代环境治理体系要求，各主体按照中央生态文明建设的要求和环境保护政策方案、彼此之间达成的合作协议开展生态环境治理行动，依据相关法律法规要求分享环境信息、共同参与环境决策、执行环境政策和开展相互环境行为监督，履行各自的环境责任或义务。当然，单个主体也可以通过个体行动将承诺付诸实践。例如，企业通过践行绿色生产方式，开展技术创新减少污染物排放，提供绿色产品服务满足公民消费质量需求。公众逐步转变落后的生活风俗习惯，积极开展垃圾分类，践行绿色生活方式。由于生态环境治理的层次和范围不同，协同行动可以分为"上下联动"与"左右协同"，既包括政府、市场、社会等不同组织或部门之间以及不同层级的联合行动，也包括各自主体内部的协同关系，即政府协同、市场协同、社会协同。至于采取何种形式，主要由所面对的具体任务、执行环境、不同主体所承担的权责及其功能所决定的。政府自上而下地推进公民环境权益保障协同治理在于始终坚持以人民为中心的核心价值取向，始终践行党的群众路线，将增进人民环境福祉、促进人的全面发展作为中国特色社会主义生态文明建设的逻辑出发点和归宿点。同时，以制度执行为主要手段层层落实各级政府生态环境治理责任，塑造能够调动各个主体积极性创造性、相互通力协作的行动网络，落实生态文明建设政策方案。自上而下的纵向协同往往具有较强的政策战略性和方案导向性，就当前我国治理环境而言，激发各个主体积极性的关键仍然在于适当放权或分权。政府在培育和引导社会自治过程中，行政权力要逐步从"越位"领域退出来，释放社会自主管理权力空间，并运用制度化手段确定行政权力、市场权力和社会权力的"平衡点"和"有效边界"。"左右协同"主要发生在区域政府之间、同级政府部门之间、地方政府与企业之间以及企业与公民之间等横向层次。与纵向协作行政强制力、制度管理力不同，横向协作更多依靠主体之间的自愿和自我约束力。这意味着公共精神的培育、共同利益价值观塑造、伙伴关系的构建以及信任、互惠、平等横向公民参与网络建设则显得尤为重要。因此，环境信息公开、社会信用体系建设、协同治理承诺说明和相互监督等是集体行动履行的基础部分。

奥尔森认为，"追求利益最大化的理性个体和集体物品的公共性，决定了理性的、追求自我利益的个人不会采取行动去实现他们共同的或集团的利益"，"除非在集团成员同意分担实现集团目标所需的成本的情况下给予他们不同于共同或集体利益的独立的激励，或者除非强迫他们这么做，不然的话，如果一个大集团中的成员有理性地寻求使他们的自我利益最大化，他们不会采取行动以增进他们的共同目标或集团目标"[1]。据2019年6月环球时报舆情调查中心对外发布的《"蓝天保卫战、社会行动力"——2018—2019年社会公众参与状况调查报告（简报）》显示，当前阶段，社会公众在大气污染治理方面呈现出"参与意愿较强，实际行动偏弱"的现象，从侧面反映出主体对于协同治理成本与收益的考量，会驱使其追求个人利益而使主观意愿与实际行为相偏离。为了减少机会主义行为和抑制行动主体的自利性，激发主体参与集体行动的动力，协同治理须建立一个选择性的激励约束机制，既对参与行动为集体利益作出贡献的个体给予其适当利益补偿或奖励，又对不承担环境责任或行动成本的个体进行惩罚，增强共同规则的约束力。其中，明晰环境资源产权、构建环境污染受害者利益补偿机制、完善相互制约的环境监督体系是建设激励约束机制

---

[1]　[美]曼瑟尔·奥尔森著，陈郁等译，《集体行动的逻辑》，格致出版社、上海人民出版社2014年版，第2页。

的重要选择。明晰产权是促进环境资源高效利用、协调主体间环境利益关系、规约企业侵权行为并使环境污染外部性内部化的重要治理手段。在加强自然生态资源用途管理的前提下，构建所有权、使用权和收益权的自然资源产权体系，真正落实"谁污染谁治理、谁开发谁保护"的环境治理原则。按照"谁受益谁补偿"原则建立纵向生态补偿制度和横向生态补偿制度，细化补偿依据、补偿对象、补偿标准等，进一步厘清治理主体责权利关系，削减环境协同治理中协作成本分配不公、"搭便车"等问题。在环境信息充分公开的基础上赋予公众和环境社会组织监督权利并拓宽其监督渠道，加强上级政府的环保督察巡视，使违约失信行为受到严厉惩罚，为多元主体协同治理格局构建奠定坚实的基础。

四、评估改进协同治理的效果

对公民环境权益保障协同治理的效果评估是利益相关主体判断政策目标的实现程度、协同措施的预期效果分析，也是对政策执行中的现实障碍和经验教训进行合理判断，为政策改革的未来走向提供重要依据。由于协同治理本身是一项复杂的系统工程，因而对环境权益协同治理成效评价也会面临"如何兼顾过程与结果、效率与公平""对'治理''协同''网络'缺乏统一界定""对协同治理的信奉会阻碍客观评价"以及"协同治理效果与价值观视角的多样性"等诸多挑战[1]。克雷格·托马斯（Craing W. Thomas）和托马斯·孔茨（Tomas M. Koontz）在评估社区管理在自然资源保护方面的影响时运用了逻辑模型（Logic Model）[2]，依据协同治理的基

---

① Kirk Emerson, Tina Nabatchi. *Collaboratiove Governance Regimes*. Washington D. C. : Georgetown Unversity Press.2015:181-183.

② Craing W. Thomas; Tomas M. Koontz. "Research Desings for Evaluating the Impact of Community-Based Management on Natural Resource Consenation". *Journal of Natural Resources Policy Research*, 2011.3（2）: 97-111.

本过程进行资源或项目输入、行动、结果和影响进行过程分析。我国学者俞可平教授及其团队研究发布了包括人类发展、社会公平、公共服务、社会保障、公共安全和社会参与六个维度的"中国社会治理评价体系"①。依据协同治理的基本价值取向、影响要素和运转原理，以公平、公正、开放、效率、参与和责任为向度，结合公民环境权益研究对象，设计出公民环境权益保障协同治理的评估框架，如下表 4.1 所示：

表 4.1　公民环境权益多元主体协同治理评估框架
Tab.4.1　Assessment framework for coordinated governance of multiple subjects of citizens' environmental rights and interests

协同治理目标／维度	重点评估点
环境质量	可持续发展水平、各类污染指数、环境政策实施效果、公民环境满意度、各类环境质量与污染防治改善状况、政府环境治理绩效。
环境利益	公民法定环境权益实现程度、利益相关者环境收益的获得感、公民环境安全感、环境受损群体生态补偿结果、公民环境利益诉求满足程度、绿色GDP核算。
环境正义	城乡环境治理差别、地区环境污染异地转移情况、环境项目建设风险分布、环境公共服务供给效率、环境冲突事件处理满意度、环境收益与责任的分配程度、政府与企业对公民环境权益的尊重与承认、环境弱势群体的社会支持力度、环境公共服务均等化程度。
环境参与	重大环境决策的听证与协商、环境社会组织培育状况、公民与政府的沟通渠道、环境政策协议达成度、政府对公民环境治理建议采纳情况、环境群体性事件数量、环境上访数量、公民环境参与满意度、公民环境保护义务履行情况。
环境制度	自然环境资源产权保护、有关公民环境权益和义务法律法规的制定与修改、环境法律之间相互衔接度、法律在环境治理中的执行情况、政府对环境冲突处理机制、环境治理集体参与行动的激励与约束机制、相关利益者的法律意识、对环境受损群体的法律援助。
环境监督	环境问责实施情况、政府部门对公民环境投诉反馈机制、公民和媒体对环境问题监督有效性、环境公益诉讼受理及结果、政府环保执法能力与水平、环境司法水平。
组织运转	利益相关者伙伴关系建立、互动合作组织机构建立与运行、环境协同治理组织效率、部门联动协调机制、利益相关者对话平台与协商机制、上级环境决策的执行程度、政府环境治理程序和结果透明度。

①　"中国社会管理评价体系"课题组:《中国社会治理评价指标体系》,《中国治理评论》2012 年第 2 期，第 2—14 页。

（续表）

协同治理目标／维度	重点评估点
信息共享	公民获得权威环境信息的渠道、政府和企业环境信息开放程度、政府和企业对公民环境信息诉求满足程度、电子政务信息共享平台建设情况、公民反映环境信息情况的渠道。
社会资本	参与主体对环境公共价值的理解与支持、公民环境权益得到政府和企业的尊重与认可、政府实施环境政策认可度、公民对企业绿色生产行为认可度、公民对政府环境治理能力信任度、企业环境社会责任承担程度、公民环境道德状况。

第四节　公民环境权益保障协同治理的运行机制

一、主体间合作共治的网络互动机制

网络化与良性互动是协同共治运行机制的重要特征。正如戈丹所言，"治理，简单地说，就是网络化的公共行为，一种非预先设定的和常历常新的关于合作的关系实践，它与过去的行政等级架构和因循守旧的程序有很大不同"[①]。协同共治是对传统官僚制的替代和发展，它辩证地否定了科层制下依据"命令——服从"逻辑所建立的自上而下的层级管理组织结构和权力运转体系，强调平等合作的伙伴关系，要求将传统自上而下的垂直管理结构转变为上下结合的多元互动网络化参与结构。多元主体之间及其内部所建立的纵向权力分配系统与横向协作行动系统，形成正式与非正式多维协作关系的立体化范式。"协作的机制设置不是基于一个中心权威之上，因此不能由一个单一的组织目标来指导。这种设置中管理者的首要活动是选择适当的参与者和资源，创造网络的运行环境，想方设法应付战略和运行的复杂性"[②]。在这个平等合作、互利共赢的网络治理结构中，内含

[①]　［法］让-皮埃尔·戈丹著，钟震宇译：《何谓治理》，社会科学文献出版社 2009 年版，第 26 页。

[②]　［美］罗伯特·阿格拉诺夫、迈克尔·麦圭尔著，李玲玲、鄞益奋译：《协作性公共管理：地方政府新战略》，北京大学出版社 2007 年版，第 32 页。

了权力互动网络、信息共享网络、政策参与网络和组织结构网络等。为了充分发挥各个治理主体的优势进而实现整性体治理目标，政府依据新的环境下网络化结构治理的要求，遵循"双向协调—平等合作"逻辑，改革权力集中管理体制，向市场主体和社会组织放权或分权，赋予其更多的公共事务治理权力，建构权力运行多维互动网络，客观上形成协同共治过程中某一主体对其他主体的支配力。良性互动是协同共治的关键组成部分，"协作互动既是对协同治理网络关系结构的维护，又是协同效应实现的动态机制和协同关系结构产生协同效应的桥梁"[①]。不同主体基于共识与共同目标进行对话、协商及沟通，在共同规则导向下进行知识、信息和资源交换，对复杂性公共问题提出共同解决方案，有效突破原有条块分割各自为战的"主体困局"，积累社会资本，发展稳定性的可持续伙伴关系，优化网络关系结构。

　　过去我国生态环境治理曾习惯于政府全面干预下的强制性管理，行政部门承担了过多环境责任，市场主体和社会主体处于被动参与状态，对政府具有较强的依赖性。出于各自利益的考虑及条块分割管理体制限制，政府部门、市场主体与社会组织各自内部和相互之间大多处于分散化状态，尚未建成稳定且相互依赖的治理结构或社会网络体系，生态环境决策与执行碎片化，消解了生态文明建设效果。生态环境协同共治实践在于适应其整体性和公共性的特点，建构开放的整体系统和治理结构，运用网络化互动突破碎片化环境管理的困境。党和国家从生态文明建设的整体性高度对生态环境治理进行统筹规划，各级政府、企业、环境社会组织和公民等主体通过持续的对话、协调、谈判、妥协等方式，共享环境信息、专业知识和治理技术，相互依赖、相互影响、相互制约，在动态平衡的环境中获得共同收益。多元主体各自发挥其比较优势，打破环境治理中的"九龙治

---

① 吴春梅：《协同治理：关键变量、影响因素及实现路径》，《理论探索》2013 年第 3 期，第75 页。

水"各自为战的局面，所形成的预防式治理机制不仅有利于抑制市场资本对环境的侵蚀，防止或减少部门利益与市场资本结合对公民环境利益的侵害，缓解环境利益冲突，而且有助于社会主体广泛参与对政府环境权力运行、企业环境资源开发行为形成公共性的外部约束和压力机制。由此可见，自上而下与自下而上相结合的网络化互动机制本身是实现公民环境参与权、知情权和监督权的重要逻辑路径。

二、和谐共生的利益协调实践机制

利益状况和利益格局始终是影响协同共治机制能否建立且有效运行的核心要素。在利益主体多元化、利益诉求多样化时代，不同主体有各自的利益追求及其行动选择，个体理性导致集体非理性所引发的冲突将不可避免。如果缺乏对多元而复杂利益关系进行合理协调的机制，以利益聚合为基础的网络关系结构便难以形成，集体行动也只能是空谈。集体行动理论的代表人物奥尔森认为"除非一个集团中的人数很少，或者除非存在强制或其他某些特殊手段以使个人按照他们的共同利益行事，有理性的、寻求自我利益的个人不会采取行动以实现他们共同的或集团的利益"[①]。虽然奥尔森的观点论证还存有待商榷的地方，但至少可以说明，公共利益与个体利益的共存或相兼容是促使个体间、组织间能够有效集作的重要起点。以诺思为代表的制度主义学者同样也提出，一套新的制度能否替代旧制度，取决于两者的成本收益分析，当新的制度安排在创新的预期收益大于成本时，才会发生制度变迁。因此，为了应对主体多元化所带来的非合作博弈的局面，必须在促成主体达成共识的基础上整合各种利益诉求，建构公平公正的利益协调机制，理顺主体利益关系，推动利益关系的制度化与规范化，才能确保主体网络关系的有序性并朝良性互动方向发展。

---

① ［美］曼瑟尔·奥尔森著，陈郁等译:《集体行动的逻辑》，格致出版社 2011 年版，第 2 页。

　　受改革开放以来社会利益结构的巨大变迁和环境资源开发的外部性等因素影响，不同主体环境利益分化与失衡趋势日趋凸显，传统的利益协调机制与方法未能适应治理环境的变化，因环境利益受损引发的矛盾冲突日趋激烈，需要立足生态环境恶化威胁到集体生存这一根本性共同利益基础上，建立以制度协调为中心的环境利益表达机制、共享机制、补偿机制和约束机制，减少或消除个体利益、局部利益和短期利益对协作互动的制约，提升整体生态福利。利益表达机制是整个协调机制运转的基础，畅通环境利益表达渠道，本质上是尊重公民的环境利益表达权。环境利益的沟通提升环境风险的认知水平，减少环境治理信息不对称，促进主体共同体意识形成。并且，将环境冲突纳入体制内解决轨道，构建环境诉求反馈机制，有利于释放利益受损者的不满情绪，缓解由于主体间不信任或沟通不畅导致的非理性维权行为。环境共享机制是通过生态文明建设对环境资源开发利益进行公平合理分配，增进利益的共容性，为集体协作行动形成内在激励，限制规避责任、搭便车和机会主义行为，维护主体结构的有序性和协作的有效性。环境利益补偿机制是公民环境利益救济的一种手段，也是实现环境公共产品外部性内部化的一种途径，彰显环境正义价值。按照"谁开发谁保护、谁受益谁补偿"的原则，建立政府引导、市场推进、社会参与的利益驱动机制，激发主体生态环境保护协同合作的动力。环境利益约束机制是综合运用经济、法律和行政等政策或制度手段影响、调节主体行为，对损害环境公共利益行为加以限制和责任追究。从某种程度上来说，约束机制既是对政府环境公共权力的制约和监督，防止权力运行偏离公共利益的轨道，也是对市场主体追求个体利益最大化的内外压力，是促成主体利益平衡的必要条件。

三、公平公正的环境政策协同机制

　　在现行分权化管理体制下，受主体决策能力和自利性等因素的影响，各级政府和各个部门在跨界政策议题上所作的有限理性决策或政策选择容易出现不一致甚至矛盾冲突等问题。决策的分散化带来管理的碎片化和政策协调障碍，增加了政策运行的交易成本，难以有效应对跨界问题复杂性、关联性挑战，降低了政策资源的应有效力。政策协同正是针对跨部门、跨区域复杂性公共问题，政府与市场、社会之间在制定与执行公共政策过程中加强政策之间的合作、协调和整合，提升政策合力并实现共同目标的动态持续过程。它内含了政策体系的纵向统一与横向协调，即公共政策建构、制定、执行和评估等多维度的"上下协同""水平协同""左右协同"与"内外协同"。OECD 将实现政策协同的手段和措施分为二大类："结构性协同机制"（Structural mechanisms）和"程序性协同机制"（Procedural mechanisms）。结构性协同机制侧重于政策协同的组织载体，程序性协同机制侧重于实现政策协调的程序性安排和技术手段[①]。面对公共决策过程中出现的条块分割、职能交叉、权责不明、功能碎片化、联动性不足等治理压力，多元主体须从整体性角度对上述政策协同机制作出理性选择。

环境污染的外部性、跨界性和复杂性等特点，要求治理主体必须进行经常性、有效的跨界协作以提升整体治理绩效。作为协同合作基本载体，环境政策网络反映了主体间良性互动关系，本质上是环境公共利益的调节与分配。长期以来我国自然资源管理和环境保护上的地方化、部门化分散治理格局，形成了一种较为松散的、相互依赖性弱、横向权力分散的政策体系，表现在：重视单个政策设计而忽视整体政策体系配套、中央政府与地方政府环境决策与执行的偏离、部门之间和区域政府之间政策冲突等。环境政策的导向和调控功能难以充分发挥，治理效果也是不尽如人意。环境政策协调缺乏虽然受到传统管理权力结构、地区资源

---

① 周志忍、蒋敏娟：《整体政府下的政策协同：理论与发达国家的当代实践》，《国家行政学院学报》2010 年第 6 期，第 29 页。

差异、信息不对称以及政治晋升博弈等多种因素影响，但从根源上说仍然是利益冲突。因此，建构以目标为导向公平公正的政策规划和政策选择机制，将相关利益者从复杂的利益博弈关系中解脱出来，能为环境政策协同运转提供有效支撑。基于协同共治模式、理念和技术要求，环境政策协同可以从纵向和横向两个层面展开。纵向层面主要是"上级政府为推动跨部门政策目标的实现而超越现有政策领域的边界，超越单个职能部门的职责范围，进而整合不同部门之间政策的行为"①。此目的在于促进部门政策之间的相互支持，消除不同政策之间的矛盾与张力，推动环境政策与执行之间的有机统一，增加公共政策的效能。横向协调包括地区之间、部门之间的环境政策统一与有机配合。这要求地方政府从环境治理的公共性出发，突破局部利益或部门利益的限制，建立环境公共决策执行联动机制，推进环境整体性治理。考虑到不同主体利益差别性，可以建立协同共治环境利益补偿机制来调动主体协作的积极性，减少协调障碍并激发协同制度创新的动力。

四、公开畅通的环境信息共享机制

信息技术的快速发展与广泛应用为国家治理结构转型提供了契机和条件，信息资源已然成为协同共治机制建构的现实动力和基础性要素。正如习近平总书记在网络安全和信息化工作座谈会上指出，"我们提出推进国家治理体系和治理能力现代化，信息是国家治理的重要依据，要发挥其在这个进程中的重要作用"②。在复杂而多变动态治理环境下，各个主体都是重要的"信息节点"，掌握着不同程度的信息资源，任何一个行为主体都不可能获得所有的治理信息资源。信息不完全导致有限理

---

① 蔚超：《政策协同的内涵、特点与实现条件》，《理论导刊》2016 年第 1 期，第 56 页。
② 习近平：《在网络安全和信息化工作座谈会上的讲话》，人民出版社 2016 年版，第 6 页。

性和信息成本，而信息不对称又可能引发逆向选择和道德风险。拥有更多信息的一方会利用信息优势为部门或个人谋取更多的私利，致使另外一方蒙受损失，并在复杂的博弈中处于劣势地位，导致主体之间的不信任，削减互动合作的意愿。建立公开畅通的信息沟通机制，实现主体之间的信息交换与共享，能够发挥信息技术资源在协同共治中的整合激励功能，提升公共政策制定的科学性与执行的有效性，减少或消除由于信息不对称而引发的机会主义行为，增强主体合作的确定性、安全感和信息感，进而稳定合作治理秩序。

近年来政府网站、论坛、微博、微信等多种互动媒体的蓬勃发展，为公民意见表达和决策参与、主体间信息共享提供了重要平台和技术支撑。环境信息共享机制建设是为了克服生态环境治理由于信息不对称引发的协商障碍、效率低下等问题，政府、企业和公民等主体及时有效地公开、传达和交流环境信息，并且在共同遵守的规则下，对环境信息进行及时收集、整理和优化，以促进相关利益者及时合理地共享信息资源，达到合作共赢的目的。当前生态环境治理格局中，政府信息节点因其权威地位和资源优势在治理体系中处于中心地位，政府以制度创新和技术创新为基础，充分运用现代信息技术手段，通过正式途径公开环境信息，特别是涉及生态环境的重大项目决策、环境污染事件等方面及时与公民进行风险沟通，对公民的环境信息诉求进行及时反馈，让公民充分知晓项目建设可能引发的风险或环境污染带来的危害，这是实现公民环境知情权的主要路径。不仅可以增进政府与企业、公民之间的理解、信任或支持，而且可以提升公民的环境意识，减少或避免由于风险认知差异而引起的环境社会冲突。政府信息公开不足往往是造成环境群体性事件频发的重要原因。环境信息公开不仅仅在于尊重和保障公民的环境知情权，更重要的是吸引和调动公民的有效参与。良好的信息沟通使公民以一种更有见识的方式有效地参与到所有的民主过程中，从而打破治理主体之间的沟通障碍，实现真正的环境参与。企业按照相关规定公开环境信息是履行其义务和责任的方式，也是政府和公民等其他主体对其市场化行为进行监督的基础。总之，建构多视角、立体化和全方位的环境信息共享机制，促进治理主体间的理解信任、共识达成和目标建构，对于系统应对环境风险、建立事前预防式的公民环境利益保障体系将发挥重要作用。

第 五 章
公民环境权益保障协同治理的实施路径

第一节　环境利益共同体意识培育

科学的价值理念是实现正确行动和合理协同治理秩序的基础，社会主义生态文明建设实践呼唤发展理念创新。随着生态问题日益加剧、公民环境意识觉醒、环境利益冲突矛盾频发，公民环境权益思想及其治理理念发生着深刻变革。工业文明时代所秉持的经济理性、人类中心主义、物质主义等价值观和发展模式向生态文明理念下所倡导的生态理性、绿色发展、和谐共存和人类命运共同体等发展范式转型。生态文明强调从发展的相互依赖性、整体性、系统性、公共性和生态性等价值理念协调人与自然、人与人以及人与社会之间的关系，为公民环境权益保障协同治理指明了方向。以习近平生态文明思想为指导，立足于我国基本国情，从以下几个方面培育和树立生态意识与共同体理念，为公民环境权益保障协同治理提供理念支撑。

一、深入培育生命共同体理念

人与自然是对象性的存在，人的生存与发展是以自然为前提，人和自然和谐共生是公民环境权益得以保障的基础。公民环境权益源自于个体与自然环境之间的客观性关系，这种关系体现个体生存与发展对环境的依赖性以及公民自身的环境责任与义务。人们在实践过程中开发利用自然资源并获得相关利益，不同主体对自然资源的管理程度不同产生了环境权益差距，部分群体运用自身在资本、技术和权力等方面优势掠夺性开发自然资源，导致人与自然关系失衡、环境权利与责任分配不平衡，损害了另一部分群体的合法环境权益，引发了人与人之间的环境利益冲突。因此，人与自然的关系本质上是人与人之间的关系，人与人之间的环境利益冲突与人们违背自然规律、破坏生态环境平衡具有内在逻辑一致性。环境利益冲突与区域发展差距、城乡发展差距、群体贫富差距和管理体制缺陷等因素有关，但根源在于人与自然关系恶化给人们生存发展带来了困境。人们需要对以往的生产生活不合理行为进行深刻反思，从生命共同体理念上探索人与自然、人与人和谐共生的存在方式，寻求整体上解决生态危机。党的十九大报告指出："人与自然是生命共同体，人类必须尊重自然、顺应自然、保护自然"。习近平总书记进一步强调："山水林田湖是一个生命共同体，人的命脉在田，田的命脉在水，水的命脉在山，山的命脉在土，土的命脉在树"[1]；"自然是生命之母，人与自然是生命共同体"[2]。生命共同体是基于全球生态危机、新时代社会主义生态文明建设背景下所提出并倡导的人与自然之间相互依赖、相互影响、共生共存、命运与共、和谐发展等共同体关系的新理念。培育生命共同体新理念一是深刻认识到生态系统的整体性、系统性和规律性。自然是人赖以生存的基础和发展根基，无论是物质生产还是精神文化创建都源自于大自然。"人的生命、健康和幸福有赖于山水林田湖生命共同体的完整、稳定、有序"[3]。人与自然是辩证统一的，自然界是人的无机的身体，人本身是自然的一部分。人的物质生产实践活动和环境利益的获取必须以尊重客观自然规律和自然承载限度为前提，为满足个体或部分群体私利而割裂人与自然的关系、破坏生态环境必将会受到自

---

① 《习近平谈治国理政》，外文出版社 2014 年版，第 85 页。

② 习近平：《在纪念马克思诞辰 200 周年大会上的讲话》，《人民日报》2018 年 5 月 5 日。

③ 任瞳：《生命共同体：中国环境伦理的新理念》，《光明日报》2017 年 1 月 16 日。

然的惩罚。"人与自然共生共存，伤害自然最终将伤及人类⋯⋯我们应该遵循天人合一、道法自然的理念，寻求永续发展之路"①。二是深刻认识到我们所追求的社会主义现代是人与自然和谐共生的现代化。和谐、生态是社会主义现代化目标的重要内容。党的十九大报告指出："我们要建设的现代化是人与自然和谐共生的现代化，既要创造更多物质财富和精神财富以满足人民日益增长的美好生活需要，也要提供更多优质生态产品以满足日益增长的优美生态环境需要。"社会主义现代化涵盖经济现代化、政治现代化、文化现代化和生态文明现代化等多个方面。建设社会主义现代化的立足点和根本目标在于全面满足人民对经济、政治、文化和生态等多方面的需要，实现人的现代化。当经济持续发展达到一定水平后，人们物质需求逐步得到满足，对生态环境质量愈加关注，生态环境安全成为人民群众重要安全需求之一。解决环境问题已经成为保障人民生存权利和发展权利的迫切任务。因此，现代化建设意味着要摒弃以往以破坏生态平衡，单纯追求经济和物质现代化或者以 GDP 增长为中心的传统思想理念，将绿色生态、可持续发展、健康安全和环境权益保障作为现代化建设的重要内容，推动人与自然共生共荣的生态现代化。生态现代化建设必须以宣传教育为主要手段，传承中华优秀传统生态文化，培养人们的生态道德，营造全社会的良好生态文化氛围。作为处理人与自然关系的重要伦理价值原则，生态道德要求人们在充分认识自然生态价值的基础上，将尊重自然、保护各主体健康生存宣传倡导内化为人们的生态意识和生态习惯，促使人们在享受环境权益的同时，强化环境责任意识并履行环境义务。

二、贯彻落实新发展理念

党的十八大以来，以习近平同志为核心的党中央顺应新时代治国理政

---

① 《习近平谈治国理政》第二卷，外文出版社 2017 年版，第 544 页。

的需要和时代发展趋势，确立了以人民为中心的发展思想，提出要贯彻落实创新、协调、绿色、开放、共享的新发展理念。"新发展理念是针对当前我国发展面临的突出问题和挑战提出的战略指引"[①]。贯彻落实创新发展理念意味着要适应经济高质量发展需要，摒弃以前片面消耗生态环境资源换取经济高速增长的思维方式，转向依靠科技的持续进步与创新、绿色环境技术的研发与运用来实现经济社会环境的可持续发展。改革以往政府单一管理的生态环境治理模式，以环境治理体系和治理能力现代化为目标推动生态文明体制机制创新，建立健全公民环境权益保障制度，提升各主体环境协同治理能力和水平。坚持人与自然、经济与环境、区域之间、城乡之间等协调发展理念，基于生态环境损害的公共性从整体上构建环境利益表达、分配和协调机制，平衡和整合各种环境利益关系，缓解因环境污染损害、环境污染转移所导致的主体利益矛盾冲突问题。政府部门在正确处理好整体利益与局部利益、当前利益与长远利益、经济利益与环境利益基础上，运用环境补偿机制着重解决农村地区、不发达地区环境问题、弱势群体环境公正诉求问题，提升发展的整体效能。绿色发展理念是中国共产党人对马克思生态思想的继承与发展，是对自然界客观发展规律、人类社会发展规律和中国特色社会主义建设规律的深刻认识把握。它强调在实践的基础上以人民为中心实现人与自然的和谐共存、经济、社会和生态协调统筹发展。习近平总书记要求坚持生态文明，"着力推进绿色发展、循环发展、低碳发展，尽可能减少对自然的干扰和损害，节约集约利用土地、水、能源等资源"[②]。以"推动形成绿色发展方式和生活方式"为目标导向，将绿色发展理念有机融入政府发展规划制定、企业生产转型和公民生活方式转变中去，为保障公民环境权益营造良好的氛围。推进绿色发展需要各级政府彻底摒弃"先污染，后治理"的传统经济发展思路，树立"保

[①]　中共中央宣传部：《习近平新时代中国特色社会主义思想三十讲》，学习出版社 2018 年版，第 106 页。

[②]　《十八大以来重要文献选编》上，中央文献出版社 2014 年版，第 592 页。

护环境就是保护生产力"理念，将发展绿色经济、增加绿色财富、提升绿色福利、拓宽绿色空间和推进绿色治理等纳入经济社会发展规划制定和实施中，强化绿色发展指标在地方政府政绩考核中的导向作用。围绕绿色发展主题加强生态法治建设，推动生态文明制度创新，为绿色发展方式和生活方式形成提供基础性的法律保障。重视企业绿色发展观和环境责任意识培育，运用市场价格、税收、金融和科技等工具引导企业改变高投入、高消耗的生产方式，使其向注重技术创新、绿色产品竞争力提升和追求经济效益与环境效益相统一方向转变。注重绿色文化、绿色理念和生态理性的培育与传播，使绿色消费和绿色生活方式成为社会公民的思想共识，将外在的绿色行为约束内化为每个社会成员的自觉行动。树立共享发展理念是正确处理好发展与民生福祉关系的思维方式与价值取向，本质上是在发展中补齐民生短板、解决发展进程中出现的公平正义问题。良好的生态环境是最公平的公共产品和最普惠的民生福祉。贯彻落实共享发展理念要以人民群众共建共享生态文明为基础，着眼于提升环境满意度、获得感、幸福感和舒适感为目标，预防或解决当前各类环境非正义问题特别是损害人民群众生命健康的突出环境问题。以环境决策参与、财政转移支付和生态补偿等制度体系建设为基础保障人民享有共享机会与权利，促进公共环境资源公平分配和激发公民参与环境治理的积极性主动性。坚持开放发展在于深度参与全球生态环境治理，共建全球生态文明，以"人类命运共同体"理念积极应对全球气候变化等环境问题的挑战，推动和引导世界各国主动承担环境治理责任，并构建公平公正、合作共赢的全球环境治理体系，为维护全球生态安全贡献中国智慧和中国方案。

三、树立共建共治共享理念

为适应我国社会主要矛盾转化，利益主体和公共治理复杂性等新形势、新挑战，党的十九大提出了"治理体系和治理能力现代化"目标和

"共建共治共享"理念，对国家公共事务的治理主体、治理方式和治理目的作出了新的界定，为新时代社会治理指明了方向。共建共治共享是中国特色社会主义治理理念创新，进一步拓展和深化了"完善党委领导、政府负责、社会协同、公民参与、法治保障、科技支撑的社会治理体制"内涵，旨在改变原有以政府管理为主的自上而下管理思维逻辑，转向多元主体共同参与、平等协商、互利共赢的治理格局。共建是基础，意味着政府、市场和社会等主体的共同参与；共治是关键，要求主体行动上的协同合作；共享是目的，强调价值成果的共同享有。共建共治共享理念体现了尊重人民的主体地位，保障人民的参与机会和参与权利，着眼于依靠广大人民群众共同创造公共利益并进行平等分配，从而提升人民的幸福感、获得感和满足感。

以共建共治共享理念改革生态环境治理体系，基础和动力在于以保障人民环境权益为中心，以环境治理体系和治理能力现代化为导向，正确认识政府、市场、公民和社会组织等相关治理主体价值定位，培育与塑造公共价值意识、社会共识和合作共赢理念。面对环境问题的复杂性、环境利益诉求的多样性、环境价值的共享性，政府、市场和社会都无法单方面解决问题并满足公共环境价值需求，政府失效、市场失灵和志愿失灵也就难以避免。当前环境利益冲突治理陷入困境正是政府单维管理失灵、碎片化治理的具体表现。共建共治共享意在通过凝聚各个主体合作共赢意识，发挥其在解决环境问题、满足环境需求和创造环境利益等方面的比较优势，解决新时代政府环境公共产品供给能力有限与公民日益增长的公共服务需求之间矛盾，最大限度地实现环境公共利益最大化。政府是公共利益的代表，通过制定、执行公共政策创造、分配和维护公共利益。因此，公民环境权益的实现与保障仍然需要政府发挥主导性作用。但是，政府的环境权力和治理功能是有限的，须通过分工合作、协调互动调动市场和社会的积极性主动性，缓解环境问题、创造环境公共价值。"创造共享价值理论认为，市场成功与社会进步之间存在相互增强的共生关系，在社会问题中蕴含着新的营利机会，如果企业可以通过商业创新予以解决，就能够在提升竞争力的同时改善社会福祉（Schmitt，2014）"①。当前迫切需要解决的是在强化企业环境社会责任前提下，改变企业生产与环境污染之间的对立性思维，建立健全企业生产的激励约束机制，如环境信用评价、绿色金融政策等，鼓励采用绿色生产技术、管理手段提供绿色产品，增加社会环境福祉。公民参与是共建共治共享的核心环节。习近平同志指出："要大力弘扬生态文明理念和环保意识，使坚持绿色发展、绿色消费和绿色生活方式、呵护人类共有的地球家园，成为每个社会成员的自觉行动"②。政府通过公共政策引导公民环境参与环境决策、表达环境利益诉求和参加环境保护，既从程序上赋予了公民环境参与权利与机会，也可从根本上改变公民"环保靠政府"的依赖性思维及被动参与局面。环境治理实践需要以宣传教育为手段提升公民对协同治理的理性认同。相关利益主体共同制定环境协同治理规则，明确各自权力边界与职责义务，合理平衡各主体环境利益，增强公民对规则的共同理解和理性认同是网络化联合行动的基础。为此要重建公民对环境治理的理念认同和行动支持，实现对制度应尽的责任、忠诚和信赖，党和政府必须在践行群众路线过程中加强向人民群众学习，尊重吸纳公民意见，制定出公平合理且契合实际需求的环境制度或政策体系，激发公民对互动规则的认同感和归属感。同时，运用社会资源培养有见识公民，建构以社会主义核心价值观为主导，体现公民精神诉求、符合公民接受习惯和心理特点的环境政策教育体系，增强全社会对协同共治的理解信任，为制度创新充实人力资本和精神动力。

---

① 周红云：《全民共建共享的社会治理格局：理论基础与概念框架》，《经济社会体制比较》，2016 年第 3 期，第 127 页。

② 习近平：《携手推进亚洲绿色发展和可持续发展——在博鳌亚洲论坛 2010 年年会开幕式上的演讲》，中国网，www.China.com.cn，2010 年 4 月 10 日。

第二节　健全环境权益保障协同治理制度体系

协同治理是一个复杂的集体行动过程，多元主体协同治理结构能否实现或在多大程度上发挥作用，有赖于主体的广泛参与和持续互动，更仰赖于系列基础性制度安排。这种制度安排既包括促使参与主体服从的正式制度和规则，也包括调动主体积极性或符合其利益的非正式制度安排。"制度是一个社会的游戏规则，更规范地说，它们是为决定人们的相互关系而人为设定的一些制约"①。由正式制度和非正式制度构成的规则体系影响并协调利益主体的各种行为，推动稳定性合作行为的形成及有效运转，为克服环境治理集体行动困境、实现公民环境利益提供基础性支持。

一、建立健全环境权益保障协同治理正式制度体系

正式制度一般指由国家和组织制定出来的政策法律法规和规章制度等一系列显性规则，它通过禁止、促进和激励等方式对社会共同体行为进行干预，减少行为主体不确定性和抑制可能存在的机会主义行为，增强互利合作的可预见性。"相对稳定的正式规则和实践集合形成了一种结构，制约各个行为体之间的关系沿着预期路线发展"②。协同共治正式制度是多元主体共同服从的行为规则，是利益分化背景下社会博弈与协作互动的结果，为促进主体利益均衡、集体行为选择提供功能性支持。作为利益主体合作意向的理性表达，可以有效引导、规范和制约主体间互动行为，降低

---

① ［美］道格拉斯·C.诺斯著，刘守英译：《制度、制度变迁与经济绩效》，上海三联书店1994 年版，第 3 页。
② ［德］马丁·耶内克、克劳斯·雅各布主编，李慧明、李昕蕾译：《全球视野下的环境管治：生态与政治现代化的新方法：生态与政治现代化的新方法》，山东大学出版社 2012 年版，第160 页。

交易成本和增加主体信任，减少和化解合作中的冲突，加速协同共治的整合过程。正式制度作为协同共治的重要变量或序参数，直接影响协同共治格局的形成及运行机制的稳定性。

为了充分发挥主体环境治理协同优势，克服集体行动的困境并减少协同惰性的出现，正式制度供给与完善应考虑以下几个问题：一是保障环境公共利益的实现。利益始终是影响协同共治运行机制的主导性要素。"按照协同优势理论的表述，人们之所以参与协同过程，最重要的动力之一就在于利用集体的力量弥补个体的脆弱，通过公共利益的实现而推及个人利益的获取"①。政府、企业、公民和环境社会组织等主体既有共同的利益基础，也有长期利益与短期利益冲突，以合作化为导向的制度建构必须依靠法律、权威和权力等强制力作用于相关利益主体，增加逃避环境责任义务、"搭便车"和其他机会主义行为风险，增强互利合作习惯。同时，基于公共利益最大化的价值取向务必营造有利于激发主体协同共治的制度环境，充分发挥制度的激励功能，平衡公共利益与个体利益，保障合法环境利益。二是合理配置主体环境治理的权力、义务和责任。环境协同共治策略选择意在适应国家与社会相互渗透以及生态民主化、开放化的趋势，依据主体治理角色的定位和功能优势，通过制度安排厘清主体各自权力归属、合作职责范围，确认环境权力行使的合法性和权力运作的规范性，强化责任追究机制，缓解政府环境权力一元化、责任集中化导致的治理失灵的困境。因此，国家必须对市场和社会进行分权或赋权，改变政府自上而下的行政管理权力运作模式，提升权力结构的开放性和扩宽其他主体环境决策与执行的公共参与空间，在市场原则、公共利益和认同的规则上形成多元协商、上下合作互动、彼此监督制约的权力运转体系。三是克服制度变迁过程中产生的路径依赖。路径依赖主要指"制度变迁和技术变迁一样存在报酬递增和自我强化机制。这种机制使制度变迁一旦走上某一条路

---

① 金太军、鹿斌：《协同治理生成逻辑的反思与调整》，《行政论坛》2016年第5期，第4页。

径，它的既定方向会在以后的发展中得到自我强化"①。我国环境治理制度变迁总体表现为政府主导自上而下强制性推进，环境政策的制定和具体执行大多由政府部门承担，公民对政府长期依赖政府而参与环境保护的积极性和动力不足，不少企业被动接受政府环境监管而设法逃避环境治理的责任，导致政府环境投入大而治理绩效低反差结果。为此，政府应在协同共治制度目标导向下，将激励机制纳入环境政策制定中，选择合理的制度变迁路径并不断调整路径方向，促进自上而下的强制性制度变迁与自下而上的诱致性制度变迁两种方式的有机结合，破解"路径依赖"，引导不同主体形成正向博弈行为取向。四是健全制度化的沟通渠道与参与平台。治理主体间对话、辩论和协商不仅有助于利益诉求的自由表达，降低组织运行的交易成本，推动环境集体决策的科学化和民主化，而且有利于各种共享资源的有效整合，减少由于信息不对称引发的主体不信任和机会主义行为，促进公民环境信息知情权和监督权实现。因而，应通过完善论坛机制、听证制度和环境事务公开制度等，搭建相关利益主体平等沟通与有效互动的平台，以便政府能够征询意见、解释政策和回答问题，公民有序参与表达利益诉求，获得从而建构协同共治的长效运转机制。就公民环境权益保障协同治理而言，当前需重点改革完善以下几项具体环境治理制度：

（1）环境公共协商制度建设。对话、沟通与协商是协同治理的基本方式。公民环境权益保障协同治理有赖于建立多方主体参与的环境民主协商机制，这既是疏通政府、市场和社会三方主体环境利益诉求、预防或减少环境利益冲突的重要渠道，也是实现和保障公民环境参与权、推动有关环境法律法规中民主参与精神落地生根的现实路径。虽然我国《环境保护法》《环境影响评价法》《环境保护公众参与办法》等法律法规都规定了要通过问卷调查、专家论证会和听证会等形式征求专家、公民和有关组织的

---

① ［美］道格拉斯·C.诺斯著，刘守英译：《制度、制度变迁与经济绩效》，上海三联书店1994年版，第126页。

意见，但被动式参与、形式化参与、利益表达渠道不畅通、参与制度供给不足和制度虚化等问题仍然亟待解决。党的十九大报告提出，推动协商民主广泛、多层、制度化发展。环境公共协商制度建设在于以尊重和保护公民环境权为导向，基于环境利益共同体目标构建上下良性互动对话、协商和谈判机制，完善公民制度化的参与途径，促进相关利益主体达成共识并实行利益平衡，推动环境决策与执行的民主化、科学化与合法化。环境公共协商首先要培育主体的主动协商意识。对于政府管理者而言，对于涉及群众环境利益的决策要持坦诚、开放的态度，设置环境议题，公开环境决策信息，通过民主恳谈会、民主听证会、公民议事会等方式广泛深入了解群众的意见偏好，耐心倾听并及时回应其切身利益问题，避免民意测验或听证走过场。对于公民而言，通过宣传教育以及基层民主协商实践促使其了解和熟悉协商规则，培育公民的公民精神和公共理性则显得非常必要。其次，健全平等公开透明的协商程序。从议题设置、信息公开、意见征求、结果反馈等环节都应有一套明晰的、长效的程序机制。协商程序设计要凸显公正性、广泛性和包容性。在尊重利益差异性和治理主体平等地位的前提下，构建公民、平等、有效的多元利益主体沟通协商的平台，保障参与者拥有平等的机会影响环境决策。特别要考量普通群众或弱势群体在信息获取、专业知识和谈判能力的劣势地位，进一步完善听证、决策公开、社情民意反馈等机制，保障其享有平等的环境话语权。最后，将环境协商民主机制有机融入国家环境法律法规的修改完善和执行过程中去。我国环境法律法规对公民参与大多只作了原则性规定，公民环境参与缺失可操作性的制度设计或参与执行虚化容易导致体制外的集体维权。因此，有关环境公共协商的程序、方式、方法等可操作性议事细则应该进一步细化，并作为国家环境立法和执法的配套制度，亦可作为环境公共决策、环境纠纷解决的重要工具。相关制度设计须明确规定政府、企业、公民和社会组织的权限范围，体现协商的民主价值和效率。

（2）环境信息公开制度建设。信息公开是公民环境参与的前提，也是治理主体间建立彼此信任、凝聚共识和开展协同行动的基础。作为环境治理的一种手段，随着《环境保护法》《环境影响评价法》《政府信息公开条例》《环境信息公开法（试行）》等相关法律法规的出台与实践探索，"我国环境信息公开实践的发展呈现了由'隐含式公开'经'半公开'到现今'正式公开、集中式公开'的表征"①。但是，环境信息公开制度仍然存在立法位阶偏低、信息公开不全面、内生动力不足、监督乏力和权利救济缺乏等问题，难以消解政府、企业与公民之间的环境信息不对称，既削弱了政府公信力和权威性，也无法满足公民环境知情权。对此，当前我国环境信息公开制度完善应在信息公开的主动性、权威性、全面性和协作性等层面下工夫，重点对环境污染事故、重大项目环境风险信息公开上寻求新的突破。政府与企业环境信息公开要确立以人民为中心的核心价值理念，在制度设计上进一步明确其信息公开责任，充分利用现代化技术手段监测、收集和公开涉及群众环境利益的信息，规范公开的主体、程序、内容和形式，特别是将环境污染、环境风险信息列入重点公开范围，真正贯彻《政府信息公开条例》中所强调的"公开是原则，不公开是例外"的立法精神。立足于公民实际环境利益信息需求，通过完善新闻发布制度、信访举报公开办理、举报奖励制度等，拓宽公民环境信息参与渠道，加强环境信息有效性供给，变政府、企业"单向披露信息"为"双向充分沟通"，增强主体间互信的基础。搭建政府部门与环境社会组织信息沟通与共享平台，正确引导社会舆情，提升信息获得的覆盖面和准确性。进一步强化环境信息公开评估、监督机制，健全公民环境信息知情权救济机制。引入公民和环境社会组织对政府部门、企业环境信息公开效果进行评价，并作为环境保护绩效评估的重要内容。加强环境巡视、行政监察、行政复议和司法诉讼等体制建设，防止政府部门、企业对重点环境信息不公开、有选择

---

① 孙岩等：《中国环境信息公开的政策变迁：路径与逻辑解释》，《中国人口·资源与环境》2018年第2期，第168页。

性公开或不及时公开等情形发生，健全环境行政诉讼、环境公益诉讼程序，对于重大环境事故政府、企业对相关信息进行瞒报、迟报、谎报等侵害公民环境知情权行为进行问责。

（3）多元化生态补偿制度建设。生态补偿是为了推动生态环境保护和可持续发展，协调相关主体环境利益关系，依据生态系统服务价值、环境保护成本与收益，运用政府或市场手段对保护者和受损者予以补偿或赔偿，将生态环境的外部性进行内部化的一项制度安排。针对当前单纯以政府财政转移支付为主、资金来源渠道单一、补偿方式单一和权威性制度供给不足等问题，政府应按照谁开发谁保护、谁受益谁补偿、共同而有区别的责任的原则，在总结《关于健全生态保护补偿机制的意见》实施经验的基础上，出台《生态补偿法》或生态补偿相关管理条例及配套制度，健全生态补偿管理体制，综合采用行政、法治、经济和技术等手段建构多元化的生态补偿规则体系。规则体系的制定要依据生态环境的整体性、区域性和外部性特征，强化人人都享有平等的生态环境服务、享有平等的生态环境权益价值理念。以环境公平为基础厘清政府、企业、公民之间的权利、责任和义务，明确生态环境保护贡献者须得到经济奖励和政策倾斜，环境资源的利用和额外受益者须付费承担相应的社会责任。对环境保护或污染治理的直接成本和机会成本、生态服务收益进行科学合理评估，明确生态补偿的对象、标准、范围和方式，拓宽生态补偿资金融资渠道，利用税收和市场交易等手段建立市场补偿机制，探索环境社会组织参与型补偿、社会和个人捐助等社会补偿机制。相应地，改革完善相关配套性基础制度，如自然资源产权制度、环境产权交易制度等①。需要指出的是，生态补偿作为治理环境利益冲突的重要工具，在政策制定时应充分激励相关利益者的认知与参与，当公民环境权益受到损害或威胁时，能够借助制度工具维

① 郑云辰等：《流域多元化生态补偿分析框架：补偿主体的视角》，《中国人口·资源与环境》2019年第7期，第137页。

护其正当权益。

（4）政府环境责任制度建设。政府环境责任制度是政府作为公共利益的代表，围绕公民环境利益需求，依法贯彻落实国家环境治理政策、法律法规，履行生态环境保护职责、提供环境公共产品和服务，并对其违法行为承担相应后果的系列规则安排。加强政府环境责任制度建设的本质在于规范政府部门及个人环境权力与责任，厘清生态环境保护进程中政府之间、部门之间的责任关系，防止环境公共权力侵害公民环境权益，促进权责统一、责任履行、责任监督和责任追究。近年来，我国环境基本法、具体环境领域的法律法规都对各级政府环境政策的制定、环境风险防范和违法失职行为等责任作了相关规定，特别是 2015 年中共中央办公厅、国务院办公厅下发的《党政领导干部生态环境损害责任追究办法（试行)》确立了"党政同责、一岗双责、失职追责"的原则，"强化了地方党委和政府协同监管的职责，突出了其他行政监督部门的分工作用，是对传统的环境保护监管体制、制度和机制的重大创新"①。聚焦公民环境权益保障协同治理，当前需要重点解决的是地方政府环境保护责任落实、跨地区跨部门环境责任界定、生态环境损害责任终身追究制实行、环境责任制度执行联动等问题。由于地方政府及相关部门的自利性、经济利益最大化的追求，地方环境保护责任落实不到位、同体监督乏力的现象较为常见。中央政府应结合以往地方环境督察的成功实践，将地方生态文明建设作为地方领导班子和领导干部政绩考核的重要内容，依据相关环境法律法规进一步明确各级党委、政府及环保、组织人事、纪检监察部门的环保责任主体和责任范围，强化地方党委在环境保护工作中的领导监管责任，加强中央对地方、上级对下级的异体监督和行政问责，强化地方政府环境决策中的风险意识和问责意识，解决监督主体虚化和监督责任模糊等问题。对于由于跨地域、跨部门环境责任落实存在的利益冲突问题，根据"属地管理、分

---

① 常纪文：《推动党政同责是国家治理体系的创新和发展》,《中国环境报》2015 年 1 月 22 日。

工负责、权责统一"的原则，在上级主管部门协调的基础上，合理配置不同主体环境责任，构建生态环境保护协作机制，解决地方政府之间、环境管理部门之间职责交叉重复、责任不明问题。党的十八届三中全会指出："建立生态环境损害责任终身追究制。"这是考虑到生态环境污染的长期性和隐蔽性、党政领导干部的流动性和任期性，弥补以往主要对任期间党政领导进行问责的局限所做的重大措施。终身责任追究既要贯彻落实中央提出的"探索编制自然资源资产负债表，对领导干部实行自然资源资产离任审计"的要求，又要进一步细化追责的程序、对象，编制相关环境档案文件，出台追责配套制度，对造成重大环境问题（事件）的历史过程进行追溯调查，明晰主要领导和分管领导的具体环境责任，从而构建生态环境损害责任终身追究的可操作性权威机制和长效倒逼机制。

二、培育完善环境权益保障协同治理非正式制度体系

在正式结构确定情景下行动者进行何种策略选择和行动，还取决于非正式制度安排。正式制度与非正式制度之间的协同，既是国家协同共治体系的重要组成部分，又是其重要的运行机制。"非正式制度，又称非正式约束、非正式规则，是指人们在长期社会交往过程中逐步形成，并得到社会认可的约定俗成、共同恪守的行为准则，包括价值信念、风俗习惯、文化传统、道德伦理、意识形态等"①。正式制度与非正式制度具有较强的互补性，正式制度的保障作用在协同共治格局构建中发挥，离不开非正式制度的支持、扩展与补充。正如诺思所言，"一个社会的变迁其实就是一种正式规则、行为的非正式习俗、惯例和它们实施特征变迁的混合体"②。意味着正式制度只有得到社会的认可，即与非正式制度安排相容的情况下，

---

① 叶国平：《论和谐社会的非正式制度建设》，《社科纵横》2007年第5期，第10页。

② ［美］科斯·诺思等著，刘刚等译：《制度、契约与组织——从新制度经济学角度的透视》，经济科学出版社2003年版，第17页。

才能发挥作用。"地方政府的有效运转并不仅仅取决于组织的正式结构，更主要地决定于地方政府所处的一系列正式和非正式的制度背景，包括地方政府与其他各级政府和公共组织之间的关系，地方政府与非政府组织和个人之间的关系，在上述关系中所发展起来的信任、合作和互助等社会资本形式"①。正式规则和非正式约束与它们的实施方式进行复杂的持续互动，影响人们日常行为选择方式，减少集体行动的障碍，并决定人们达到预期目标的路径。简言之，环境利益协同共治体系是正式制度和非正式制度互动综合作用的结果。

生态环境治理非正式制度安排主要指的生态价值观、生态认知、生态道德、伦理规范和传统风俗习惯等。以生态意识形态和生态文化为核心的非正式制度安排是人们在长期生产实践和互动交往中形成的，具有持久生命力及传承效力的非正式激励约束机制，对环境治理体系运转起到了不可替代的作用。我国几千年传统文化中形成了各式各样非正式制度，如强调集体利益和团结合作与相互依赖的价值观、"天人合一""仁爱万物""道法自然"和"众生平等"等人和自然、人和社会的和谐思想等，这一系列关于保护生态环境的价值取向、道德情感、伦理规范和社会文化通过环境认同所形成的内在约束力，对环境治理体系的构建和公民环境利益保障发挥重要作用。"历史上，土著居民的传统习俗往往善于适应当地的条件，由此保护了其自然环境。即使是美国国家研究理事会也已认识到，要实现保护生物多样性这一重要的环境目标，还得依靠世界各地传统社会当地思想文化中仅存的独到智慧"②。我们既要从中华文化的丰富内涵中吸取制度精华，又要从中华文明五千年的历史传承中总结中国道路的历史探索，也要从历史上治国理政实践中总结推进国家治理体系现代化的经验。公民环

---

① ［美］罗伯特·阿格拉诺夫、迈克尔·麦圭尔著，李玲玲、鄞益奋译：《协作性公共管理：地方政府新战略》，北京大学出版社2007年版，第8页。

② ［美］丹尼尔·A.科尔曼：《生态政治：建设一个绿色社会》，上海译文出版社2002年版，第101页。

境利益协同共治的非正式制度的价值与功能主要体现在以下三个方面：

一是缓解环境利益冲突，稳定协同共治秩序。个体或集体行为深刻地受到文化价值规范等因素的影响，价值观冲突是环境利益冲突的深层次原因。现实情景下，地方政府、公民和企业等主体从各自价值立场作出选择，必然会导致多元化的生态认知和环境态度。在多种因素的影响下，生态环境价值观的冲突演变成现实的行为的对立。源自于保护生态环境的道德情感、道德意识或地方文化是一种无形的内在约束力，能自觉规范主体的环境行为，调节主体环境价值观和环境利益认知，平衡环境公共利益与私人利益，消解由于个体利益破坏环境的动机意愿。一些农村环境群体性事件治理实践证明，地方风俗、伦理道德等非强制性约束是影响农民环境冲突的重要动力因素。因此，基于认同基础上的生态价值观、利益观和认知结构有利于主体间的相互理解进而引导生态互动合作，为协同共治秩序的稳定奠定基础。

二是促进非正式制度与正式制度相融合，提高制度运行绩效。诺思认为，正式规则与非正式规则必须保持协调性，"如果正式规则发生了变化，却不存在一个与这些正式规则相一致的实施机制以及相应改变了的行为习惯，会产生较大的混乱"①。非正式制度与正式制度是对立统一体，两者相互依存相互影响相互制约，并在一定条件下相互转化。当非正式制度与正式制度不相兼容或冲突时，就会加大制度运行的交易成本，增加机会主义行为，降低治理绩效。在我国转型期生态道德受市场经济冲突逐步沦丧、环境治理正式制度供给不足且约束效力有限的背景下，重构生态伦理道德、激发公民的社群意识、培育公民生态智慧和互利共生价值观以及将环境责任履行与社会正义建设联系起来，则显得至关重要。因为这些公民环境利益保障非正式制度供给能够节约交易成本，推动正式制度正常运行，

---

① ［美］科斯·诺思等著，刘刚等译：《制度、契约与组织——从新制度经济学角度的透视》，经济科学出版社 2003 年版，第 17 页。

甚至能构成正式制度运行的重要原则，并在环境治理中逐步转化为正式制度准则，实现相互融合、互为支撑。①

三是培育社会资本，促成主体协同合作。社会资本直接影响协同共治的广度、深度与效度。普特南认为社会资本是"社会组织的特征，例如信任、规范和网络，它们能通过推动协调的行动来提高社会的效率"②。福山也指出社会资本是多个主体相互合作的非正式规范。作为非正式制度核心组成部分的社会资本，表现为促使人们之间的相互合作、信任和理解的社会规范及价值观念，有利于提升合作的确定性和安全性、约束机会主义行为和缓解集体行动的困境，推动公共利益目标的实现。具体到生态文明建设上则体现为培育主体环境治理责任意识构建良好的关系网络，保证生态环境治理的有序性，推进主体积极参与及合作化行为形成。"信任是一种核心的凝聚力，是合作达成的黏合剂，是任何社会往前走不可或缺的因素"③。当前多元化背景下公民与企业、公民与地方政府之间公共信任关系弱化、社会资本缺失是实现公民环境利益协同共治的障碍。为此，必须以培育社会资本为内核的非正式制度建设，促进互利共赢的价值观的形成和优化环境治理行为，增进治理主体之间的信任与合作，推动环境治理体系现代化。

第三节　畅通公民环境权益表达渠道

"政治机会结构"理论是以艾辛杰（Eisinger）为代表的西方学者研究提出的影响社会行动的政治环境结构条件，包括限制性因素和激励性因素

---

① 黄建军：《推动治理体系现代化须重视非正式制度》，《学习时报》2015年10月5日。

② 罗伯特·D.普特南：《使民主运转起来》，江西人民出版社2000年版，第195页。

③ 胡象明、唐波勇：《整体性治理：公共管理的新范式》，《华中师范大学学报（人文社科学版）》2010年第1期，第14页。

等。该理论认为政治机会结构是一组变量集合，影响着社会运动产生、动员及其结果，一个开放的政治系统能够为行动者政治利益表达提供机会或路径，影响政策制定和决策过程。反之，一个权力高度集中且封闭的政体则会限制行动者表达利益诉求的机会。虽然政治机会结构理论是立足于西方社会运动包括环境运动等实践总结出来的，与我国环境维权实际情况有异，但这个体现国家与社会互动过程、强调客观结构与行动者主观认知的理论为我们创新环境利益冲突治理、保护公民环境权益提供了有益参照。纵观我国环境维权事件产生及数量规模扩大的态度，可以发现除了公民环境权益意识觉醒、环境污染损害或风险威胁到公民个体生存权与发展权、市民社会生产等因素的推动外，改革开放以来国家民主化改革、生态文明建设的高度重视与顶层设计、政治体制的逐步开放等政治环境为环境集体行动提供了活动空间。党和国家致力于以人民为中心的现代民主政治改革，尊重和保障公民民主、自由、平等权利与机会，聚焦环境民生推动环境政治改革，拓宽公民环境决策、环境参与、环境管理和环境监督等渠道，为公民环境利益表达提供了良好环境。另外，信息传播技术快速发展和网络化普及、大众媒体对环境问题的广泛介入、塑造舆论监督和提升公民环境话语权也发挥了其助推功效。然而，政治限制因素的存在、环境利益表达反馈机制低效和社会主要资源影响力有限，使不少基层环境维权陷入了"合法性困境""体制性困境"和"集体行动困境"①，如何进一步平衡国家与社会关系、消解公民环境政治参与和利益表达的限制性因素、创造政府与公民环境协商机会与渠道，进而完善公民环境权益保障的政治机会结构，仍然是新时代环境政治改革的重要课题。基于我国社会主要矛盾转化、国家与社会关系结构变迁和市民社会成长等基本国情，公民环境政治机会结构完善可以从以下几个方面着手。

---

① 黄家亮:《通过集团诉讼的环境维权：多重困境与行动逻辑——基于华南 P 县一起环境诉讼案件分析》,《中国乡村发现》2008 年第 12 期，第 142 页。

一、拓宽公民环境政治参与机会与民主协商空间

党的十九届四中全会要求畅通和规范群众诉求表达、利益协调、权益保障通道。进一步重塑国家与社会关系，推动以人民为中心社会治理转型，拓宽公民和社会组织环境政治参与机会和利益协调渠道。国家是公民权利保障的基础，在利益分化、利益冲突转型背景下代表国家的政府必须对公共利益作出权威性分配，以稳定社会秩序，维护社会公正。但是，国家权力是有边界的，缺乏制度约束的国家权力运行不仅威胁到公民自由甚至损害公民权利，使社会处于被动依附地位，而且无法有效应对转型期急剧变化的复杂治理环境。国家治理体系改革需要突破国家与社会二元对立逻辑及非合作博弈思维，在政社分开的前提下平衡政府与社会关系，释放社会活力，以人民利益为中心寻求最大公约数，提升国家与社会关系的弹性。公民维权行为的选择本身也是建立在对国家高度重视生态文明建设、碎片化行政管理体系和保障公民合法权利理解等政治机遇把握基础上的。换言之，环境维权的目的是促使地方贯彻落实中央以人民为中心的环境政策，提升公民环境参与影响力，使社会维权转向政社合作。因此，继续推动党和国家主导下放权、基层自治、法治建设和协商民主等放松管理的系列改革，赋予社会更多的自主成长空间和参与公共事务的权利，打破环境冲突治理行政部门路径依赖局面，为政社合作营造良好的政治机会环境。例如，国家顶层制度设计上，以善治为导向，适应新时代公民环境权益需求变化和社会治理向多元主体共治转型的基本背景，立足中央"自上而下"推进政府治理、基层"自下而上"推动社会治理、各地方与部门连接上下互动的基本实践，推动生态文明管理体制改革，构建共建共治共享环境治理格局。在具体制度安排上，健全以《环境保护法》《环境影响评价法》等环境权益保障制度体系设计，改革环境信访、调解、仲裁、诉讼、补偿等环境权益救济机制，完善人大和政协民意反映和协调机制，环境决策参与机制和信息公开制度，疏通公民环境利益体制内表达渠道，形成能

够及时反映和协调人民群众环境利益诉求的制度安排。再如，作为公民环境利益诉求及环境维权的重要载体和社会支持资源，环境社会组织出于政治风险考虑和自身能力不足，大多数情况下未能加入合理的环境维权组织中去，"而是采取了一种观望甚至'主动划清界限'的心态和立场"①，环境社会组织的"缺位"既加剧环境维权的弱组织化和非理性，又极易诱发公民对其能力的质疑与批评。为此，政府在社会组织的登记制度、环境污染公益诉讼、环境治理制度化参与机会、环境冲突治理社会协商等方面需要进一步扩展环境社会组织成长的体制性空间，改变环境社会组织的政府依赖及被动局面，为非理性的环境维权运动转变为合法理性的维权运动提供社会支持。

二、尊重和引导公民环境网络话语权

主动应对信息技术发展带来的复杂性，尊重和引导公民环境网络话语权。互联网等技术的快速发展及其在信息传播、议题构建、组织动员、共识形成等方面互动性优势，为环境运动提供了良好的政治机会。根据中国互联网络信息中心发布第 42 次《中国互联网络发展状况统计报告》显示，截至 2018 年 6 月，中国网民规模达到 8.02 亿人。微博、微信、QQ 群、网络论坛等新媒体的兴起及普及，政府对大众媒体的管理放松，正迅速地改变传统环境话语权力结构、环境公共性认知和社会运动动员方式，推动国家环境政治变迁，正如学者所言"新媒体的'分权''去中心化'的技术特性，激发更多关心周围环境发展、热心环境保护的公民广泛介入环境议题，赋予公民环境知情权、环境表达权、环境监督权与环境参与权更为宽

---

① 郇庆治：《"政治机会结构"视角下的中国环境运动及其战略选择》，《南京工业大学学报（社会科学版）》2012 年第 12 期，第 34 页。

广的实现空间"①。公民借用网络技术手段广泛传播环境污染或环境风险信息，塑造环境公共话语空间，普及环境知识并激发公民的环境情感，构建社会关系网络汇聚社会共识，形成强大的网络舆论压力，促使环境决策体制和相关制度改革。特别是当传统媒体由于政治敏锐性对环境问题报道"失声"时，网络媒体则成为公民获取环境信息、释放不满情绪、激发环境参与和集体组织动员的主要渠道。但是，由于普通公民对环境专业认知有限、环境权益与责任意识不平衡和网络法治规范性不足等原因，一些新媒体往往也成了谣言传播、公民情绪化释放、非理性维权的载体或工具，对政府项目决策、环境信息公开不充分进行各种对抗性的解读和误导。网络传播的复杂性容易诱发现实中影响社会和谐稳定的环境群体性事件，增加了社会治理难度，给政府环境冲突治理带来了严峻的挑战。因势而谋、应势而动、顺势而为，党的十九大强调"巩固基层政权，完善基层民主制度，保障人民知情权、参与权、表达权、监督权"。政府需要适应网络化时代行政治理模式的挑战并抓住转型契机，推动网络民主建设，尊重和保障公民网络话语权。法国哲学家福柯揭示了权力与话语的辩证关系，提出权力是通过话语建构起来的。公民自由表达自己的意见和利益诉求，是现代民主政治的重要体现，也是推动公共决策民主化、科学化重要途径。网络话语的去中心化、去权威化、互动性和开放性等特性，激励着公民利用舆论力量进行环境维权并监督政府的积极性和主动性。当然，网络无序性、非理性化的舆论聚集、谣言的传播等复杂性语境，也容易产生环境维权走偏倾向，将个体环境权益理解为只要权利不负责任，甚至极端的个人自由主义行为。对此，政府必须建立积极网络环境舆论回应机制，对公民的环境关切或利益诉求信息进行及时的选择整合和认定，通过环境信息公开、开放讨论、协商对话将公民引导到环境决策中来，澄清环境问题

---

① 欧阳宏生、李朗：《传媒、公民环境权、生态公民与环境 NGO》，《西南民族大学学报（人文社会科学版）》2013 年第 9 期，第 143 页。

事实，培育网络媒体理性，维护环境正义，促使公民对争议性环境事项达成共识。另外，传统媒体在协调环境利益冲突的权威性及主导性作用不能忽视，从已发生的环境群体性事件来看，当弱势群体环境维权受阻时，求助媒体特别是有影响力的传统媒体进行新闻曝光成了解决问题的主要策略。因而，提升传统主流媒体的权威性和公信力，给予其对环境状况进行客观而公正的报道空间，理性构建公民环境话语权，搭建政府与公民之间沟通桥梁，增强政府回应的有效性，平衡普通公民与政府、利益集团环境利益博弈关系，能为公民环境权益保障协同治理提供良好的舆论环境。

第四节　厘清地方政府与企业环境利益关系

一、正确处理好政府监管与市场配置关系

政府和市场是影响经济发展、生态环境治理的重要因素。不合理的政府权力与企业资本的运作逻辑所形成的政企合谋则是环境污染恶化并引发环境维权的重要原因。为此，理顺政府与企业关系、合理界定两者权力责任边界，破解政企合谋进而提升环境治理效率直接关系到公民环境权益的实现。改革开放以来，我国政商关系逐步从计划经济体制下企业对政府的依附性关系逐步走向了市场经济环境下具有共同利益诉求的依赖合作关系，这是公共事务协同治理的现实基础。但是，政商关系不明、政企同谋损害公共利益现象尚未从根本上解决。党的十九大报告提出"构建亲清新型政商关系"，为新时代正确处理好权力与资本、政府与市场之间的关系，构建清朗有序的治理环境指明了方向。"亲"要求各级党委和政府积极主动为企业提供良好公共服务，解决企业发展过程中面临的难题，营造良好的市场环境。同时，企业也要与政府及相关部门沟通交流、建言献策，提

升社会责任感和创造社会福利。"清"要求政府官员与企业家交往要公私分明、廉洁自律，依法行使公共权力，不搞以权谋私和损害公共利益。对于企业意味着要依法诚信经营，在法律框架内与政府部门合作，积极主动接受政府监管和社会监督。简言之，政商关系的实质是政府与市场即"有形的手"与"无形的手"两者之间的关系，既要充分发挥市场机制的作用，又要克服"市场失灵"和"政府失效"。

二、完善政府与企业环境共治机制

在环境治理分权、财政分权的背景下，构建亲清新型政商关系首先要改善中央政府对地方政府环境治理激励约束机制。地方政府是中央政府宏观环境治理决策的执行者、企业具体环境行为的管理者，充当了前者代理人及中央政府与企业之间的中间人角色。中央政府对地方政府的环境治理激励约束机制直接影响到地方政府对企业环境管理政策执行偏好。过去，中央政府以经济增长为核心的政绩考核机制、政治晋升激励机制，一些地方政府忙于追逐高速经济增长绩效和地方财政收入增加，对环境资源配置过多偏重于重大经济项目引进、招商引资而忽视其对区域环境质量的影响，在贯彻落实中央环境治理政策时产生机会主义倾向和执行偏差，甚至以牺牲公共环境利益为代价利用环境行政权力与资源进行寻租，"政企合谋"现象时有发生。为了有效激励地方政府履行环境监管职能、减少环境执行不力和寻租空间，中央政府应从根本上转变传统政治晋升激励机制给地方政府官员带来的惯性影响，以绿色 GDP 为主要价值导向，依据中央下发的《生态文明建设目标评价考核办法》等相关规定，将绿色 GDP 全面纳入干部考核中去，进一步加大对环境质量改善情况、自然资源的利用、公民环境权益保障等在考核评价体系的权重。与此同时，加大环保财政转移支付力度，运用中央环保财政政策对地方政府环保投入进行选择性激励，缓解财政分权下地方政府环境公共服务资金短缺和环境管理低效率问题。加快推进地方环保机构垂直管理改革，强调地方党委和政府环境保护的主体责任，使地方环保机构直接向上级或中央负责，"建立健全条块结合、各司其职、权责明确、保障有力、权威高效的地方环境保护管理体制"①。对于地方政府因环境污染侵害引发的利益冲突事件进行严厉问责，以此解决因地方政府的自利性而导致环境治理失效问题。其次，以制度创新为基础厘清地方政府与企业利益关系，深化地方环境行政管理体制改革和服务型政府建设，强化地方政府政治生态建设和环境治理职能，压缩并铲除权钱交易的土壤。政商关系的实质是建立在制度化、法治化基础上的相互独立、协同合作的关系，而非"建立在非正式的、人际关系基础上的，尤其是建立在官商个人利益基础的"②。官商交往要有道，相敬如宾，而不要勾肩搭背、不分彼此，要划出公私分明的界限。地方政府公布环境行政权力责任清单，梳理环境监管过程中的廉政风险点，完善环保督察巡视制度，加强对地方政府环境资源配置权力的监督，将环境权力真正关进制度的笼子里，阻断环境权力利益交换链条和非法利益联盟，提升环保制度执行力，构建政府官员不敢腐不能腐不想腐的长效机制。加大对违规排污企业惩处力度，提高排污企业的违法成本和风险成本，使其大大高于政企合谋的效用，维护市场公共资源交易秩序和优化商业环境。同时，建立健全激励相容机制，传统单一命令管理型环境管理难以激发企业追求技术创新以减少污染成本的积极性，需要利用环境经济政策如财税、交易、金融等工具手段对企业环境行为进行正向激励，调动企业承担环境社会责任，开展绿色生产行为的积极性和主动性，提升环境治理体系和治理能力现代化水平。最后，引入公民和社会组织参与环境监督。从某种意义上说，政企合谋实质是政府部门的自利性与市场企业的逐利性相耦合、市

---

① 中共中央办公厅、国务院办公厅印发《关于省以下环保机构监测监察执法垂直管理制度改革试点工作的指导意见》，中央政府门户网站，www.gov.cn，2016年9月22日。

② 王建均：《构建"离不开靠得住"的新型政商关系》，《党政干部参考》2015年第5期，第29—30页。

场失灵和政府失效的综合表现。公民参与则是破解或者克服政企合谋、环境治理失效的必要手段。辩证看待公民的环境维权行为，不难发现，公民利用法律、政策和信息等手段，塑造环境维权话语权，构建集体行动关系网络，形成对地方政府和企业的强大压力，能够有效改变自己在三方博弈中的弱势地位进而制约政企合谋行为。在信息不对称背景下，依据《环境保护法》等相关制度规定，从环境决策、环境影响评价和利益表达等环节中切实落实保障公民环境参与权利，对政府环境行政权力、企业生产行为构成有效的监督制约。当然，不可否认的是，当前公民环境参与机会以及参与能力仍然存在一些缺陷，其中分散的个体面对强大的权力与资本仍无法改变其弱势地位，因而需要环境社会组织提供专业支持和组织保障。日渐活跃的环境社会组织倾向于公开发出自己的声音，通过集体行动、社区动员、利益表达、大众媒体传播等影响政府环境决策。对此，政府构建有效环境利益表达回应机制，扩大并畅通环境信息公开渠道，在涉及公民环境利益重大项目决策、环境纠纷问题解决等方面及时主动回应公民质疑，引入环境社会组织参与决策，有利于推进环境治理体系和治理能力现代化。

第五节　优化公民环境利益冲突全过程协同治理

一、加强环境利益冲突治理的事前预防

从"管理"转向"预防"、从"末端治理"转向"源头预防"是现代社会治理理念转型的基本思路。美国学者戴维·奥斯本、特德·盖布勒将建设"有预见性的政府"作为改革政府的重要目标导向，提出政府公共事务管理在于"预防而不是治疗"，即"有预见的政府做两件根本性事情。它们使用少量的钱预防，而不是花大量的钱治疗；它们在做出决定

时，尽一切可能考虑到未来"①。环境利益冲突协同治理是一种积极主动的事前预防治理方式，其关键在于各个治理主体通过构建协同合作关系，主动履行生态环境治理责任，以减少和化解环境利益冲突风险。党的十八大以来，党和国家以推动治理体系和治理能力现代化为目标作为社会治理创新基本理念，要求从源头上预防和减少影响社会和谐稳定的问题发生，突出将源头治理作为提升治理现代化水平重要思路。例如，"完善社会矛盾排查预警机制，善于运用大数据技术、信息化手段，努力做到早发现、早预防、早处置。完善重大决策社会稳定风险评估机制，从源头上预防和减少矛盾"②。这种社会治理创新理念思路与协同治理的内在逻辑取向是高度契合的。相对于传统官僚制体制、碎片化治理格局形成的事后补救式应急性、权宜性反应治理方式，环境利益冲突事前预防式治理方式实质为源头治理，具有减少治理成本、提升政府公信力、保障公民环境知情权和参与权、减少执政合法性损耗等明显优势。

大多环境利益冲突事件从产生发展过程都具有一定的生命周期性，整体呈现出"理性表达—诉求忽视—动员聚集—爆发冲突—冲突升级—政府妥协—冲突平息"等演化过程。根据冲突事件的成长特性及演化过程，可以分为冲突酝酿期、冲突爆发期、冲突扩散期、冲突处理期和冲突善后期等阶段。在环境利益冲突的酝酿期，公民逐步意识到环境污染风险或者发现正遭受环境损害，心理上产生相对剥夺感不平衡心理，开始表达风险焦虑和对污染行为不满，讨论并质疑环境污染源头问题或即将建设的项目可能引发的环境风险，向有关部门表达自己的利益诉求，并通过线上线下进行小范围传播。这个阶段可以看作是公民环境情绪的积聚阶段，也是危机处理的可控阶段和黄金处置阶段。如果此阶段地方政府不能迅速采取有效

---

① ［美］戴维·奥斯本、特德·盖布勒著，周敦仁等译：《改革政府：企业家精神如何改造公共部门》，上海译文出版社 2006 年版，第 261 页。

② 中共中央宣传部：《习近平新时代中国特色社会主义三十讲》，学习出版社 2018 年版，第237 页。

措施，而使危机爆发并进一步扩散，则会产生危机涟漪效应进入难以管理的阶段。"预防是最好的治理"，针对当前一些地方政府仍然习惯于压制性维稳、"不出事"逻辑、临时性应对、忽视潜在矛盾和预警意识薄弱、不想管不愿意管等问题，协同治理所强调的是以积极主动的心态树立事前预防式治理思维，将解决问题的重点放在矛盾的萌芽阶段。"事前预防通过有效吸纳和整合体制外的治理资源，实现政府和社会力量在社会预防过程中的'深度合作'，将政府、企业、社会、公民等多方力量整合到社会矛盾的预防之中"①。具体而言，首先，环境利益冲突事前预防的基础在于减少或防范环境污染风险，避免企业或生产者损害公民环境权益行为。地方政府必须严格贯彻落实新发展理念和国家环境保护政策，综合运用经济、行政、法治和技术等手段限制环境污染行为发生，从根本上阻断损害公民环境权益的源头。整合碎片化的环境行政管理体系，以生态环境责任、环境利益协调和制度约束为基础构建跨部门、跨地区的环境合作治理运转机制。顺应公民环境权益意识增长的趋势，拓宽线上线下社情民意表达渠道，及时了解群众环境利益诉求。构建人民调解、行政调解、司法调解相结合，社会公民共同参与的环境冲突大调解机制，真正从源头上预防和化解环境冲突矛盾。建立健全突发环境事件预警体系，完善环境问题应急处理预案等。其次，注重重大环境项目决策社会稳定风险评估、政府与公民的环境风险沟通。官民信息不对称、环境影响评价公民参与缺失、对"邻避设施"的误解往往是引发环境冲突的重要因素。因此，对影响环境的重大项目的决策进行环境风险识别、研判和有效评估是有消解环境利益冲突风险的重要手段。考虑到相关利益者之间的信任不足和环境风险的认知差异，当前须改变政府相关部门对环境风险进行垄断性评估，单一依赖营运企业、专家学者进行片面评估的状况，更多地引入客观、独立和具有

---

① 朱力、邵燕:《社会治理机制的新转向:从事后倒逼到事前预防》,《社会科学研究》2017年第4期,第96页。

较强公信力的第三部门、大众媒体和普通群众广泛参与的风险评估运行机制。公民实质性参与不仅尊重了公民环境知情权、参与权和监督权，而且增强风险评估的理性认识、增加相关利益者彼此之间的信任并达成共识。地方政府作为环境风险管理的主导者，一方面，要应用科学评估方法包括进行社会调查征求受众意见等对社会稳定风险进行结构化的辨别、研判，对项目建设影响群众健康、生命、财产等基本权利和信任、参与机会等社会权利进行合理化的评估，减少精英决策或闭门环境决策方式，建立健全环境风险防范机制。另一方面，要以信息公开为基础开展利益主体间环境风险沟通。环境风险沟通是对项目建设引发的环境风险程度进行及时公开传递，减少主体间信息不对称、消解公民环境风险认知障碍和误解，推动风险认知理性培育和共识的形成。系统深入了解相关环境风险信息源、价值判断和行为倾向，通过组织群众对"邻避设施"进行实地考察、专业化环境科普教育和大众媒体宣传提升公民的环境风险认知水平，疏通公民环境不平衡心理和环境情绪的释放渠道，增进公民实质性参与则提高其环境决策话语权，则是突破环境风险沟通的有效路径。最后，构建新媒体技术环境下环境舆情引导机制。不明环境风险信息、谣言通过微信、微博、网络论坛等新媒体广泛而迅速传播引发的群众恐慌心理往往是触发环境群体性事件的"燃点"。政府部门要对环境网络舆情进行动态监控并采取相应的预警措施，倾听群众呼声，及时回应公民质疑与问询，与新闻媒体进行公开、客观地沟通，从而疏导负面舆论，凝聚共识。

二、确保环境利益冲突治理的事中依法协调

当群众利益诉求无法得到满足后，环境利益冲突会进一步升级。网络动员、维权弱组织化、利益诉求多元化、情绪发泄和维稳压力等复杂性环境考验着地方政府应对冲突事件处理能力。改变以往以"压、堵、拦"等形式为主的刚性维稳逻辑，疏通利益主体间的对话渠道，依法依规地协调

群众利益诉求，释放群众的不满情绪和怨恨心理，将非理性化制度外维权转向制度内对话、协商、谈判、妥协，则是解决环境利益冲突的关键。为此，地方政府要树立风险管理意识和应急管理意识。我国已经进入风险社会时代，经济社会结构的巨大转型，市场经济、工业化、技术化和社会保障体制不健全等使各种矛盾叠加、风险隐患集聚。环境问题的复杂性、系统性和不确定性，容易成为各类矛盾激发的爆发口和不满情绪的发泄口。党员领导干部应充分认识到环境冲突所诱发的生命健康、经济、政治和社会稳定风险，特别是应对策略失当所导致的系列不良后果，正视环境冲突矛盾，强化风险管理意识，综合各类信息制定环境群体性事件应急预案，促进资源调动和统一协调行动，提升环境应急处理能力。地方政府应辩证看待公民环境权益意识增长，区分不同类型的环境利益冲突事件，以积极开放心态应对环境利益冲突。

首先，地方政府明确角色定位，即环境冲突的协调者、公共利益的维护者、协商对话的倡导者、环境信息的发布者和环境影响的监督者。针对环境冲突第一时间通过网络、新闻媒体等表明调查事实、公正处理的态度，不能因企业对地方财政收入的贡献或以地方维稳压力为理由而陷入企业利益"庇护者"误区。相关部门依据其职能分工对企业污染行为进行深入调查，核实环境侵权事实并依法进行环境诉讼等处理，消除环境风险。需要强调的是，地方政府的处置态度是影响环境冲突事件是否升级的重要因素。少数部门惯于采取强制手段封锁消息、压制群众的意见表达和阻塞维权行为，则会引发各类谣言发散性传播，积聚更多的不满情绪和怨恨心理，进一步激发环境矛盾而加大协调处理难度。制度是调节冲突的基本方式，片面的压制只会导致冲突愈演愈烈。

其次，畅通环境利益诉求渠道，引导群众合理合法维权是依法协调环境冲突的关键环节。环境投诉、环境诉讼等渠道不畅，利益受损者通过体制内理性合法维权得不到有效回复，公民环境参与权利不受重视，往往是环境污染问题演化为环境冲突的重要诱因。畅通信访投诉、行政调解、司法救济以及与环境社会组织沟通等体制内环境维权的渠道，释放受损者的不满情绪，缓解利益群体的相对剥夺感，增加行政机关与受损者的良性互动，塑造公开透明的信息沟通环境，是环境利益冲突依法协调的基本前提。就本质而言，环境利益冲突属于人民内部矛盾激化的一种表现形式，具有非政治性。虽然部分群众可能会采取堵塞交通、围堵污染企业等过激行为，但基本目的在于维护环境权益特别是健康生存权，其构建倒逼机制仍然显示出对政府解决环境利益冲突的依赖与期待。因此，地方政府对环境利益冲突事件可以考虑将依法处置与适度包容结合，依法处置少数谣言传播行为、无理诉求行为和极端违法行为，形成警示效应，维护社会稳定，减少负面示范效应。对于合理环境利益诉求者，地方政府应采用民主协商、平等沟通、法治引导和说服教育等方法，使制度外维权转向制度内解决中来。

再次，针对环境污染侵权的潜伏性、复杂性、取证困难和诉讼成本较高等问题，建立健全环境纠纷行政调解机制、推动利益主体协商谈判是可供选择的治理策略。我国《环境保护法》规定："赔偿责任和赔偿金额的纠纷，由环境保护行政主管部门或者其他依照本法律规定行使环境监督管理权的部门处理。"环境行政部门作为环境纠纷协调的主导者，依据相关法律法规对环境损害进行合理评估并为受损者提供专业证据，设置合理的调解程序，广泛征求相关利益者意见的基础上，通过听证会、公共论坛、民意调查等形式搭建政府、污染企业和受损者之间沟通协商平台，在尊重公民参与权的基础上使利益相关主体间从非理性对立转向理性化民主协商，相关利益者表达各自价值观、利益偏好和污染行为处理态度，就分歧问题进行环境谈判，缩小认知差异，尝试建立彼此初步信任，在谈判中增加对共同解决问题的理解，制定合理的补偿方案，寻求共识和达成协议。需要注意的是，政府部门在营造和设计民主协商、环境谈判的氛围或程序中，需考量环境利益受损者的弱势地位或环境话语力量薄弱问题，引入环境社会组织等第三方机构塑造平等的协商基础。

最后，正确引导环境舆论走向，构建政府媒体公民良性互动的信息共享机制。环境舆情是公民对政府处理环境污染风险的重要风向标。在环境利益冲突全面爆发阶段，公民的不满情绪、污染焦虑等负面舆论会通过线上线下快速规模化传播，直接影响到整个事件的治理走向。政府需要继续发挥电视、报纸、广播等传统媒体发布权威信息，开展深度报道，引向舆论走向等重要作用。同时，适应互联网、新媒体迅猛发展趋势并发挥其环境表达、组织动员和双向沟通等功能，把握环境舆情的形成机制与演化规律，尊重媒体和公民的环境信息知情权、环境话语权，推动环境信息公开、沟通与共享，减少环境信息负面舆情扩散。地方政府积极利用微博、微信、公众号、政府网站等平台，加强与公民、新闻媒体之间的互动，"打通官方舆论与民间舆论的通道，加强舆论的议程设置能力，抢占舆论的主动权与话语权"[①]。建立健全环境舆情应对机制，对环境舆情特别是网络舆情进行全面检测与评估，及时澄清事实，还原真相，注重与意见领袖之间的双向沟通，提升舆情应急处理能力，缓解对立情绪，维护公民环境权益。发挥新闻媒体的环境宣传教育、利益表达功能，以真实、公开与公正为原则，接受新闻媒体的监督，引导其对群众的质疑、焦虑、诉求进行及时传达，释疑解惑，同时向群众宣传环境专业知识，提升环境治理专业素养，建立良性互动的信息共享机制。

三、强化环境利益冲突治理的事后问责与生态补偿

环境利益冲突结束后，社会秩序逐步恢复，但矛盾冲突并非彻底化解。严肃问责与生态补偿是进一步化解公民怨恨、重建政府公信力和强化生态环境责任的重要环节。政府需要对环境利益冲突事件的产生、升级和

---

① 荣婷、谢云耕:《环境群体性事件的发生、传播与应对》,《新闻记者》2015 年第 6 期,第 78—79 页。

平息等不同演化阶段及整个过程进行系统地梳理分析，把握事件的演化规律、媒体传播特点、群众心理情绪变化等，总结应对的经验教训，改革完善应急管理机制，厘清不同主体环境损害责任，启动事后主体问责和生态补偿。

环境问责的对象可以分为对造成污染侵权事实的单位和相关环境管理责任部门及领导干部。根据"谁污染谁负责、谁破坏谁治理"原则，依据国家和地方环境法律法规规定，由政府部门或环境社会组织向污染责任方提起环境公益诉讼，要求其承担侵害公民环境权益责任，履行环境修复义务，排除污染环境风险。鉴于普通公民环境专业知识不足、搜集证据困难等局限，可以采取公民、环境社会组织、地方政府和司法机关联动的运行机制，由政府部门聘请专业环境检测机构对违法者的排污行为对公民的身体健康、生产生活影响进行权威性检测，同时组织多元主体进行论证协商，按照相关程序追究污染责任方的法律责任。对于跨地区、跨流域的生态环境损害问题，根据属地管理与区域化管理相统一、责任明确与权责统一的原则，依托上级环境管理统一领导机构或区域化生态环境保护协作组织，探索建立区域生态环境损害共同问责机制，推动环境信息共享和相关协作制度建设，形成纵向问责与横向问责相结合的机制。当前我国环境问责多倾向于对环境管理部门的不当行政行为问责，而污染企业作为公民环境权益的直接侵害者，大多以罚款、支付赔偿金、修复环境等方式承担环境损害责任，如何对企业破坏环境行为进行刑事问责，提高违法成本和法律震慑力，仍是亟待解决的问题。管理部门及领导干部的环境问责可分为因环境问题监管不力导致公民权益受到侵害的问责和环境利益冲突事件中行政不作为或乱作为的问责。依据国家和地方制定的生态环境损害责任追究办法、重大环境问题（事件）责任追究办法等有关规定，在查明原因、确认事实的前提下，对在环境决策与监督管理过程中出现的违规审批、监督失职和滥用职权等部门及领导干部进行问责和行政、纪律处分，构成犯罪的，依法追究其刑事责任。为了提升环境问责的权威性、透明性、公信力和实施成效，可将公民参与设计到问责程序中。公民可以通过举报投诉、参与听证等形式反映其环境利益诉求，行使环境监督权利。公民参与环境问责拓宽了公民参与环境治理的范围与渠道，所形成的异体多元的社会制衡模式有利于推动环境治理体系和治理能力现代化。

生态补偿机制是环境利益冲突协同治理的事后补救手段，也是保障公民环境受益权、平衡环境保护者与受益者之间的利益关系、维护环境正义的基本措施。按照"谁开发谁保护、谁受益谁补偿"的原则，污染受害者有权利依照法律法规要求受益者对其利益损失进行赔偿。对于已经造成污染事实的环境侵权问题，政府应履行"执法者""服务者"和"仲裁者"角色，搭建环境受益者和受害者协同谈判平台，明确主体之间的权责利关系，科学评估环境受害者的损失包括身体健康和经济利益等，构建生态补偿标准体系，加快推动环境受损者获得合理生态补偿。另外，政府也可以通过对污染者征收生态环境破坏处罚金、环境污染税等，以财政转移支付的方式对受损者进行补偿。对于"邻避冲突"事件，虽然未造成污染事实侵害但毕竟存在环境风险，探索运用财政补贴、政策倾斜、征收环境税等方式对项目建设周边影响居民区进行补偿。同时，投入生态补偿金改善周边居住环境和公共服务，引导企业出让部分经营收益，创造就业机会，实行利益共享，为公民环境权益保障协同治理开拓新思路。

第 六 章
结论与展望

第一节　结论

　　本研究以马克思主义生态文明思想为指导及其他相关理论为指导，基于我国公民环境权益保障协同治理的现状，聚焦协同治理的视角，对我国环境权益保障协同治理进行了较为系统研究，主要得出以下几个结论：

　　（1）马克思恩格斯环境正义思想、中国特色社会主义生态文明思想、中国特色社会主义协商民主理论、协同治理理论为本书从协同治理角度研究公民环境权益保障提供了坚实理论基础和思想指导。环境正义是公民环境权益保障的基本价值尺度，要求人与自然、人与人之间、人与社会之间环境权利与义务相统一。马克思恩格斯运用辩证唯物主义与历史唯物主义方法，站在无产阶级的立场，从实践出发揭示资本主义生产方式下人与自然之间的不平等进而造成了人与人之间的不平等，批判生产资料私有制基础上资本对剩余价值的疯狂追求而大肆开发全球自然生态资源，造成生态环境的极大破坏，导致人与自然、人与人之间的环境非正义，严重损害无产阶级和广大劳动人民环境权益。必须从社会发展的基本矛盾出发，消灭以私有制为基础的资本主义经济社会制度，建立人人平等、人与自然和谐发展的共产主义制度，为无产阶级环境权益保障提供了丰富的思想资源。党和国家在推动中国特色社会主义建设伟大进程中，立足于社会主义公平正义建设为基础，将环境保护政策确定为我国基本国策，实施可持续

218

发展战略、践行可持续发展观和新发展理念、大力推动社会主义生态文明建设，对于公民环境权益保障具有重要的理论和现实指导意义。特别是新时代的环境正义价值观从种际正义、代内正义和代际正义三个维度深刻阐述了环境正义的理论意蕴与实践指向，体现出深邃的时空观和鲜明的中国特色，彰显了解决环境正义问题的中国智慧和中国方案。中国特色社会主义协商民主、协同治理理论作为实现公共利益、保障公民基本权利和解决环境利益冲突矛盾的重要思想和治理机制，强调多元主体广泛的决策参与、平等协商、良性互动与平等协作，发挥各主体生态环境治理的优势并且保障其环境权益，维护和实现公民环境权益具有重要的战略意义和现实价值。

（2）通过调查研究和案例分析发现，公民环境权益意识正持续增强，但总体认知处于一般水平；参与环境治理的意愿也较强，但实际行动偏弱。环境满意度、环境认知水平、过去行为、行为态度、信息来源是影响公民环境参与行为的重要因素。总体而言，公民环境利益冲突治理趋向于合作而非对抗。当环境权益受到侵害后，大部分还是选择政府部门调解、向媒体反映和求助于法律等合法合理途径，非理性手段不是公民考虑的维权方式。以河长制为代表的政府主导下的强制性环境治理、环境问责倒逼机制为解决部门各自为战、部门利益冲突和协调障碍等问题取得良好的成效，但如何突破行政主导的"路径依赖"，激发企业和社会力量的积极主动参与，实现上下协同共治仍是亟待解决的难题。

（3）党和国家适应生态环境治理变化要求，推动生态文明体制改革，推进环境治理体系和治理能力现代化，为公民环境权益保障协同治理改革采取了一系列措施，主要表现在推动政府主导下多元主体参与协同治理体系构建、从注重公民环境义务履行转向切实保障公民环境权益、改革政府权威式环境管理结构转向共建共治共享格局构建、公民环境权益保障制度从分散的原则规定转向系统的规制设计。具体而言，以环境治理制度建设为基础，加强生态文明建设顶层设计，不断回应公民环境权益保障诉求，强化政府环境主导责任，建立健全有关环境信息公开、公民环境决策参与、环境监督管理和损害补偿等系列制度，改变传统自上而下的环境行政治理体系，推动上下结合、政府规制、市场推动和社会自治策略综合运用等。

（4）协同治理共同体构建是实现和保障公民环境权益的重要目标导向。公民环境权益保障协同治理共同体是社会治理共同体的扩展和具体表现形式，是在社会主义生态文明建设、建设美丽中国共同愿景导引下，以人与自然命运共同体、人类命运共同体理念为基础，以人民为中心，以解决环境问题为导向的治理理念与制度设计，是政府、企业和社会多元主体基于共同环境利益需求和权责对称原则，通过协商互动平等参与生态环境事务治理，形成利益共享、责任共担、相互依赖、相互合作的有机整体。共同体的构建遵循以人民为中心原则、共建共治共享原则和制度体系构建原则。依据新时代我国现代环境治理体系要求，各个治理主体角色定位主要为党委统筹领导、政府主导协调、企业履责合作、公民参与环境治理、环境社会组织监督服务，不同主体分工负责、协同共治，共同解决生态环境问题，实现和增进环境公共利益。当然，公民环境权益保障协同治理也是一项复杂的博弈工程。由于主体认知、利益取向、权力分配和占有信息等不同，政府、企业和公民之间在不同条件下存在合作博弈与非合作博弈关系。立足于我国生态环境治理基本国情，参考 SFIC 模型研究发现：环境利益相关者权力与资源不平衡、环境治理参与者动机、主体间既往的对立与合作、协同治理领导力和制度设计是影响环境权益保障协同治理的重要因素。公民环境权益保障协同治理的互动过程是治理主体非线性良性互动，主要包括明确协同治理的目标方向、开展互动交流达成协作共识、参与集体行动践行承诺和评估协同治理效果等。线上与线下主体间的平等对话有助于促进彼此之间的信任，进而促进对环境权益协同治理的共同理解实现集体行动。为了促使政府、企业和公民等相关环境利益主体从非理性对抗转向协同合作，公民环境权益保障协同治理体系构建须顺应利益主体多元化、治理环境信息化网络化等趋势，基于主体平等良性互动、利益平衡等原则，改变传统政府环境管理体制下"命令—服从"自上而下的组织结构与权力运作体系，建立平等合作的伙伴关系，自上而下推进与自下而上推动相结合的网络互动运转机制、利益协调实践机制、环境政策执行机制和信息公开共享机制。

（5）从共同体意识培育、制度保障体系建设、权益表达渠道畅通、政府与市场环境利益关系协调、环境利益冲突过程管理等方面提出公民环境权益保障协同治理的实现路径。首先，树立和贯彻落实生命共同体理念、新发展理念和共建共治共享理念，能使人们深入认识人与自然、人与人、人与社会之间和谐共生、共生共荣基础性关系。环境公共利益的整体性意味着各个主体应发挥其在生态环境治理上的功能优势，享有环境权益的同时履行相应的责任义务。其次，由正式制度和非正式制度构成的规则体系影响并协调利益主体的各种行为，推动稳定性合作行为的形成及有效运转，为克服环境治理集体行动困境、实现公民环境权益提供制度支持。其中，环境公共协商制度建设、环境信息公开制度建设、多元化生态补偿制度建设和政府环境责任制度建设能为公民环境权益保障协同治理奠定坚实的制度基础。同时，在环境治理正式制度执行效力有限的情况下，须通过非正式制度建设提升公民环境协同治理的内心认同感和自觉性，从而稳定协同治理秩序并提高制度运行绩效。再次，拓宽公民环境政治参与机会与公共协商空间，尊重和引导公民环境网络话语权，能够推动以人民为中心的社会治理转型，推进环境信息公开和民主协商，提升环境决策参与影响力和依法维权能力，促进公民环境维权从体制外无序的行动转向体制内依法有序地合理维权。为了破解政企合谋对生态环境的破坏，应着力于构建亲清新型政商关系，厘清权力与资本关系，改革地方政府政绩考核机制，运用选择性激励方法完善政府与企业环境协同共治激励约束机制。最后，加强公民环境利益冲突过程管理。事前预防不仅能保障公民环境知情权和参与权，而且能够提升政府公信力、减少环境污染风险和治理成本。事中依法协调、事后问责与生态补偿是将非理性化的制度外维权转向制度内对话、协商、谈判、妥协的重要治理机制，本质上是要解决当前环境利益冲突治理中刚性压力型维稳弊端。

第二节　创新点

（1）拓宽了公民环境权益保障的理论研究，探索了新时代的环境正义价值观、环境话语体系。

通过文献研究，提出新时代的环境正义价值观是对马克思恩格斯环境正义思想的传承与发展，是中国特色社会主义公平正义思想在生态环境治理领域的扩展与延伸，其形成于国内外环境问题的现实关切，特别是人民对优美生态环境需要和环境治理不平衡不充分的矛盾转化、中共对生态环境治理的理论探索与实践创新，以及始终坚持以人民为中心的新发展理念指导下的生态文明体制改革创新。新时代关于"良好生态环境是最公平的公共产品，是最普惠的民生福祉""人与自然生命共同体"和"构建人类命运共同体"等重要论述，蕴含了丰富的代内环境正义、代际环境正义和国际环境正义价值理念，体现了公民环境权益保障的价值考量、理念遵循和现实诉求，为解决环境利益冲突问题、保障公民环境权益、推动国际环境正义提供了中国智慧和中国方案。

（2）揭示了影响公民环境权益保障协同治理的主要因素。基于协同治理起始条件、领导力和制度设计的分析框架，剖析我国公民环境权益保障协同治理现实障碍与动力因素的作用机理。

通过问卷调查、实地访谈和案例分析，提出转型期我国环境权力与资源分配、环境参与治理动机、既往的环境冲突与合作治理实践、政府领导力、环境认知水平及个体利益考量等是影响公民环境权益保障协同治理的主要因素。新时代以人民为中心的现代化环境治理体系改革、网络信息化快速发展、生态文明体制改革深入推进所形成的"倒逼机制"，以及不同主体在治理实践中逐步反思与成长，将为环境利益冲突从对抗转向合作、从碎片化转向协同共治，推进环境治理体系和治理能力现代化改革提供重要动力。

（3）提出环境协同治理共同体主体良性互动、资源共享、责任共担等外在约束机制，与环境意识、生态道德和社会资本等内在约束机制相结合，形成公民环境权益保障协同治理制度合力。

通过对当前我国公民环境权益保障协同治理面临的困境研究，分析出生态环境治理制度约束乏力是导致环境治理体系碎片化、公民环境参与有效性不足、环境利益冲突"事后被动补救式"治理的关键原因。应着力于生态环境治理正式制度与非正式制度协同供给，推动多元主体基于共同目标和规则基础建立稳定的协同合作关系，明确治理主体角色定位并积极履行生态环境治理责任，减少和化解环境利益冲突风险。其中，建立健全环境信息公开、环境决策参与、公共协商、环境问责和生态补偿等正式制度建设，为促进主体环境利益均衡、环境治理集体行为选择提供功能性支持；通过培育社会信任、环境道德素养、共同体意识等非正式制度，形成推动稳定性合作行为的内在约束力，两者相互融合，互为支撑，共同推动环境公共利益目标的实现。

第三节　研究局限性及展望

本研究虽然从协同治理的视域针对当前我国公民环境权益保障问题进行了有益的探索，但已有研究仍存在一些局限，下一步研究主要在以下几个方面：

（1）公民环境权益保障的现状分析有待进一步展开。本书运用实证研究、文献归纳等方法对改革开放以来我国公民环境权益保障的总体趋向、保障措施与实施效果做了总结分析，并以问题为导向从环境理念、治理体系、决策参与、制度供给与社会资本等方面研究了当前公民环境权益保障存在的缺陷。但由于环境权益内容的模糊性、涉及治理主体的多元性、环境利益冲突的复杂性，有关改革措施效果与存在问题的整体性分析可能存在不足。随着我国生态文明体制改革的深入推进，如何系统总结公民环境权益保障的基本经验、从环境治理体系和治理能力现代化角度剖析环境协同治理中的短板，是本书可以继续拓展的部分。

（2）公民环境权益保障的调查分析有待进一步完善。虽然以江苏省、浙江省和湖南省的部分地区为调研对象，通过问卷调查、案例分析和访谈对当前影响公民环境参与行为的因素、环境维权的基本特点和不同主体应对环境利益冲突的治理措施进行了实证调查与归纳分析，总结出公民环境权益保障的相关问题。但是，由于各地经济发展水平、不同地区公民环境权益意识水平、环境污染程度及治理力度都会存在不少差异，现有调查研究样本分析所得结论的普适性会受到影响。因此，下一步研究仍然需要在样本选择、分析方法和调查力度做进一步优化，以期获得更加翔实的代表性数据，为问题分析作出相应的支撑。

（3）不同治理主体在环境利益冲突上的博弈关系有待进一步研究。本书主要分析了生态环境治理中政府、企业与公民之间的合作与非合作博弈关系，研究了相关利益主体在不同治理情景下利益偏好、博弈策略选择及其影响因素，探索了治理转型过程不同主体博弈策略的变化及相关结果。但本书侧重于从总体上研究上述不同主体在环境决策与执行、环境利益冲突中产生的博弈问题，对环境群体性事件事态不同阶段协同演化机制，信息传播、认知差异、信任水平和应急策略因素对博弈行为的影响未能做深入分析，下一步研究需要以具体案例分析为基础建构博弈模型对利益主体博弈行为变化趋势特别是合作博弈选择做深入分析。

参考文献

一、马克思主义经典著作、党的文献类

[1]《马克思恩格斯选集》(第1—4卷),人民出版社1995年版。

[2]《马克思恩格斯文集》(第9卷),人民出版社2009年版。

[3]《马克思恩格斯全集》(第46卷),人民出版社2009年版。

[4]《马克思恩格斯选集》(第1卷),人民出版社2012年版。

[5] 马克思:《1844年经济学哲学手稿》人民出版社1985年版。

[6]《邓小平文选》(第二卷),人民出版社1994年版。

[7]《江泽民文选》(第一卷),人民出版社2006年版。

[8] 江泽民:《高举邓小平理论伟大旗帜,把建设有中国特色社会主义事业推向二十一世纪》,人民出版社1997年版。

[9]《江泽民论中国特色社会主义》(专题摘编),中央文献出版社2002年版。

[10]《胡锦涛文选》(第一至三卷),人民出版社2016年版。

[11]《习近平谈治国理政》(第一卷),外文出版社2018年版。

[12]《习近平谈治国理政》(第二卷),外文出版社2017年版。

[13]《习近平新时代中国特色社会主义思想三十讲》,学习出版社2018年版。

[14] 中共中央文献研究室:《习近平关于生态文明建设论述摘编》,中央文献出版社2017年版。

[15]《习近平新时代中国特色社会主义思想学习丛书》,中国社会科学出版社2019年版。

[16] 中共中央宣传部:《习近平新时代中国特色社会主义思想学习纲要》,学习出版社2019年版。

[17] 中共中央宣传部:《习近平总书记系列重要讲话读本》,学习出版社、人民出版社2014年版。

225

[18] 中共中央宣传部：《习近平总书记系列重要讲话读本》，学习出版社、人民出版社 2016 年版。

[19] 习近平：《推动我国生态文明建设迈上新台阶》，《求是》2019 年第 3 期。

[20]《十七大以来重要文献选编》（上），中央文献出版社 2009 年版。

[21]《十七大以来重要文献选编》（中），中央文献出版社 2011 年版。

[22]《十七大以来重要文献选编》（下），中央文献出版社 2013 年版。

[23]《中共中央关于全面深化改革若干重大问题的决定》，人民出版社 2013 年版。

[24]《中共中央关于全面推进依法治国若干重大问题的决定》，人民出版社 2014 年版。

[25]《中共中央关于坚持和完善中国特色社会主义制度、推进国家治理体系和治理能力现代化若干重大问题的决定》（辅导读本），人民出版社 2019 年版。

二、中文文献

（一）著作

[26] 陈学明：《谁是罪魁祸首——追寻生态危机的根源》，人民出版社 2012 年版。

[27] 方世南等：《马克思恩格斯弱者权益保护思想》，上海三联书店 2012 年版。

[28]［英］简·汉考克著，李隼译：《环境人权：权力、伦理与法律》重庆出版社 2007 年版。

[29]［英］马克·史密斯、皮亚·庞萨帕著，侯艳芳、杨晓燕译：《环境与公民权：整合正义、责任与公民参与》，山东大学出版社 2012 年版。

[30]［美］戴维·佩珀著，刘颖译：《生态社会主义：从深生态学到社会正义》，山东大学出版社 2012 年版。

[31]［印］萨拉·萨卡著，张淑兰译：《生态社会主义还是生态资本主义》，山东大学出版社 2012 年版。

[32]［英］克里斯托弗·卢茨著，徐凯译：《西方环境运动：地方、国家和全球向度》，山东大学出版社 2012 年版。

[33]［美］丹尼尔·A.科曼著，梅俊杰译：《生态政治——建设一个绿色社会》，上海译文出版社 2005 年版。

[34]［英］安德鲁·多布森著，郇庆治译：《绿色政治思想》，山东大学出版社 2012 年版。

[35]［美］彼得·S.温茨著，朱丹琼、宋玉波译：《环境正义论》，上海人民出版社 2007 年版。

[36] 张震：《作为基本权利的环境权研究》，法律出版社 2010 年版。

[37] 汪劲：《环境法学》（第三版），北京大学出版社 2014 年版。

[38] 俞可平：《论国家治理现代化》，社会科学文献出版社 2014 年版。

[39]［法］让-皮埃尔·戈丹著，钟震宇译：《何谓治理》，社会科学文献出版社 2010 年版。

[40] 俞可平：《治理与善治》，社会科学文献出版社 2000 年版。

[41]《联合国环境与可持续发展系列大会重要文件选编》，中国环境出版社 2004 年版。

[42] 万以诚等：《新文明的路标——人类绿色运动史上的经典文献》，吉林人民出版社 2000 年版。

[43] 蔡守秋：《环境资源法教程》，武汉大学出版社 2000 年版。

[44]［澳］何包钢：《协商民主：理论、方法和实践》，中国社会科学出版社 2008 年版。

[45] 李军：《走向生态文明新时代的科学指南》，中国人民大学出版社 2015 年版。

[46]［美］詹姆斯·博曼著，黄相怀主编：《公共协商：多元主义、复杂性与民主》，中央编译出版社 2006 年版。

[47]［澳］罗宾·艾克斯利著，郇庆治译：《绿色国家：重思民主与主权》，山东大学出版社 2012 年版。

[48]［希］塔斯基斯·福托鲍洛斯著，李宏译：《当代多重危机与包容性民主》，山东大学出版社 2012 年版。

[49]［美］理查德·D.宾厄姆等著，九州译：《美国地方政府的管理：实践中的公共行政》北京大学出版社 1997 年版。

[50]［美］李·G.鲍曼、特伦斯·E.迪尔：《组织重构：艺术、选择及领导》，高等教育出版社 2005 年版。

[51] 中国科学院可持续发展战略研究组：《2015 中国可持续发展报告》，科学出版社 2015 年版。

[52]［美］罗伯特·帕特南著，王列等译：《使民主运转起来：现代意大利的公民传统》，江西人民出版社 2001 年版。

227

[53] 肖建华等:《走向多中心合作的生态环境治理研究》,湖南人民出版社2010年版。

[54] [英] 大卫·G.格林,邬晓燕译:《再造市民社会——重新发现没有政治介入的福利》,陕西人民出版社2011年版。

[55] 范逢春:《农村公共服务多元主体协同治理机制研究》,人民出版社2014年版。

[56] 李亚平、于海编选:《第三城的兴起》,复旦大学出版社1998年版。

[57] [美] 埃利诺·奥斯特罗姆著,余逊达、陈旭东译:《公共事物的治理之道:集体行动制度的演进》,上海译文出版社2012年版。

[58] [美] 罗伯特·阿格拉诺夫,迈克尔·麦圭尔著,李玲玲、鄞益奋译:《协作性公共管理:地方政府新战略》,北京大学出版社2007年版。

[59] [美] 曼瑟尔·奥尔森著,陈郁等译:《集体行动的逻辑》,格致出版社2011年版。

[60] [美] 道格拉斯 C.诺斯著,刘守英译:《制度、制度变迁与经济绩效》,上海三联书店1994年版。

[61] [德] 马丁·耶内克、克劳斯·雅各布主编,李慧明、李昕蕾译:《全球视野下的环境管治:生态与政治现代化的新方法:生态与政治现代化的新方法》,山东大学出版社2012年版。

[62] [美] 科斯诺思等著,刘刚等译:《制度、契约与组织》,经济科学出版社2003年版。

[63] [美] 戴维·奥斯本特德·盖布勒著,周敦仁等译:《改革政府:企业家精神如何改造公共部门》,上海译文出版社2006年版。

[64] 郭琰:《中国农村环境保护的正义之维》,人民出版社2015年版。

[65] 廖小明:《生态正义:基于马克思恩格斯生态思想的研究》,人民出版社2016年版。

[66] 赖先进:《论政府跨部门协同治理》,北京大学出版社2015年版。

[67] [日] 岩佐茂著,韩立新等译:《环境的思想》,中央编译出版社2006年版。

[68] 何增科:《中国社会管理体制改革路线图》,国家行政学院出版社2009年版。

[69] 洪大用等:《中国民间环保力量的成长》,中国人民大学出版社2007年版。

[70] 洪大用、肖晨阳等:《环境友好的社会基础——中国市民环境关心与行

为的实证研究》，中国人民大学出版社 2012 年版。

[71] 李巍：《环境群体性事件治理模式研究》，中国致公出版社 2018 年版。

[72] 曾凡军：《基于整体性治理的政府组织协调机制研究》，武汉大学出版社 2013 年版。

[73] 杨华锋：《后工业社会的环境协同治理》，吉林大学出版社 2013 年版。

[74] 张祝平、楼海波：《农民环境权的历史演进及影响》，暨南大学出版社 2015 年版。

[75] [德] 托马斯·海贝勒、迪特·格鲁诺著，李惠斌译：《比较的视角：中国与德国的环境治理》，中央编译出版社 2012 年版。

[76] 李新、年福华等编著：《城市化过程中的生态风险与环境管理》，化学工业出版社 2007 年版。

[77] 王浦劬、藏雷振：《治理理论与实践：经典议题研究新解》，中央编译出版社 2017 年版。

[78] 田启波等：《生态正义研究》，中国社会科学出版社 2016 年版。

[79] 郇庆治：《当代西方生态资本主义理论》，北京大学出版社 2015 年版。

[80] 李淑文：《环境正义视角下农民环境权研究》，知识产权出版社 2014 年版。

[81] 郭忠华、刘训练：《公民身份与社会阶级》，江苏人民出版社 2006 年版。

[82] 夏勇：《走向权利的时代：中国公民权利发展研究》，社会科学文献出版社 2007 年版。

[83] 中国社会科学院环境与发展研究中心：《中国环境与发展评论》（第 3 卷），社会科学文献出版社 2007 年版。

[84] 周训芳：《环境权论》，法律出版社 2003 年版。

[85] 刘东国：《绿党政治》，上海社会科学院出版社 2002 年版。

[86] 姬振海：《环境权益论》，人民出版社 2009 年版。

[87] 严法善、刘会齐：《环境利益论》，复旦大学出版社 2010 年版。

[88]《中华人民共和国环境保护法》，法律出版社 2014 年版。

（二）论文

[89] 陈家刚：《协商民主引论》，《马克思主义与现实》2004 年第 3 期。

[90] 郇庆治：《环境人权在中国的法制化及其政治障碍》，《南京工业大学学报（社会科学版)》2014 年第 3 期。

[91] 周训芳:《欧洲发达国家公民环境权的发展趋势》,《林业经济问题》2012 年第 12 期。

[92] 张斌、陈学谦:《环境正义研究述评》,《伦理学研究》2008 年第 7 期。

[93] 蔡守秋:《环境权初探》,《中国社会科学》1982 年第 3 期。

[94] 李惠斌:《生态权利与生态正义——一个马克思主义的研究视角》,《新视野》2008 年第 5 期。

[95] 邹雄:《论环境权的概念》,《现代法学》2008 年第 9 期。

[96] 夏光:《论社会制衡型环境治理模式》,《环境保护》2014 年第 7 期。

[97] 宁清同:《生态权初探》,《法治研究》2012 年第 9 期。

[98] 徐祥民:《环境权论——人权发展历史分期的视角》,《中国社会科学》2004 年第 4 期。

[99] 方世南:《生态权益:马克思恩格斯生态文明思想的一个重大亮点》,《鄱阳湖学刊》2011 年第 5 期。

[100] 孙乐艳:《马克思恩格斯生态权益思想研究》,苏州大学博士学位论文,2014 年。

[101] 任铃:《马克思主义生态正义思想的多重向度及其现实关怀》,《南京社会科学》2014 年第 5 期。

[102] 何佩佩、邹雄:《环境法的本位与环境保障利益研究》,《福建论坛(人文社会科学版)》2015 年第 3 期。

[103] 芮国强:《马克思恩格斯生态政治思想初探》,《江海学刊》2005 年第 3 期。

[104] 黄爱宝:《论中国特色社会主义生态政治的主要特征》,《理论探讨》2012 年第 5 期。

[105] 郇庆治:《环境政治视角下的生态文明体制改革》,《探索》2015 年第 3 期。

[106] 郝永平、吴江华:《习近平生态文明思想的鲜明特色——社会结构理论视域下的生态文明建设》,《中共中央党校学报》2018 年第 6 期。

[107] 王鸿铭等:《中国环境政治考察:从权威管控到有效治理》,《江汉论坛》2017 年第 3 期。

[108] 李咏梅:《生态危机解困之路:从生态政治化到政治生态化》,《青海社会科学》2011 年第 2 期。

[109] 江必新:《环境权益的司法保护》,《人民司法(运用)》2017 年第 25 期。

[110] 秦天宝:《程序正义:公众环境权益保障新理念——〈环境保护公众参

与办法〉解读》，《环境保护》2015 年第 10 期。

[111] 钱箭星：《环境权就是可持续发展权》，《中共中央党校学报》2009 年第 3 期。

[112] 欧阳宏生、李朗：《传媒、公民环境权、生态公民与环境 NGO》，《西南民族大学学报（人文社会科学版）》2013 年第 9 期。

[113] 李嵩誉：《良好环境权的法律本质与实现路径》，《中州学刊》2014 年第 11 期。

[114] 蔡守秋：《确认环境权，夯实环境法治基础》，《环境保护》2013 年第 16 期。

[115] 余德厚：《环境治理视域下国家环境保护义务的证立与展开》，《法学杂志》2018 年第 7 期。

[116] 孙旭友：《邻避冲突治理：权利困境及其超越——基于环境公民权视角》，《吉首大学学报（社会科学版）》2016 年第 2 期。

[117] 罗文东、张曼：《绿色发展：开创社会主义生态文明新时代》，《当代世界与社会主义》2016 年第 2 期。

[118] 夏光：《论社会制衡型环境治理模式》，《环境保护》2014 年第 7 期。

[119] 任丙强：《以环保组织化解环境群体冲突：优势、途径与建议》，《中国行政管理》2013 年第 6 期。

[120] 肖魏：《作为人权的环境权与可持续发展》，《哲学研究》2005 年第 11 期。

[121] 朱谦：《环境知情权的缺失与补救——从开县井喷事故切入》，《法学》2005 年第 6 期。

[122] 吕忠梅：《再论公民环境权》，《法学研究》2000 年第 6 期。

[123] 埃瑞·维戈达著，孙晓莉摘译：《从回应到协作：治理、公民与未来的公共行政》，《国家行政学院学报》2003 年第 5 期。

[124] 俞可平：《全球治理引论》，《马克思主义与现实》2002 年第 1 期。

[125] 郑巧、肖文涛：《协同治理：服务型政府的治道逻辑》，《中国行政管理》2008 年第 7 期。

[126] 田培杰：《协同治理概念考辨》，《上海大学学报（社会科学版）》2014 年第 1 期。

[127] 黄爱宝：《论中国特色社会主义生态政治的主要特征》，《理论探讨》2012 年第 5 期。

[128] 叶小文、张峰：《从现代国家治理的高度认识协商民主》，《中央社会

主义学院学报》2014 年第 2 期。

[129] 李蕙岚:《科尔曼生态政治学的历史解释维度》,《马克思主义与现实》2012 年第 1 期。

[130] 陈家刚:《生态文明与协商民主》,《当代世界与社会主义》2006 年第 2 期。

[131] 王晓毅:《建设公平的节约型社会》,《中国社会科学》2013 年第 5 期。

[132] 田培杰:《协同治理:理论研究框架及分析模型》,上海交通大学博士学位论文,2013 年。

[133] [德] 乌尔里希·贝克著,王武龙编译:《从工业社会到风险社会》,《马克思主义与现实》2003 年第 3 期。

[134] 俞可平:《重构社会秩序 走向官民共治》,《国家行政学院学报》2012 年第 4 期。

[135] 陆世宏:《协同治理与和谐社会的构建》,《广西民族大学学报 (哲学社会科学版)》2006 年第 11 期。

[136] 刘伟忠:《我国协同治理理论研究的现状与趋向》,《城市问题》2012 年第 5 期。

[137] 郑巧、肖文涛:《协同治理:服务型政府的治道逻辑》,《中国行政管理》2008 年第 7 期。

[138] 吴春梅、庄永琪:《协同治理:关键变量、影响因素及实现途径》,《理论探索》2013 年第 3 期。

[139] 张立荣、冷向明:《协同治理与我国公共危机管理模式创新——基于协同理论的视角》,《华中师范大学学报 (人文社会科学版)》2008 年第 1 期。

[140] 周志家:《环境保护、群体压力还是利益波及:厦门居民 PX 环境运动参与行为的动机分析》,《社会》2011 年第 1 期。

[141] 张萍、晋英杰:《我国城乡居民的环境友好行为及其综合影响机制分析——基于 2013 年中国综合社会调查数据》,《社会建设》2015 年第 4 期。

[142] 陈卫东、杨若愚:《政府监管、公众参与和环境治理满意度——基于 CGSS2015 数据的实证研究》,《软科学》2018 年第 11 期。

[143] 童志锋:《互联网、社会媒体与中国民间环境运动的发展 (2003—2012)》,《社会学评论》2013 年第 4 期。

[144] 陈涛:《中国的环境维权:一项文献研究》,《河海大学学报》(哲学社会科学版) 2014 年第 3 期。

[145] 任丙强:《农村环境维权事件与地方政府治理危机》,《国家行政学院

学报》2011 年第 5 期。

[146] 罗亚娟：《依情理维权：农民维权行为的乡土性——基于苏北若干村庄农民环境维权的经验研究》，《南京农业大学学报（社会科学版）》2013 年第 3 期。

[147] 王丽丽、张晓杰：《城市居民参与环境治理行为的影响因素分析——基于计划行为和规范激活理论》，《湖南农业大学学报（社会科学版）》2017 年第 6 期。

[148] 张萍、杨祖婵：《近十年来我国环境群体性事件的特征简析》，《中国地质大学学报（社会科学版）》2015 年第 2 期。

[149] 张嘉涛：《江苏"河长制"的实践与启示》，《中国水利》2010 年第 12 期。

[150] 朱玫：《论河长制的发展实践与推进》，《环境保护》2017 年第 2 期。

[151] 王书明、蔡萌萌：《基于新制度经济学视角下"河长制"评析》，《中国人口·资源与环境》2011 年第 9 期。

[152] 王灿发：《地方人民政府对辖区内水环境质量负责的具体形式——"河长制"的法律解读》，《环境保护》2009 年第 9 期。

[153] 徐祥民：《告别传统，厚筑环境义务之堤》，《郑州大学学报（哲学社会科学版)》2002 年第 2 期。

[154] 徐祥民：《对"公民环境权论"的几点疑问》，《中国法学》2004 年第 2 期。

[155] 吕忠梅：《论环境法的本质》，《法商研究》1997 年第 6 期。

[156] 郇庆治：《环境人权在中国的法制化及其政治障碍》，《南京工业大学学报（社会科学版）》2014 年第 3 期。

[157] 王惠娜：《区域环境治理中的新政策工具》，《学术研究》2012 年第 1 期。

[158]"中国社会管理评价体系"课题组：《中国社会治理评价指标体系》，《中国治理评论》2012 年第 2 期。

[159] 周红云：《全民共建共享的社会治理格局：理论基础与概念框架》，《经济社会体制比较》2016 年第 3 期。

[160] 金太军、鹿斌：《协同治理生成逻辑的反思与调整》，《行政论坛》2016 年第 5 期。

[161] 胡象明、唐波勇：《整体性治理：公共管理的新范式》，《华中师范大学学报（人文社科学版）》2010 年第 6 期。

[162] 朱力、邵燕：《社会治理机制的新转向：从事后倒逼到事前预防》，《社会科学研究》2017 年第 4 期。

[163] 孙岩等：《中国环境信息公开的政策变迁：路径与逻辑解释》，《中国人口·资源与环境》2018 年第 2 期。

[164] 郑云辰等：《流域多元化生态补偿分析框架：补偿主体的视角》，《中国人口·资源与环境》2019 年第 7 期。

[165] 黄家亮：《通过集团诉讼的环境维权：多重困境与行动逻辑——基于华南 P 县一起环境诉讼案件分析》，《中国乡村研究》2008 年第 12 期。

[166] 郇庆治：《"政治机会结构"视角下的中国环境运动及其战略选择》，《南京工业大学学报（社会科学版）》2012 年第 12 期。

[167] 王建均：《构建"离不开靠得住"的新型政商关系》，《党政干部参考》2015 年第 5 期。

[168] 杨清华：《协同治理与公民参与的逻辑同构与实现理路》，《北京工业大学学报》（社会科学版）2011 年第 2 期。

[169] 方世南：《从生态政治学的视角看社会主义和谐社会的构建》，《政治学研究》2005 年第 2 期。

[170] 汪伟全：《环境类群体事件的利益相关性分析》，《学术界》2016 年第 8 期。

[171] 周志忍、蒋敏娟：《整体政府下的政策协同：理论与发达国家的当代实践》，《国家行政学院学报》2010 年第 6 期。

[172] 蔚超：《政策协同的内涵、特点与实现条件》，《理论导刊》2016 年第 1 期。

[173] 王学义、郑昊：《工业资本主义、生态经济学、全球环境治理与生态民主协商制度——西方生态文明最新思想理论述评》，《中国人口·资源与环境》2013 年第 9 期。

[174] 李建：《社会主义协商民主推进国家治理现代化研究》，吉林大学博士学位论文，2016 年。

[175] 张保伟：《公众环境参与的结构性困境及化解路径——基于协商民主理论的视角》，《中国特色社会主义理论研究》2016 年第 4 期。

[176] 张晓杰：《中国公众参与政府环境决策的政治机会结构研究》，东北大学博士学位论文，2010 年。

[177] 王彬辉：《论环境法的逻辑嬗变——从"义务本位"到"权利本位"》，武汉大学博士学位论文，2005 年。

[178] 杜辉：《环境治理的制度逻辑与转变》，重庆大学博士学位论文，2012 年。

[179] 谭九生：《从管理走向互动治理：我国生态环境治理模式的反思与重构》，《湘潭大学学报》2012 年第 9 期。

[180] 杨洪刚：《中国环境政策工具的实施效果及其选择研究》，复旦大学博

士论文，2009 年。

[181] 余敏江：《以环境精细化治理推进美丽中国建设研究论纲》，《山东社会科学》2016 年第 6 期。

[182] 韩志明：《公民维权行动与治理体系的碎片化——对于闹大现象的描述与解释》，《人文杂志》2012 年第 3 期。

[183] 马腾：《我国环境公益诉讼制度完善研究》，《中国政法大学学报》2017 年第 4 期。

[184] 郇庆治：《绿色变革视角下的环境公民理论》，《鄱阳湖学刊》2015 年第 2 期。

[185] 韩兆坤：《协作性环境治理研究》，吉林大学博士论文，2016 年。

[186] 陶国根：《协同治理：推进生态文明建设的路径选择》，《中国发展观察》2014 年第 2 期。

[187] 余敏江：《论区域生态环境协同治理的制度基础——基于社会学制度主义的分析视角》，《理论探讨》2013 年第 2 期。

[188] 吴春梅、庄永琪：《协同治理：关键变量、影响因素及实现途径》，《理论探索》2013 年第 3 期。

[189] 周学荣、汪霞：《环境污染问题的协同治理研究》，《行政管理改革》2014 年第 6 期。

[190] 范如国：《复杂网络结构范型下的社会治理协同创新》，《中国社会科学》2014 年第 4 期。

[191] 田玉麒：《协同治理的运作逻辑与实践路径研究——基于中美案例比较》，吉林大学博士论文 2017 年。

[192] 张虎彪：《环境维权的合法性困境及其超越——以厦门 PX 事件为例》，《兰州学刊》2010 年第 9 期。

[193] 沈坤荣、金刚：《中国地方政府环境治理的政策效应——基于"河长制"演进研究》，《中国社会科学》2018 年第 5 期。

[194] 周建国、熊烨：《"河长制"：持续创新何以可能——基于政策文本和改革实践的双维度分析》，《江苏社会科学》2017 年第 4 期。

[195] 刘德海：《环境污染群体性事件的协同演化机制——基于信息传播与权利博弈的视角》，《公共管理学报》2013 年第 4 期。

[196] 于鹏、张扬：《环境污染群体性事件演化机理及处置机制研究》，《中国行政管理》2015 年第 12 期。

[197] 谭爽：《"缺席"抑或"在场"：我国邻避维权中的环境 NGO——以垃

圾焚烧厂反建事件为切片的观察》,《吉首大学学报(社会科学版)》2018 年第 3 期。

[198] 谭爽:《从"环境维权"到"环境治理":转型路径与经验启示——对典型个案的扎根研究》,《东北大学学报(社会科学版)》2017 年第 9 期。

[199] 汪劲:《新〈环保法〉公众参与规定的理解与适用》,《环境保护》2014 年第 12 期。

[200] 吴卫星:《我国环境权理论研究三十年之回顾、反思与前瞻》,《法学评论》2014 年第 5 期。

[201] 余达淮、刘沛妤:《共享发展的思维方式、目标与实践路径》,《南京社会科学》2016 年第 5 期。

[202] 秦天宝、段帷帷:《多元共治助推环境治理体系现代化》,《世界环境》2016 年第 3 期。

[203] 程萍:《实现共建共治共享的重点和难点是什么》,《人民论坛》2017 年第 11 期。

[204] 马庆钰:《共建共治共享社会治理格局的意涵解读》,《行政管理改革》2018 年第 3 期。

[205] 谭诗赞:《走向社会协商:社会治理进程中的"政社互动"建构》,《治理现代化研究》2018 年第 6 期。

[206] 曹正汉:《国家与社会关系的弹性:1978 年以来的变化》,《学术界》2018 年第 10 期。

[207] 张乐、童星:《风险沟通:风险治理的关键环节——日本核危机一周年祭》,《探索与争鸣》2012 年第 4 期。

[208] 龚文娟:《环境风险沟通中的公众参与和系统信任》,《社会学研究》2016 年第 5 期。

[209] 郑云辰等:《流域多元化生态补偿分析框架:补偿主体的视角》,《中国人口·资源与环境》2019 年第 7 期。

[210] 周珂、腾延娟:《论协商民主机制在中国环境法治中的应用》,《浙江大学学报(人文社会科学版)》2014 年第 11 期。

[211] 秦鹏、唐道鸿:《环境协商治理的理论逻辑与制度反思》,《深圳大学学报(人文社会科学版)》2016 年第 1 期。

[212] 任慧莉:《中国政府环境责任制度变迁研究》,南京农业大学博士学位论文,2015 年。

[213] 赵闯、黄粹:《环境谈判:解决环境冲突的另一种方式》,《大连理工大学学报(社会科学版)》2017 年第 4 期。

[214] 于鹏、张扬：《环境污染群体性事件演化机理及处置机制研究》，《中国行政管理》2015 年第 12 期。

[215] 刘少华、陈荣昌：《新时代环境问责的法治困境与制度完善》，《青海社会科学》2019 年第 4 期。

[216] 黄中显：《环境风险治理碎片化与社会合作治理机制的生成》，《学术论坛》2016 年第 5 期。

[217] 张玉林：《农村环境：系统性伤害与碎片化治理》，《武汉大学学报（人文科学版）》2016 年第 2 期。

[218] 党云晓等：《环渤海地区城市居住环境满意度评价及影响因素分析》，《地理科学进展》2016 年第 2 期。

[219] 汪卓群、梅凤乔：《环境满意度与环境负责行为关系研究——以深圳市红树林海滨生态公园为例》，《北京大学学报（自然科学版)》2018 年第 6 期。

[220] 誉非等：《中国 10 城市环境满意度和生活满意度调查报告》，《北京林业大学学报（社会科学版)》2012 年第 4 期。

[221] 柴琪宸等：《中国省域生态文明建设协调发展程度的综合评价》，《中国管理科学》2017 年第 7 期。

[222] 黄蕊等：《环境认知、榜样效应对半干旱区居民亲环境行为影响研究》，《干旱区资源与环境》2018 年第 12 期。

[223] 洪大用：《中国城市居民的环境意识》，《社会学研究》2005 年第 1 期。

[224] 邸菲菲：《中国居民行为态度、生活方式、幸福感与环境行为关系的研究——基于 CGSS2013 数据》，《干旱区资源与环境》2018 年第 3 期。

[225] 张增田、王玲玲：《基于计划行为理论的公务员参与廉政教育意向研究》，《中国行政管理》2015 年第 2 期。

（三）报纸及其他文献

[226] 习近平：《在纪念马克思诞辰 200 周年大会上的讲话》，《人民日报》2018 年 5 月 5 日。

[227] 习近平：《共同构建人类命运共同体》，《人民日报》2017 年 1 月 20 日。

[228] 胡锦涛：《在中央人口资源环境工作座谈会上的讲话》，《人民日报》2004 年 3 月 10 日。

[229] 胡锦涛：《在省部级主要领导干部提高构建社会主义和谐社会能力专题研讨班上的讲话》，《人民日报》2005 年 6 月 27 日。

[230] 任景明:《抓住优化环境治理体系的重点》,《人民日报》2016 年 3 月 22 日。

[231] 颜昌武:《协同治理化解碎片化困境》《学习时报》2016 年 5 月 3 日。

[232] 钟国斌:《江西铜业污染赔偿过低遭质疑》,《深圳商报》2011 年 12 月 8 日。

[233] 黄建军:《推动治理体系现代化须重视非正式制度》,《学习时报》 2015 年 10 月 5 日。

[234] 潘岳:《环境保护与社会公平》,《中国经济时报》2004 年 10 月 29 日。

[235] 吕望舒:《中央第三巡视组向环境保护部反馈专项巡视情况》,《中国 环境报》2015 年 2 月 11 日。

[236] 鄂竟平:《推动河长制从全面建立到全面见效》,《人民日报》2018 年 7 月 17 日。

[237] 任瞳:《生命共同体:中国环境伦理的新理念》,《光明日报》2017 年 1 月 16 日。

[238] 常纪文:《推动党政同责是国家治理体系的创新和发展》,《中国环境 报》2015 年 1 月 22 日。

[239] 田豆豆:《生态文明不是口号》,《人民日报》2017 年 2 月 21 日。

[240] 地方政府将保护区视为经济发展紧箍咒》,《东方早报》2013 年 3 月 26 日。

[241] 俞可平:《生态治理现代化越显重要和紧迫》,《北京日报》2015 年 11 月 2 日。

[242] 张清俐:《让谁吃下污染:绿色资本主义的回答》,中国社会科学 网,2015 年 5 月 13 日,http://www.cssn.cn/pl/pl_xhgc/201505/t20150513_1792538. shtml。

[243]《近年来我国环境群体性事件高发年均递增 29%》,中国网 2012 年 10 月 27 日,http://www.china.com.cn/news/2012-10/27/content_26920089_3.html。

[244]《安南呼吁企业增强社会责任感应对世界经济挑战》,中国新闻网 2015 年 11 月 25 日,http://www.chinanews.com/cj/2015/11-25/7641450.shtml。

三、外文文献

(一)著作

[245] *Andrew Dobson Citizenship and the Environment.* Oxford: Oxford

University Press,2003.

[246] The Commission on Global Governance, *Our Global Neighborhood: The Report of the Commission on Global Governance*. Oxford University Press.1995.

[247] Jorge M. Valadez. *Deliberative Democracy, Political Legitimacy, and Self-Democracy in Multicultural Societies*. USA Westview Press,2001.

[248] Dryzek. John. *Foundations and Frontiers of Deliberative Governance*. Oxford: Oxford University Press,2010.

[249] Iris M.Young. *Democracy and Difference: Contesting the Boundaries of the Political*. Princeton: Princeton University Press,1996.

[250] Gilles Paquet, *Governance Through Social Learning*. Ottawa: University of Ottawa Press,1999.

[251] John Donahue. *On Collaborative Governance*. Cambridge: Harvard University,2004.

[252] Simon Zadek.*The Logic of Collaborative Governance:Corporate Rresponsibility,Accountability and the Social Contract*. Cambridge: Harvard University, 2006.

[253] Andre Gorz. Translated by Gillian Handyside and Chris Turner. *Critique of Economic Reason*. Verso, London New York,1989.

[254] Boyle A E, Anderson M R. *Human rights approaches to environmental protection*. Oxford: Clarendon Press,1998.

[255] Averchenkova, A., Bassi, S., Benes, K., et al. *Climate Policy in China, the European Union and the United States: Main Drivers and Prospects for the Future--in Depth Country Analyses*. London: The Centre for Climate Change Economics and Policy（CCCEP），2016.

[256] Bulmer, M., & Solomos, J.（Eds）. *Cities, Diversity and Ethnicity: Politics, Governance and Participation*. London: Routledge,2017.

[257] Caprotti, F., & Yu, L. *Sustainable Cities in Asia*. London: Routledge,2017.

[258] Caprotti, F. *Eco-Cities and the Transition to Low Carbon Economies*. New York: Palgrave Macmillan,2015.

[259] Carter, N., & Mol, A. P. J.（Eds）. *Environmental Governance in China*. London: Routledge,2013.

[260] China Council for International Cooperation on Environment and Development（CCICED）. *Policy Research Report on Environment and Development*

2012: Regional Balance and Green Development . Beijing:2013.

[261] Durant, R. F., Fiorino, D. J., & O'Leary, R.（Eds）. *Environmental Governance Reconsidered: Challenges, Choices, and Opportunities*（2nd *Edition*）. London: MIT Press,2017.

[262] Galaz, V.（Ed）. Global Environmental Governance, *Technology and Politics: The Anthropocene Gap*. Cheltenham: Edward Elgar Publishing,2014.

[263] Giddens, A. *The Politics of Climate Change*. Cambridge（Malden, MA）: Polity Press,2009.

[264] Gould, K. A., Pellow, D. N., & Schnaiberg, A. *Treadmill of Production: Injustice and Unsustainability in the Global Economy*. New York: Routledge,2008.

[265] Hannigan, J. A. *Disasters without Borders: The International Politics of Natural Disasters* . New York: John Wiley & Sons,2013.

[266] Jackson, S. E., Ones, D. S., & Dilchert, S. *Managing Human Resources for Environmental Sustainability* . New York: John Wiley & Sons,2012.

[267] Kitagawa, H.（Ed）. *Environmental Policy and Governance in China*. Tokyo: Springer Japan,2017.

[268] Lehmann, S.（Ed）. *Low Carbon Cities: Transforming Urban Systems*. New York: Routledge,2014.

[269] Lehmann, S. *Urban Regeneration: A Manifesto for Transforming UK Cities in the Age of Climate Change*. Cham（Switzerland）: Springer International Publishing,2019.

[270] Lo, C. W. H., & Tang, S. Y. *Institutions, Regulatory Styles, Society and Environmental Governance in China*. London: Routledge,2013.

[271] Louw, A. *Clean Energy Investment Trends,2017:2017, Challenging the Highs of 2015*. New York: Bloomberg New Energy Finance,2018.

[272] Miao, B. *Emissions, Pollutants and Environmental Policy in China: Designing a National Emissions Trading System* . London: Routledge, 2013.

[273] Migdal, J. S.（Ed）. *Boundaries and Belonging: States and Societies in the Struggle to Shape Identities and Local Practices*. New York: Cambridge University Press,2004.

[274] Mol, A. P. J., Sonnenfeld, D. A., & Spaargaren, G.（Eds）. *The Ecological Modernisation Reader: Environmental Reform in Theory and Practice*. London: Routledge,2009.

[275] Oberthur, S. *The New Climate Policies of the European Union: Internal Legislation and Climate Diplomacy*. Brussels: Brussels University Press, 2010.

[276] Park, J., Conca, K., & Finger, M.（Eds）. *The Crisis of Global Environmental Governance: Towards a New Political Economy of Sustainability*. London: Routledge, 2008.

[277] Rosenzweig, C., Solecki, W. D., Hammer, S. A., et al（Eds）. *Climate Change and Cities: First Assessment Report of the Urban Climate Change Research Network*. New York: Cambridge University Press, 2011.

[278] Shapiro, J. *China's Environmental Challenges（2nd Edition）*. Cambridge （UK）: Polity Press, 2016.

[279] Shearing, C. D., Gunningham, N., & Holley, C. *The New Environmental Governance*. London: Routledge, 2013.

[280] Teets, J. C. *Civil Society under Authoritarianism: The China Model*. New York: Cambridge University Press, 2014.

[281] Wheeler, S. M., & Beatley, T. *The Sustainable Urban Development Reader*. New York: Routledge, 2014.

[282] Wheeler, S. M. *Planning for Sustainability: Creating Livable, Equitable and Ecological Communities（2nd Edition）*. London: Routledge, 2013.

[283] Worthington, R., Rask, M., & Minna, L.（Eds）. *Citizen Participation in Global Environmental Governance*. London: Routledge, 2013.

[284] Wurzel, R. K. W., Zito, A. R., & Jordan, A. J. *Environmental Governance in Europe: A Comparative Analysis of the Use of New Environmental Policy Instruments*. Cheltenham: Edward Elgar Publishing, 2013.

[285] Young, O. R. *On Environmental Governance: Sustainability, Efficiency, and Equity*. London: Routledge, 2016.

[286] Zhang, J. Y., & Barr, M. *Green Politics in China: Environmental Governance and State-society Relations*. London & New York: Pluto Press, 2013.

（二）论文

[287] Ansell, C., & Gash, A. "Collaborative Governance in Theory and Practice" *Journal of Public Administration Research and Theory（JPART）*, 2008, 18（4）:543-571.

[288] Bingham, L. B. "The Next Generation of Administrative Law: Building

the Legal Infrastructure for Collaborative Governance" *Wisconsin Law Review*,2010, 297:298-350.

[289] Bullard, R. D. "Solid Waste Sites and the Black Houston Community" *Sociological Inquiry*,1983, 53（2-3）:273-288.

[290] Dobson, A. "Environmental Citizenship: Towards Sustainable Development" *Sustainable Development*, 2007, 15（5）:276-285.

[291] Dobson, A., & Bell, D.（Eds）. *Environmental Citizenship*. Cambridge（Massachusetts）: MIT Press,2005.

[292] Duggan, F., & Banwell, L. "Constructing a Model of Effective Information Dissemination in a Crisis" *Information Research*, 2004, 5（3）:178-184.

[293] Hendriks, C. *The Ambiguous Role of Civil Society in Deliberative Democracy*. Proceeding of 2002 Australasian Political Studies Association（APSA）Conference, Australian National University（ANU Research Publications）, Canberra, October 2002.

[294] Lin, H. F. "Effects of Extrinsic and Intrinsic Motivation on Employee Knowledge Sharing Intentions" *Journal of Information Science*, 2007, 33(2):135-149.

[295] Sax, J. L. "The Public Trust Doctrine in Natural Resource Law: Effective Judicial Intervention" *Michigan Law Review*, 1970, 68（3）:471-566.

[296] Ahlers, A. L., & Shen, Y. "Breathe Easy? Local Nuances of Authoritarian Environmentalism in China's Battle against Air Pollution" *China Quarterly*, 2018, 234:299–319.

[297] Beeson, M. Debating Populism. in Beeson M. *Environmental Populism: The Politics of Survival in the Anthropocene*. Singapore: Palgrave Macmillan,2019:63–86.

[298] Bernauer, T., Gampfer, R., Meng, T., et al. "Could More Civil Society Involvement Increase Public Support for Climate Policy-making? Evidence from a Survey Experiment in China" *Global Environmental Change*, 2016, 40:1–12.

[299] Brulle, R. J., & Rootes, C. "Environmental Movements". in Wright, J. D.（Ed）. *International Encyclopedia of the Social & Behavioral Sciences（2nd Edition）*. Amsterdam: Elsevier,2015:763–768.

[300] Chen, J. "Transnational Environmental Movement: Impacts on the Green Civil Society in China" *Journal of Contemporary China*, 2010, 19（65）:503-523.

[301] Chen, W. Y., & Hua, J. "Citizens' Distrust of Government and Their Protest Responses in a Contingent Valuation Study of Urban Heritage Trees in

Guangzhou, China " *Journal of Environmental Management*, 2015, 155:40–48.

[302] Dai, J., & Spires, A. J. "Advocacy in an Authoritarian State: How Grassroots Environmental NGOs Influence Local Governments in China " *China Journal*, 2018（79）:62–83.

[303] De Jong, M., Joss, S., Schraven, D., et al. "Sustainable-Smart-Resilient-Low Carbon-Eco-Knowledge Cities; Making Sense of a Multitude of Concepts Promoting Sustainable Urbanization " *Journal of Cleaner Production,* 2015, 109 (December）:25–38.

[304] De Jong, M., Yu, C., Joss, S., et al. "Eco-City Development in China: Addressing the Policy Implementation Challenge " *Journal of Cleaner Production*, 2016, 134（Part A）:31–41.

[305] Fan, L. "International Influence and Local Response: Understanding Community Involvement in Urban Heritage Conservation in China " *International Journal of Heritage Studies*, 2014, 20（6）:651-662.

[306] Gilley, B. "Authoritarian Environmentalism and China's Response to Climate Change " *Environmental Politics*, 2012, 21（2）:287-307.

[307] Glucker, A. N., Driessen, P. P. J., Kolhoff, A., et al. "Public Participation in Environmental Impact Assessment: Why, Who and How?" *Environmental Impact Assessment Review*, 2013, 43:104-111.

[308] Guttman, D., Young, O., Jing, Y., et al. "Environmental Governance in China: Interactions between the State and 'Nonstate Actors'" *Journal of Environmental Management*, 2018, 220:126–135.

[309] Johnson, T. "Environmental Information Disclosure in China: Policy Developments and NGO Responses " *Policy & Politics*, 2011, 39（3）:399-416.

[310] Johnson, T. "Good Governance for Environmental Protection in China: Instrumentation, Strategic Interactions and Unintended Consequences " *Journal of Contemporary Asia*, 2014, 44（2）:241-258.

[311] Kostka, G. "Command without Control: The Case of China's Environmental Target System " *Regulation & Governance*, 2016, 10（1）:58–74.

[312] Li, B., Huikuri, S., Zhang, Y., et al. "Motivating Intersectoral Collaboration with the Hygienic City Campaign in Jingchang, China " *Environment and Urbanization,* 2015, 27（1）:285–302.

[313] Li, B. "Editorial: Governance Reforms to Address Environmental and

Urbanization Issues in China" *Environment and Urbanization*, 2017（November）: Online version [available on Nov 2nd 2019. https://journals.sagepub.com/pb-assets/ cmscontent/EAU/li_introduction_china-1508323771023.pdf].

[314] Li, G., He, Q., Shao, S., et al. "Environmental Non-Governmental Organizations and Urban Environmental Governance: Evidence from China" *Journal of Environmental Management*, 2018, 206:1296–1307.

[315] Li, X., Yang, X., Wei, Q., et al. "Authoritarian Environmentalism and Environmental Policy Implementation in China" *Resources, Conservation and Recycling*, 2019, 145（June）:86–93.

[316] Liu, J., Low, S. P., Wang, L. F. "Critical Success Factors for Eco-City Development in China" *International Journal of Construction Management*, 2018, 18（6）:497–506.

[317] Lo, K. "How Authoritarian is the Environmental Governance of China?" *Environmental Science & Policy*, 2015, 54:152-159.

[318] Lu, Y."Environmental Civil Society and Governance in China" *International Journal of Environmental Studies*, 2007, 64（1）:59-69.

[319] Marquis, C., & Bird, Y. "The Paradox of Responsive Authoritarianism: How Civic Activism Spurs Environmental Penalties in China" *Organization Science*, 2018, 29（5）:948–968.

[320] Miao, B., & Lang, G. "A Tale of Two Eco-Cities: Experimentation under Hierarchy in Shanghai and Tianjin" *Urban Policy and Research*, 2015, 33（2）:247–263.

[321] Miao, B., & Li, Y. V. "Local Climate Governance under the Shadow of Hierarchy: Evidence from China's Yangtze River Delta" *Urban Policy and Research*, Routledge,2017, 35（3）:298–311.

[322] Middeldorp, N., & Le Billon, P. "Deadly Environmental Governance: Authoritarianism, Eco-populism, and the Repression of Environmental and Land Defenders" *Annals of the American Association of Geographers*, 2019, 109（2）:324–337.

[323] Mol, A. P. J., & Carter, N. T. "China's Environmental Governance in Transition" *Environmental politics*, 2006, 15（2）:149-170.

[324] Novy, J., & Peters, D. "Railway Station Mega-Projects as Public Controversies: The Case of Stuttgart 21" *Built Environment*, 2012, 38（1）:128-145.

[325] O'Faircheallaigh, C. "Public Participation and Environmental Impact Assessment: Purposes, Implications, and Lessons for Public Policy Making " *Environmental impact assessment review*, 2010, 30（1）:19-27.

[326] Percival, R. V., & Huiyu, Z. "The Role of Civil Society in Environmental Governance in the United States and China " *Duke Environmental Law & Policy Forum. Duke University School of Law*, 2013, 24:141-182.

[327] Rodrigue, M., Magnan, M., & Cho, C. H. "Is Environmental Governance Substantive or Symbolic? An Empirical Investigation " *Journal of Business Ethics*, 2013, 114（1）:107-129.

[328] Ru, X., Wang, S., & Yan, S. "Exploring the Effects of Normative Factors and Perceived Behavioral Control on Individual's Energy-Saving Intention: An Empirical Study in Eastern China " *Resources, Conservation and Recycling*, 2018, 134:91–99.

[329] Schwartz, J. "Environmental NGOs in China: Roles and Limits " *Pacific Affairs*, 2004, 77（1）:28-49.

[330] Shin, K. "Environmental Policy Innovations in China: A Critical Analysis from a Low-carbon City " *Environmental Politics*, 2018, 27（5）:830–851.

[331] Steinhardt, H. C., & Wu, F. "In the Name of the Public: Environmental Protest and the Changing Landscape of Popular Contention in China " *China Journal*, 2016, 75（1）:61–82.

[332] Teets, J. "The Power of Policy Networks in Authoritarian Regimes: Changing Environmental Policy in China " *Governance*, 2018, 31（1）:125-141.

[333] Voytenko, Y., Evans, J., & Schliwa, G. "Urban Living Labs for Sustainability and Low Carbon Cities in Europe: Towards a Research Agenda " *Journal of Cleaner Production*, Elsevier, 2016, 123:45–54.

[334] Westman, L., & Broto, V. C. "Climate Governance through Partnerships: A Study of 150 Urban Initiatives in China " *Global Environmental Change*, 2018, 50（May）:212–221.

[335] Wu, J. X., Wang, X. M., Wang, X., et al. "Measurement of System Coordination Degree of China National Sustainable Communities " *International Journal of Sustainable Development and Planning*, 2017, 12（5）:922–932.

[336] Zhang, B., Chen, X., & Guo, H. "Does Central Supervision Enhance Local Environmental Enforcement? Quasi-Experimental Evidence from China " *Journal of*

Public Economics, 2018, 164:70–90.

[337] Zhang, L., Mol, A. P. J., & He, G. "Transparency and Information Disclosure in China's Environmental Governance" *Current Opinion in Environmental Sustainability*, 2016, 18:17-24.

[338] Milfont, T; Duckitt, J. "Investigating the dimensionality of the revised New Environmental Paradigm (NEP) Scale" *Australian Journal of Psychology*.

[339] Bagozzi RP, Baumgartner H, Youjae Yi. "State Versus Action Orientation and the Theory of Reasoned Action: An application to Coupon Usage" *Journal of Consumer Research*, 1992, 18 (4):505—518.

[340] Bagozzi R P, Wong N, Abe S, et al. "Cultural and Situational Contingencies and the Theory of Reasoned Action: Application to Fast Food Restaurant Consumption" *Journal of Consumer Psychology*, 2000, 9:97—106.

[341] Fiona Duggan, Linda Banwell. "Constructing a Model of Effective Information Dissemination in a Crisis" *Information Research,* 2004, 5 (3): 178-184.

[342] Frew E, Shaw R. "The Relationship between Personality Gender and Tourism Behaviour" *Tourism Management*, 1999, 20 (2): 193-202.

附录 A：公民环境权益意识与参与行为调查问卷

样本区域：_____（市）_____ 县（区）_____ 镇（街道）

调查员姓名：_____ 调查日期：_____ 问卷编号：_____

江南大学关于苏南地区公民环境权益意识与
参与行为的调查问卷

您好！很抱歉占用您的宝贵时间，我们是江南大学的调查员，正在进行《苏南地区公民环境权益保障的协同治理研究任务》。为了全面反映、真实描写广大公民对环境权益保障的态度，我们苏南地区 5 个城市展开调查。您的回答对推进我国公民环境权益保障将产生重要的积极影响！

对问卷中所列的问题，您可依据自己的理解回答。我们郑重承诺：您回答的内容受法律保护，我们将严格保密。除非特别指明外，问卷中的选项均为单项选择，请在您认为合适的选项上打"√"。我们非常感谢您的参与！

一、调查者的有关情况

1.您的性别是：（1）男；（2）女

2.您的年龄是：_____

3. 您的学历是：

（1）初中及以下；（2）高中或职业高中；（3）大专

（4）本科；（5）研究生及以上

4. 您的职业是：

（1）企事业单位的普通职工（2）企事业单位较高层次的技术或管理人员（3）企业主（私营企业老板、个体工商户主等)（4）退休人员

（5）在校学生（6）教师（7）农民（8）网络媒体工作者

（9）公务员（10）其他（请注明）_____

5.2018 年您的月平均收入约为：

（1）2000 元以内（2）2001—3500 元（3）3501—6000 元

（4）6001—8000 元（5）8001—12000 元（6）12001 元以上

6. 您家里是否有 18 周岁以下的未成年人（孩子）？

（1）是（2）否

7. 您家里是否有 60 周岁以上的老人？

（1）是（2）否

8. 您的婚姻状况是：

（1）已婚（2）未婚

9. 您平时上网是否方便？

（1）是（2）否

二、对生态环境的关注

10. 您认为我国生态环境现状如何？

（1）很好（2）较好（3）一般（4）不好（5）很差

11. 您对周围生态环境的态度如何？

（1）非常关注（2）比较关注（3）无所谓（4）不太关注

（5）完全不关注

12. 您觉得我国公民环境权益意识如何？

（1）很强（2）较好（3）一般（4）较弱（5）很弱

13. 您认为近年来我国政府对生态环境的治理效果如何？

（1）成效显著（2）较有成效（3）一般（4）几乎没有成效

（5）完全没有成效

14. 您认为目前我国较为严重的生态环境问题是（可选三项）：

（1）人口基数大（2）空气质量差（3）气候恶劣（4）水资源污染严重（5）垃圾分类处理不妥当（6）土地资源浪费严重（7）噪音污染严重（8）光污染严重（9）其他

15. 您对生态环境知识的了解程度如何？

（1）很熟悉（2）比较熟悉（3）一般熟悉（4）不太熟悉

（5）完全不熟悉

16. 您对所在地区生态环境建设是否满意？

（1）非常满意（2）比较满意（3）一般（4）不满意（5）非常不满意

17. 您认为民间环保组织的生态环境保护行动效果如何？

（1）很有效果（2）比较有效果（3）效果一般（4）几乎没有效果

（5）完全没效果

18. 您认为目前公民保护环境的态度？

（1）非常积极（2）比较积极（3）一般（4）不太积极

（5）非常不积极

19. 您认为我国解决生态环境问题最重要的是：

（1）科技进步（2）资金投入（3）政策法规（4）公民参与（5）其他

20. 您认为以下主体，对造成目前生态环境问题应负有多大的责任？

（1）政府部门：

①完全责任；②有较大责任；③一般；④负较小责任；⑤完全没有责任

（2）企业组织：

①完全责任；②有较大责任；③一般；④负较小责任；⑤完全没有责任

（3）公民个人：

①完全责任；②有较大责任；③一般；④负较小责任；⑤完全没有责任

21.当受到环境污染的侵害时，您认为以下解决途径的有效性如何？
（1= 非常有效；2= 比较有效；3= 一般；4= 不太有效；5= 没有效果）

（1）要求政府有关部门解决：

①非常有效；②比较有效；③一般；④不太有效；⑤没有效果

（2）向法院起诉：

①非常有效；②比较有效；③一般；④不太有效；⑤没有效果

（3）向新闻媒体反映：

①非常有效；②比较有效；③一般；④不太有效；⑤没有效果

（4）向居委会（社区工作站）：

①非常有效；②比较有效；③一般；④不太有效；⑤没有效果

（5）组织或参与抗议活动直接向政府施加压力：

①非常有效；②比较有效；③一般；④不太有效；⑤没有效果

22.您认为公民环境权益保护难的主要原因是（可选三项）：

（1）政府不作为 （2）取证困难 （3）程序复杂 （4）程度依据模糊

（5）诉讼成本高 （6）责任追究不落实 （7）其他

三、对环境权益的关注

23.您过去参与过各类社会组织开展的环保活动吗？

（1）总是积极参与 （2）经常参与 （3）偶然参与 （4）只有过一两次经历（5）完全没参与过

24.您认为环境问题（如雾霾、沙尘暴、水污染）对你工作或生活影响？

（1）有很大的影响 （2）有一些影响 （3）一般 （4）几乎没有受到过（5）完全没有

25.您对社会上发生的因环境污染问题而发生的群体性事件的关注程度

如何？（注：生态群体事件是指由于生态环境问题引发的社会矛盾，导致群体通过没有合法依据的规模性聚集、对社会造成负面影响的群体活动。）

（1）很关注（2）比较关注（3）一般关注（4）不太关注

（5）完全不关注

26. 您对近年来有些地方（如厦门、启东、什邡）发生的生态群体性事件的态度？

（1）强烈支持（2）一般支持（3）无所谓（4）一般反对

（5）强烈反对

27. 您是否向有关部门（政府、媒体、责任单位）反映环境问题？

（1）经常反映各种环境问题（2）通关反映与自己有直接关系的环境问题（3）很少反映（4）从来没反映过

28. 您对环保部门的行政执法能力？

（1）非常有信心（2）比较有信心（3）一般（4）不太有信心

（5）没有任何信心

29. 您认为政府对公民环境权益保护的态度如何？

（1）非常重视（2）比较重视（3）一般重视（4）不太重视

（5）很不重视

30. 您认为政府在环保信息方面的公开程度如何？

（1）完全公开（2）比较公开（3）一般（4）公开程度较为不足

（5）根本不公开

31. 当您听说生态环境事件后，您第一反应的情绪如何？

（1）非常愤怒（2）比较愤怒（3）一般（4）有些愤怒（5）不愤怒

32. 当您所在的城市发生严重生态环境问题后，您可能参与生态群体性事件的程度？

（1）绝对支持并参与（2）比较支持并考虑参与（3）一般支持且不一定参与（4）不太支持且不参与（5）非常不支持且坚决不参与

33. 当您所在的城市发生严重生态环境问题后，您可能劝说他人参与生态群体性事件的可能性程度？

（1）可能性很大（2）比较有可能（3）一般（4）不太可能

（5）非常不可能

34. 当您所在的城市发生严重生态环境问题后，您可能在网络上参与舆情讨论，并发表个人观点及言论的可能性程度？

（1）可能性很大（2）比较有可能（3）一般（4）不太可能

（5）非常不可能

35. 生态环境事件爆发后，如果您的健康或财产受到了伤害，您对以下解决方法的采用可能性倾向？

（1）接受部门调解：

①非常可能采用；②有可能采用；③一般；④不太可能采用；

⑤非常不可能采用

（2）上访：

①非常可能采用；②有可能采用；③一般；④不太可能采用；

⑤非常不可能采用

（3）向媒体反映：

①非常可能采用；②有可能采用；③一般；④不太可能采用；

⑤非常不可能采用

（4）非理性手段：

①非常可能采用；②有可能采用；③一般；④不太可能采用；

⑤非常不可能采用

（5）什么也不做：

①非常可能采用；②有可能采用；③一般；④不太可能采用；

⑤非常不可能采用

36. 当您看见破坏生态环境（如排污、乱倒垃圾、过度砍伐树木等）行为时，您对以下行为采用的可能性倾向？

（1）直接上去劝阻：

①非常可能采用；②有可能采用；③一般；④不太可能采用；
⑤非常不可能采用

（2）向政府部门报告：

①非常可能采用；②有可能采用；③一般；④不太可能采用；
⑤非常不可能采用

（3）求助于媒体：

①非常可能采用；②有可能采用；③一般；④不太可能采用；
⑤非常不可能采用

（4）不去理会：

①非常可能采用；②有可能采用；③一般；④不太可能采用；
⑤非常不可能采用

37. 网络舆情、新闻报道或朋友的劝说，对我是否参与群体性事件的影响程度？

（1）影响很大（2）有些影响（3）一般（4）几乎没有影响（5）没有影响

38. 您获得生态环境信息的主要渠道是：

（1）政府部门正式渠道发布（2）网络传播（3）亲戚或朋友口语传播

（4）报刊媒体（5）其他

39. 您对不同关于环境的信息来源渠道的信任程度？

（1）政府部门正式渠道：

①非常信任；②比较信任；③一般；④不太信任；⑤非常不信任

（2）网络传播：

①非常信任；②比较信任；③一般；④不太信任；⑤非常不信任

（3）亲戚或朋友口语传播：

①非常信任；②比较信任；③一般；④不太信任；⑤非常不信任

（4）电视媒体、报纸杂志：

①非常信任；②比较信任；③一般；④不太信任；⑤非常不信任

（5）企业自行公布信息：

①非常信任；②比较信任；③一般；④不太信任；⑤非常不信任

40.当您通过某种渠道，得知生态环境群体性事件后，您主动继续了解详细情况的可能性？

（1）非常可能（2）比较可能（3）一般（4）不太可能（5）非常不可能

附录 B：环境利益冲突治理访谈提纲

访谈对象部门、职务：　　　　　　访谈对象性别：

访谈对象年龄：　　　　　　　　　访谈时间：年　月　日

访谈地点：

一、针对政府官员的访谈提纲

1.本地区在附近选址建设垃圾焚烧厂，事先政府是否与附近居民进行沟通？采取了哪些方式进行？是否得到了公民的认同？

2.您认为政府在处理这次环境群体性事件中存在哪些不当的地方？地方政府如何有效治理环境利益冲突？

3.一些村民认为附近化工厂排污损害了他们的身体健康和经济利益，曾多次向政府相关部门反应，您是怎么处理的？

4.作为基层管理者，在处理地方经济发展和保障公民环境权益（知情权、参与权、享有权和监督权）二者关系上，您是持何种态度或观点？

5.近年来我国环境群体性事件频发，大多以项目终止或污染赔偿等结果终止，利益相关方是否有合作的可能？如果有，如何合作才能预防或缓解相关利益冲突？

6.当环境污染损害发生后，是否考察给予受害者进行补偿，如果有，您认为如何补偿较为合适？

7.您反对建设垃圾焚烧项目的依据是什么？对焚烧厂的技术是否有

了解？

8.政府部门曾组织村民到外地参观垃圾焚烧项目，取得了什么效果？回去后村民是否起到了有效宣传作用？

二、针对于环境社会组织的访谈提纲

1.作为环境社会组织，您工作主要内容涉及哪些方面？

2.环境社会组织是如何看待环境利益冲突事件？是否愿意加入并组织公民环境维权行动？为什么？

3.您认为环境社会组织在缓解环境利益冲突过程中可以做哪些工作？

4.针对企业环境污染侵害问题，环境社会组织提起环境公益诉讼面临着哪些困境？

5.环境社会组织参与或协助政府环境决策应该发挥哪些作用？

6.环境社会组织如何帮助环境污染受害者维护环境权益？

7.本地环境群体性事件发生后，环境社会组织采取了哪些措施？取得了什么成效？

8.面对我国生态环境日渐恶化问题，环境社会组织如何与政府、企业和公民开展交流与合作？

三、针对企业负责人的访谈提纲

1.与以前相比，当前企业对待生态环境的态度有什么变化？

2.您的企业在生产过程中是否产生过环境污染行为？如果有，对您生活产生了什么样的影响？

3.您的企业排污是否被人举报过？如果有，您是如何应对的？

4.您认为政府在监督企业环境污染方面存在哪些不足？应如何改善？

5.您是否愿意补偿环境污染受害者的损失？为什么？

后　记

本书是在博士论文的基础上修改而成的。此时，对我而言，没有欢喜，没有欣慰，仅存有的是只是遗憾和惭愧。十五年前，我从大连理工大学硕士毕业，带着较大的科研自信来到江南大学开始教书匠生涯，而后忙于教学、行政、谋生和成家使自己曾经积累的少许科研能力基本消耗殆尽。记得曾在硕士毕业论文中的"致谢"部分写道："愈学习，愈发现自己的无知"，现在对这句话的品味更加深刻。坦白而言，这份成果并没有达到自己的预期水平，但现在也只能说尽力了。进入工作岗位后，在各种社会竞争压力下，很难静下心来去系统地学习并做深入研究，总会忙于上课备课、申报课题、发表论文以及学院的科研管理工作。偶尔也会在家人面前抱怨自己在 2014 年开始承担学院科研管理工作是个错误的抉择，各种管理事务影响了我对博士论文写作思考的持续性。或许这只是为自己拖延已久的学业找的"借口"，毕竟任何工作有付出必定有收获。每每看见学院青年博士成为我的同事、曾在大连理工大学的同学和我的学生亦已博士毕业，每每听到领导同事关切地询问我何时能完成学业，心中压力顿时倍增。庆幸的是，虽然已进入不惑之年，不少白发早已悄然上头，但还保有年轻时的那份斗志，一颗来自农村学子的"初心"。八年的坚持，离不开老师们的谆谆教导、家人的理解支持以及朋友们的热心帮助，在此做个总结一并表示感激和谢意。

首先感谢我的导师蔡小慎教授能再给我一次专业学习的机会。2003年考入大连理工大学进行硕士研究生学习时我就有幸成为蔡老师的弟子。

老师将我引进专业研究的学术大门，助我尝到了初获学术成功的喜悦。还记得老师经常在同门研讨会时表扬我的师兄师姐，从侧面激励我多加努力；还记得老师用铅笔字斟句酌地帮我修改好的第一篇学术论文，激发我做研究的信心；还记得老师在北方寒冷冬天时送给我的棉被毛毯……恩师对我学习生活无私的关心帮助，一直记在我的心头。2011年我在教育部工作时与老师不期而遇，向老师表达继续深造的想法，没想到2012年就幸运地再次拜在老师的门下。我的博士论文的整体构思和关键点修改，老师总会给我悉心指导和及时点拨，助我拨开迷雾、扩展思维和潜心研究。老师的严谨治学品质、脚踏实地的工作作风、积极乐观的生活态度，总会潜移默化地激励着我。如今我也担任研究生导师，也在用老师教我的为人治学方法去教自己的学生，也会一字一句地帮学生修改论文，这里面不少都来自老师的言传身教。非常感谢老师多年来对我的精心培养和无微不至的关怀。

感谢洪晓楠教授、魏晓文教授、杨连生教授、戴艳军教授、刘宏伟教授、荆蕙兰教授、徐成芳教授、费艳颖教授、马万利教授、杨慧民教授、刘志礼教授、王新影副教授等马克思主义理论学科博士点老师们的对本书提出的宝贵建议。有幸再次回到大连理工大学遇到不少熟悉并崇拜的老师，他们对本书整体思路、内容框架和关键点的真知灼见总让我有种顿悟的感觉，帮助我提升本书的质量。感谢张存达师弟对我学习生活的帮助，他是我的学生又成了我的同门，现在教学科研水平亦已"胜于蓝"，很高兴能经常分享到他成功的喜悦。

感谢一如既往支持我和鼓励的家人，父母没上过学却常教导我学习可贵，以前常告诫我应积极努力现在常提醒我要注意身体，儿子远在异乡工作是父母一生的牵挂。感谢我的爱人周小洁女士和我那调皮的儿子，爱人分担了家里不少工作，儿子学习中有时会反问我"这个问题您都不知道，怎么还读博士"，让我汗颜却一直是我持久前进的动力！

责任编辑：洪　琼

图书在版编目（CIP）数据

协同治理视域下公民环境权益保障研究／潘加军　著 . — 北京：人民出版社，2022.7
ISBN 978－7－01－024354－2

I.①协…　II.①潘…　III.①公民－环境权－研究－中国　IV.① D922.680.4

中国版本图书馆 CIP 数据核字（2021）第 262433 号

协同治理视域下公民环境权益保障研究

XIETONG ZHILI SHIYU XIA GONGMIN HUANJING QUANYI BAOZHANG YANJIU

潘加军　著

人民出版社 出版发行
（100706　北京市东城区隆福寺街 99 号）

北京汇林印务有限公司印刷　新华书店经销

2022 年 7 月第 1 版　2022 年 7 月北京第 1 次印刷
开本：710 毫米 ×1000 毫米 1/16　印张：16.75
字数：260 千字

ISBN 978－7－01－024354－2　定价：79.00 元

邮购地址 100706　北京市东城区隆福寺街 99 号
人民东方图书销售中心　电话（010）65250042　65289539